Lore Alkier

Zukunftsweisende Konzepte für die EDV-Ausbildung

Dargestellt am Beispiel
der strategischen EDV-Ausbildungsplanung
der Wirtschaftsuniversität Wien

Mit 22 Abbildungen

Physica-Verlag Heidelberg
Ein Unternehmen des Springer-Verlags

Reihenherausgeber
Werner A. Müller
Peter Schuster

Autor
Dr. Lore Alkier
Abteilung für Wirtschaftsinformatik
Wirtschaftsuniversität Wien
Augasse 2-6
A-1090 Wien, Österreich

CIP-Titelmeldung der Deutschen Bibliothek
Alkier, Lore:
Zukunftsweisende Konzepte für die EDV-Ausbildung:
dargestellt am Beispiel der strategischen EDV-
Ausbildungsplanung der Wirtschaftsuniversität Wien / Lore
Alkier. - Heidelberg: Physica-Verl., 1992
(Beiträge zur Wirtschaftsinformatik; 1)
ISBN-13: 978-3-7908-0568-0 e-ISBN-13: 978-3-642-46926-8
DOI: 10.1007/978-3-642-46926-8
NE: GT

7120/7130-543210 - Gedruckt auf säurefreiem Papier

Inhaltsverzeichnis

Einführung

Durch die Reform der sozial- und wirtschaftswissenschaftlichen Studienrichtungen ist seit Herbst 1986 für die Studienanfänger an der Wirtschaftsuniversität Wien (WU) eine verpflichtende EDV–Ausbildung im Studienplan vorgesehen. Seither ist der Besuch einer zweistündigen Vorlesung sowie eines ebenfalls zweistündigen Proseminars über die Grundlagen der Elektronischen Datenverarbeitung für alle Studenten im ersten Studienabschnitt obligatorisch.

Mit diesem Schritt wurde eine langjährige Forderung der Universitäten und der Wirtschaft erfüllt. Die Wirtschaft stellt bereits seit Jahren bevorzugt Absolventen mit EDV–Praxis ein und an den Universitäten nimmt der EDV–Einsatz auch in traditionell eher „EDV-fernen" Fachgebieten zu. Daher sind Grundkenntnisse über den Einsatz von Rechnern v.a. zur persönlichen Effizienzsteigerung heute bereits im Studium unerläßlich.

An der WU werden seit dem Studienjahr 1984/85 EDV–Proseminare angeboten, in denen die Studierenden[1] mit dem Einsatz von Endbenutzerwerkzeugen für Mikrorechner vertraut gemacht werden. Neben der Vermittlung der notwendigen „handwerklichen" Fähigkeiten sollen die Studierenden v.a. befähigt werden, ihre persönliche Arbeit durch den Einsatz geeigneter Hilfsmittel effizienter zu gestalten, aber auch die Grenzen von individuellen Anwendungen auf Mikrorechnerbasis zu erkennen.

Das derzeitige Ausbildungssystem an der WU, das im Kapitel 2 erläutert wird, hat sich in den vergangenen vier Jahren bei hohen Studentenzahlen sehr gut bewährt. Allerdings wurden v.a. aufgrund der beschränkten Hardware- und Softwareressourcen aber auch personeller Engpässe kaum Anpassungen an neue Entwicklungen der Informationsverarbeitung vorgenommen. Auch die Unterrichtsmethoden sind konventionell, personalintensiv und sicher verbesserungsfähig.

---

[1] Natürlich sind in der gesamten Arbeit immer weibliche und männliche Vertreter aller erwähnten Personengruppen angesprochen, wenn von Hörern, Studenten etc. die Rede ist. Aus Gründen der Lesbarkeit verzichtet die Autorin jedoch auf Kunstwörter wie Student/inn/en.

Die Autorin ist an der Gestaltung der EDV–Grundausbildung, sowohl in inhaltlicher als auch in organisatorischer Hinsicht, bereits seit mehreren Jahren maßgeblich beteiligt. Ziel dieser Arbeit soll es daher sein, anhand der Erfahrungen der vergangenen Jahre als auch der Beobachtung der internationalen Entwicklung neue Wege für die EDV–Grundausbildung an der WU zu erarbeiten, die das EDV–Bildungsniveau der Studenten erhöhen und eine gute Ausgangsbasis für die Anwendung des erworbenen Know hows im Studium und im Beruf bieten sollen. Gleichzeitig werden aber auch Beispiele gezeigt und Vorschläge erarbeitet, wie durch geeigneten EDV–Einsatz die Grundausbildung an der WU in ihrer Gesamtheit bereichert werden kann.

Im Sinne einer Orientierung an den Notwendigkeiten der Praxis, aber auch den Anforderungen der weiterführenden universitären Ausbildung soll das Hauptaugenmerk dabei auf die Vermittlung folgender Fähigkeiten gelegt werden:

- Schaffen einer breiten Wissensbasis auf dem Gebiet der Informationsverarbeitung und deren Anwendungsmöglichkeiten in Studium und Beruf,
- praktische Erfahrung im Einsatz von modernen Endbenutzerwerkzeugen für Arbeitsplatzrechner,
- Kompetenz bei der Gestaltung der EDV–Unterstützung für den persönlichen Arbeitsplatz,
- Urteilsvermögen für die Chancen und Risken des EDV–Einsatzes.

Für die Realisierung der vorgeschlagenen Maßnahmen wird ein Plan erstellt, der die künftigen Lehrinhalte definiert, aber auch Vorschläge für die organisatorische Durchsetzung der Maßnahmen sowie ihre zeitliche Abfolge enthält. Zusätzlich werden der Finanzierungs- und Personalbedarf sowie die erforderlichen Hard- und Softwareressourcen dargestellt. Um die Maßnahmen auch unter ungünstigen Bedingungen zumindest teilweise durchführen zu können, ist der Plan so gestaltet, daß auch eine Teilrealisierung möglich und sinnvoll ist. Der Zeitrahmen ist so gewählt, daß keine lange Vorbereitungsphase benötigt wird, sondern rasch qualitative Verbesserungen in der EDV–Grundausbildung vorgenommen werden können, die schrittweise ausbaubar sind.

Mittel- bis langfristig ist es aber sicher notwendig, durch interdisziplinäre Lehrveranstaltungen bereits im Grundstudium das Verständnis für die Komplexität betrieblicher Aufgabenstellungen zu fördern. In vielen Bereichen können durch EDV–Unterstützung zeitaufwendige Tätigkeiten reduziert, Lehrinhalte bereichert und das analytische Denken, die Flexibilität und Kreativität der Studierenden gefördert werden. Auch für diesen Ausbildungsaspekt soll die vorliegende Arbeit durch die Betrachtung innovativer Projekte Anregungen bieten.

Für die Erstellung des Plans wurde folgende Vorgehensweise gewählt:

Die **Kapitel 1 und 2** dienen der *Darstellung der Rahmenbedingungen und des aktuellen Standes der EDV–Grundausbildung.* Kapitel 1 befaßt sich mit externen Einflußgrößen; im speziellen mit der Entwicklung der Studentenzahlen, den Erfordernissen der Wirtschaft und den Vorkenntnissen der Studienanfänger. Kapitel 2 gibt einen Überblick über die EDV–Ressourcen der WU sowie den derzeitigen Ausbildungsstand.[2] Anhand dieser Istzustandsbeschreibung wird in der Folge eine **Stärken-/Schwächen–Analyse** vorgenommen, die den Ausgangspunkt für das zu entwickelnde Konzept bildet.

Kapitel 3 befaßt sich mit den *Möglichkeiten des EDV–Einsatzes in der universitären Ausbildung.* Hier werden verschiedene Einsatzformen der EDV vorgestellt und vor allem moderne Methoden des computerunterstützten Unterrichts, wie intelligente Lernprogramme oder Hypertext- und Hypermediasysteme näher betrachtet, die an der WU noch kaum bzw. keinen Eingang in die Lehre gefunden haben.

Kapitel 4 gibt einen Überblick über zukunftsweisende *Ausbildungskonzepte* (nicht nur im wirtschaftswissenschaftlichen Bereich), die an unterschiedlichen Universitäten in den USA aber auch in Europa erprobt werden oder sich dort bereits bewährt haben.

Die Ergebnisse dieser Betrachtungen bilden die Grundlage für die Erarbeitung des *Sollkonzepts* in **Kapitel 5**, das bereits oben erwähnt wurde.

[2] Alle Kenndaten der WU (z.B. Studentenzahlen, Rechnerressourcen etc.) entsprechen, sofern nicht anders angegeben, dem Stand des Wintersemesters 1990/91.

Kapitel 1

Rahmenbedingungen

Bei der Erstellung eines langfristigen Konzepts für die EDV–Grundausbildung in den Sozial- und Wirtschaftswissenschaften und die Integration der EDV in die universitäre Lehre allgemein sind unterschiedliche interne und externe Einflußfaktoren zu berücksichtigen. Da diese Faktoren den Erfolg der universitären Ausbildung in hohem Maß beeinflussen können, sollen sie in die Erarbeitung des Konzepts einfließen.

Das erste Kapitel dient der Betrachtung der externen Rahmenbedingungen, die die Lehre an der WU und im speziellen die EDV–Ausbildung beeinflussen. Eine derartige Untersuchung kann sicher nicht vollständig sein, sie soll aber zumindest die wesentlichsten Einflußfaktoren beleuchten. Dazu zählen die in den Höherbildenden Schulen vermittelten EDV–Grundkenntnisse, aber auch Prognosen hinsichtlich der Entwicklung der Hörerzahlen, die für die quantitative Planung relevant sind. Ausbildungswünsche, die seitens der Wirtschaft an die Universität herangetragen werden, sollen ebenfalls in die Betrachtung einbezogen werden.

1.1 EDV–Ausbildung an Höherbildenden Schulen in Österreich

Einigen Einfluß auf die Lehrinhalte im universitären Grundstudium könnte künftig die EDV–Ausbildung an den Höherbildenden Schulen gewinnen, zumal die Lehrpläne zumindest formal jene Bereiche umfassen, die heute durch die EDV–Grundausbildung an der WU abgedeckt werden. Dabei handelt es sich im wesentlichen um Allgemeinbildende Höhere Schulen (AHS), Handelsakademien (HAK) und Höhere Technische Lehranstalten (HTL).

Die Beobachtungen in EDV–Proseminaren für Studienanfänger zeigen, daß der Gestaltungsfreiraum der Lehrer aufgrund der globalen Formulierungen der Lehrpläne sehr groß ist, was unterschiedliche Unterrichtsschwerpunkte entsprechend den Interessen und Kenntnissen der Lehrer zur Folge hat. Dementsprechend gering und v.a. inhomogen ist — auch bei Schulen desselben Typs — in der Regel das EDV–Wissen der Schulabgänger, auf dem die universitäre Ausbildung aufsetzen kann (vgl. Abschnitt 1.1.5).

Auch die Ausbildung der Informatiklehrer weist schwerwiegende Mängel auf. Bis heute existiert kein Lehramtsstudium für Informatik, es werden lediglich Kurse im Umfang von wenigen Wochen angeboten, die als Vorbereitung für den Informatikunterricht dienen. Die Lehrer sind somit in erster Linie auf selbsterworbenes Wissen und Kurse außerhalb der Universität angewiesen.[1] Ein weiterer negativer Einflußfaktor sind die z.T. unzureichenden Hardware- und Softwareressourcen der Schulen.

In der Folge werden in sehr kurzer Form

- die Lehrziele für die EDV–Ausbildung an Höherbildenden Schulen und
- die EDV–Lehrpläne der für die WU relevanten Schultypen (AHS, HAK, HTL)

dargestellt.[2]

Die Vorkenntnisse der Studierenden stellen einen nicht zu unterschätzenden Einflußfaktor für die Überlegungen zur künftigen Gestaltung der EDV–Grundausbildung dar, es sollen hier aber keine Vorschläge für Lehrplanänderungen der Höherbildenden Schulen erarbeitet werden. Dies ist weder Ziel der Arbeit noch erscheint es sinnvoll, da eine Änderung der schulischen Lehrpläne — wenn überhaupt — sicher nur langfristig möglich ist und damit noch keinesfalls ihre Durchsetzung sichergestellt ist.

1.1.1 Ziele der Informatikausbildung

Die schulische Informatikausbildung weist aufgrund der Vielfalt der vertretenen Schultypen naturgemäß unterschiedliche Schwerpunkte auf. Gemeinsames oberstes Ziel ist jedoch die Vermittlung grundlegender EDV–Kenntnisse für alle Schüler. Neben der Diskussion der Bedeutung von Information und Kommunikation in der heutigen Gesellschaft steht die Nutzung der Informations- und Kommunikationstechnologien für berufliche und persönliche Zwecke im Vordergrund.

[1] vgl. [Doerfler89], S. 15f

[2] Als Quellen für diesen Abschnitt wurden insbesondere [BMUKS88] und [BMUKS88a] herangezogen.

Die Grundausbildung soll im wesentlichen folgende vier Gebiete umfassen:

- Benutzung von Rechnern und Informationssystemen;
- Bedeutung der Datenverarbeitung;
- algorithmische Problemlösungsverfahren;
- Hardware- und Softwaregrundkenntnisse.

Eine differenzierte und tiefergehende Informatikausbildung soll die nach Schultypen unterschiedlichen Aspekte der Informationsverarbeitung berücksichtigen. Das Hauptgewicht dieser Spezialausbildung soll bei Problemlösungsverfahren, Datenstrukturen und strukturierter Programmierung sowie der Verwendung von Endbenutzerwerkzeugen liegen, wobei der Teamarbeit ein besonderer Stellenwert zugemessen wird.

1.1.2 Allgemeinbildende Höhere Schulen (AHS)

AHS–Absolventen bilden derzeit die größte Gruppe der an der WU inskribierten Studenten,[3] ihre (Un)Kenntnisse beeinflussen die EDV–Ausbildung daher in besonderem Maße.

An den AHS wird das Fach „Elektronische Datenverarbeitung“ in Unterrichtsversuchen bereits seit 1970 angeboten. Versuche, das Fach in einen bestehenden Unterrichtsgegenstand (v.a. Mathematik) zu integrieren, sind jedoch früh gescheitert und so wird seit 1976 das Freifach bzw. Wahlpflichtfach EDV in den 5. bis 8. Klassen angeboten.

Im Schuljahr 1985/86 wurde „Informatik“ als „verbindliche Übung“ (zwei Wochenstunden) im Lehrplan der 5. Klassen der AHS verankert. Mit dem Inkrafttreten neuer Lehrpläne erhält Informatik in der 5. Klasse den Status eines Pflichtfachs mit zwei Wochenstunden. Zusätzlich können Schüler seit dem Schuljahr 1989/90 das Fach Informatik als Pflichtfach (mit Matura), Wahlfach oder Freifach in der 6. bis 8. Klasse (jeweils zwei Wochenstunden) wählen.[4]

Im Sommersemester 1990 betrug der Anteil der AHS–Absolventen, die Pflichtunterricht aus Informatik hatten, lediglich 35% und war damit signifikant geringer als bei den Schultypen HAK und HTL. Die Möglichkeit, das Frei- oder

[3]Bei einer im Sommersemester 1990 von der Autorin durchgeführten Fragebogenerhebung unter den Teilnehmern der EDV–Proseminare lag der Anteil der AHS–Absolventen bei 56%. (Weitere Ergebnisse dieser Erhebung werden im Abschnitt 1.1.5 zusammengefaßt.)

[4]Quelle: [BMUKS88a], S. 9

Wahlfach Informatik in der Schule für ein oder mehrere Jahre zu belegen, nahmen jedoch rund 40% der AHS–Schüler wahr.[5]

Der Lehrstoff der 5. Klasse einer AHS umfaßt folgende Schwerpunkte:

- Verfahren zur Problemlösung (Phasenmodell und exemplarische Anwendung),
- Hardware (Aufbau und Arbeitsweise),
- Software:
  - Grundzüge einer problemorientierten Programmiersprache (Programmstrukturen, Datenstrukturen),
  - Einführung in ein Betriebssystem,
  - Arbeiten mit Anwendungssoftware (Textverarbeitung, Dateiverwaltung, Tabellenkalkulation),
- Einsatzmöglichkeiten des Computers (Betonung der gesellschaftlichen Auswirkungen und des Datenschutzes),
- Entwicklungstendenzen des technischen Fortschritts.

Die genannten Themenkreise sollen „in vernetzter Form" unterrichtet werden, wobei Gruppenarbeit und projektorientierter Unterricht als didaktisch besonders günstig angesehen werden. Die Einsatzmöglichkeiten des Computers sollen durch fächerübergreifende Themen verdeutlicht werden. Das Verständnis für die wirtschaftlichen und gesellschaftlichen Konsequenzen soll durch Exkursionen und Vorträge von Experten gefördert werden.

Auf die Lehrinhalte (v.a. Programmiersprachen und Endbenutzerwerkzeuge) wird in einer vergleichenden Gegenüberstellung der Schultypen in Abschnitt 1.1.5 näher eingegangen.

Für die praktische EDV–Ausbildung stehen an den AHS jeweils sieben Mikrorechner und ein BTX–Gerät zur Verfügung. Für einige Unterrichtsfächer wie Chemie, Physik und Darstellende Geometrie wurden zusätzliche Geräte beschafft.

[5]Quelle: eigene Fragebogenerhebung bei EDV–Proseminarteilnehmern an der WU im Sommersemester 1990.

1.1.3 Handelsakademien (HAK)

An den Handelsakademien[6] ist der Unterrichtsgegenstand Datenverarbeitung bereits seit den sechziger Jahren in den Unterricht integriert. Seit 1971 besteht in diesem Schultyp eine obligatorische EDV-Ausbildung, v.a. in Hinblick auf Buchhaltungs- und Textverarbeitungssoftware. Von 1978 bis 1988 war das Fach im Lehrplan der Handelsakademien im 4. und 5. Jahrgang mit jeweils zwei Wochenstunden vertreten.[7]

Im Jahr 1988 trat eine Änderung der Lehrpläne für Handelsakademien in Kraft. Die Stundenzahl für das Fach Datenverarbeitung wurde dabei beträchtlich erweitert und umfaßt nun insgesamt zehn Wochenstunden, die folgendermaßen auf die einzelnen Jahrgänge verteilt sind:[8]

Fach	1.Jg	2.Jg	3.Jg	4.Jg	5.Jg
Datenverarbeitung		2	2		
Organisation und Datenverarbeitung					2
Computerunterstütztes Rechnungswesen				2	
Computerunterstützte Textverarbeitung					2

Das Fach *„Datenverarbeitung"* bietet eine Einführung in die Grundbegriffe der Datenverarbeitung. Die Schüler erhalten grundlegende Kenntnisse über den Aufbau der Hardware, die Funktionen des Betriebssystems und eine Einführung in eine höhere Programmiersprache zur Lösung kaufmännischer Probleme. Im dritten Jahrgang werden Fragen der Dateiorganisation, der Datensicherung und des Datenschutzes erörtert und die Schüler werden in der praktischen Arbeit mit Endbenutzerwerkzeugen geschult. Wirtschaftlichkeitsfragen, soziale Auswirkungen und organisatorische Aspekte sind ebenfalls im Lehrplan enthalten.

Der Unterrichtsgegenstand *„Organisation und Datenverarbeitung"* im fünften Jahrgang vertieft und aktualisiert die bereits vorhandenen Kenntnisse. Weiters sollen v.a. die Fähigkeiten zur Projektorganisation, Kommunikation und Kooperation gefördert, sowie die Schüler mit der einschlägigen Terminologie vertraut gemacht werden.

---

[6] HAK-Absolventen stellen derzeit 24% der Studierenden in den EDV-Proseminaren.

[7] Die Verankerung des Fachs Datenverarbeitung an Handelsakademien wird auch an den Befragungsergebnissen der Proseminarteilnehmer deutlich: 85% aller HAK-Absolventen gaben an, eine zweijährige Pflichtausbildung im Fach Datenverarbeitung gehabt zu haben, lediglich 2% der Befragten hatten in der HAK keinerlei EDV-Pflichtunterricht.

[8] Quelle: Lehrplan für Handelsakademien, o.V.

„Computerunterstützte Textverarbeitung“ beinhaltet die Anwendung kommerziell eingesetzter Textverarbeitungspakete. Besonderer Wert wird auf die Beherrschung der Grundfunktionen gelegt, die Schüler sollen aber auch die Entwicklungstendenzen auf dem Sektor der Büroautomation kennenlernen und wesentliche Aspekte bei der Einführung der Büroautomation beurteilen können.

Im Fach *„Computerunterstütztes Rechnungswesen“* erhalten die Schüler einen Überblick über die Organisation des EDV–unterstützten Rechnungswesens bei unterschiedlichen Betriebsgrößen und die Anforderungen an die Ordnungsmäßigkeit der EDV–gestützten Buchführung. Ein wesentlicher Lehrinhalt ist aber auch die EDV–gestützte Durchführung und Auswertung von praxisorientierten Geschäftsfällen.

Die Handelsakademien haben in der Regel spezielle Klassenzimmer, die mit zehn Mikrorechnern und Druckern ausgestattet sind. Softwarepakete für Finanzbuchhaltung und Kostenrechnung, Lohnverrechnung sowie Textverarbeitung sind vorhanden.

1.1.4 Höhere Technische Lehranstalten (HTL)

An den technisch orientierten Schulen in Österreich ist das Pflichtfach Datenverarbeitung seit 1977/78 im Lehrplan verankert. Die Absolventen dieses Schultyps machen etwa 10% der Studierenden an der WU aus, etwa 95% von ihnen können eine EDV–Pflichtausbildung vorweisen.[9] Im Jahr 1986 wurde der Stundenanteil von ursprünglich zwei auf vier Wochenstunden im Rahmen des gesamten Lehrplans der HTL erweitert.

Die HTL verfügen über die reichhaltigste Rechnerausstattung der bisher genannten Schulen; dafür ist jedoch nicht allein der EDV–Unterricht maßgeblich, sondern auch praktische Kurse, in denen CNC–Maschinen und CAD–Arbeitsplätze verwendet werden. Auf MS/DOS–Mikrorechnern stehen diverse Softwarepakete (Dateiverwaltung, Textverarbeitung, Tabellenkalkulation) und Übersetzer für Pascal, FORTRAN und BASIC zur Verfügung.[10]

Die im Vergleich zu den vorher genannten Schultypen starke Integration der EDV auch in andere Unterrichtsfächer führt zu einer breiteren und fundierteren Ausbildung, was einerseits an den Lehrinhalten zu erkennen ist, sich aber auch in den Noten der Studenten widerspiegelt.

---

[9] Quelle: eigene Fragebogenerhebung bei EDV–Proseminarteilnehmern an der WU im Sommersemester 1990.

[10] Quelle: [BMUKS88a], S. 11

1.1.5 Schulische EDV–Kenntnisse der Studierenden

Eine im Rahmen der EDV–Rechnerpraktika im Sommersemester 1990 durchgeführte Fragebogenerhebung diente dazu, detailliertere Information über die Vorkenntnisse der Studierenden sowie den EDV–Einsatz der Studienanfänger zu erhalten. Die Befragung wurde im Juni 1990 in 30 Rechnerpraktika mit ca. 900 Teilnehmern durchgeführt. Insgesamt wurden 649 verwertbare Fragebögen abgegeben, die Rücklaufquote betrug somit mehr als 70%.

Mehr als die Hälfte der Proseminarteilnehmer (59% der Studenten, 50% der Studentinnen) besuchte eine Allgemeinbildende Höhere Schule, eine Handelsakademie haben 23% der Studierenden besucht (16% der Studenten, 35% der Studentinnen). HTL–Absolventinnen bilden mit 0,8% eine verschwindende Zahl der Studierenden, bei den männlichen Studierenden entspricht der Prozentsatz mit 17% etwa dem der HAK–Absolventen. Nur 6% der Studierenden haben einen anderen Schultyp in Österreich besucht, ca. 4% haben eine ausländische Schule besucht (vgl. Abbildung 1.1).

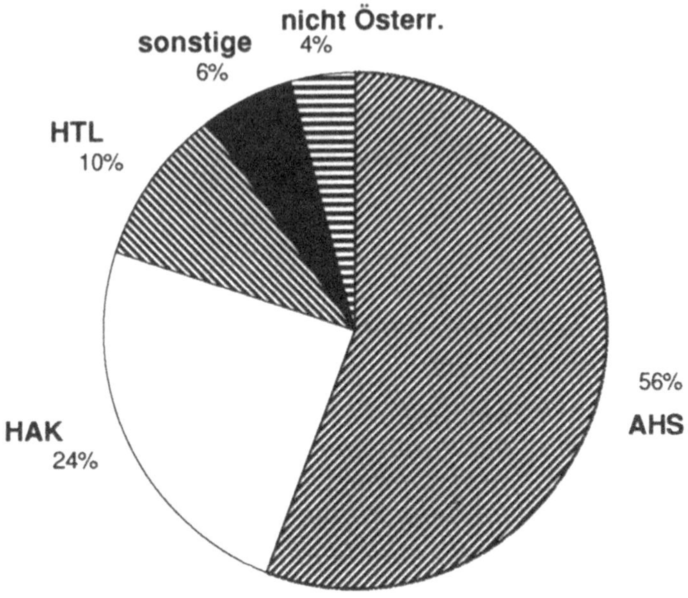

Abbildung 1.1: Verteilung der Studienanfänger auf Schultypen

Dauer des EDV–Unterrichts

Die nachstehende Tabelle zeigt die erhobene Dauer des EDV–Unterrichts der Schulabgänger:

Jahre	Pflichtfach	Freifach
kein EDV–Unterricht	44,5%	65,5%
1 Jahr	25%	19%
2 Jahre	26%	9,5%
3 Jahre	3%	4%
4 oder mehr Jahre	1,5%	2%

Während ein Großteil (65%) der AHS–Absolventen keinen verpflichtenden EDV–Unterricht in der Schule hatte, liegt dieser Wert bei HAK- und HTL–Absolventen nur bei 2% bzw. 4,5%. 85% aller HAK–Absolventen hatten sogar zwei Jahre Pflichtunterricht aus EDV, 45% der HTL–Absolventen hatten eine einjährige, 37% eine zweijährige EDV–Pflichtausbildung.[11]

AHS–Absolventen, die die niedrigsten Werte beim EDV–Pflichtunterricht erreichten, nahmen jedoch verstärkt die Möglichkeit in Anspruch, EDV–Grundkenntnisse im Rahmen eines Frei- oder Wahlfachs zu erwerben. Rund 40% dieser Studentengruppe wählten diesen Weg für ein oder mehr Jahre, an den HTL liegt der Wert sogar bei 50%, an Handelsakademien lediglich bei 7%. Der Prozentsatz jener Studenten, die keine schulischen EDV–Kenntnisse aufweisen, liegt bei 25%.[12]

Lehrinhalte

Die schulischen Lehrinhalte wurden anhand der erhobenen Daten über erlernte Programmiersprachen und Softwarepakete näher untersucht.

Etwa 30% der Schüler hatten in der Schule keinen **Programmierunterricht**, ca. 25% der Schüler erlernten jedoch mehr als eine Programmiersprache. Von jenen 70%, die Programmierunterricht erhielten, beherrscht der Großteil eine Programmiersprache, wobei mit 404 Nennungen BASIC am öftesten genannt wurde. Danach folgen mit deutlichem Abstand die

[11] Insgesamt ist die Zahl der Schulabsolventen, die während ihrer Schulzeit EDV–Unterricht hatten, seit dem Sommersemester 1987 von 42 % auf fast 75 % gestiegen.

[12] Bezüglich des Freifachs EDV ist ein Gefälle zwischen Schülerinnen und Schülern zu bemerken. Schüler wählten das Freifach EDV häufiger (42%) und länger (20% der Schüler für zwei oder mehr Jahre) als Schülerinnen. Bei diesen liegt der Prozentsatz bei 24%, wobei der Großteil lediglich ein Jahr EDV–Unterricht hatte.

Programmiersprachen Pascal (133) und Logo (48) sowie C, COBOL, FORTRAN, Modula-2 und Prolog mit jeweils zwischen drei und zwanzig Nennungen. Bei zwei genannten Programmiersprachen wurden erwartungsgemäß die Kombinationen BASIC und Pascal sowie BASIC und Logo am häufigsten genannt.[13]

Insgesamt weisen die HTL–Absolventen die größte Vielfalt an erlernten Programmiersprachen auf. Bei diesem Schultyp ist mit 55% auch der Prozentsatz jener Schüler am höchsten, die mehr als eine Programmiersprache erlernt haben. Im Gegensatz dazu erlernten etwa 80% der HAK–Schüler nur eine Programmiersprache. Die AHS–Absolventen weisen bei dieser Betrachtung die niedrigsten Werte auf; etwa 40% von ihnen beherrschen keine Programmiersprache, bei HAK- und HTL–Absolventen liegt dieser Wert bei 3%.

Neben der Kenntnis von Programmiersprachen wurde auch der Einsatz von **Endbenutzerwerkzeugen** in den klassischen Anwendungsgebieten Tabellenkalkulation, Textverarbeitung, Grafik, Dateiverwaltung, sowie die Kenntnis kaufmännischer oder technischer Anwendungssoftware erhoben.

Generell kann festgestellt werden, daß die Vorbereitung der Studierenden auf den selbständigen Einsatz von Endbenutzerwerkzeugen völlig unzureichend ist. Fast die Hälfte aller Proseminarteilnehmer weist auf diesem Gebiet keinerlei Schulkenntnisse auf,[14] jeweils 20% der Studierenden kennen ein bzw. zwei Produkte aus den oben genannten Anwendungskategorien. Da diese Kenntnisse von besonderem Interesse für die Planung der EDV–Lehrinhalte an der Universität sind, werden diese Daten in der nachstehenden Tabelle nach Schultypen gegliedert im Detail dargestellt.

---

[13] Eine 1987 von [Stormer87] an AHS im Bundesland Niederösterreich durchgeführte Umfrage (Rücklaufquote: 82 von 93 Fragebögen) kommt zu ähnlichen Ergebnissen:

BASIC	38
Logo	16
BASIC und Logo	13
Pascal	4
keine Angaben	11

Weiters wird lt. derselben Umfrage an 75 von 82 befragten AHS das Endbenutzerwerkzeug Open Access eingesetzt, wobei 92% der Lehrer das Textverarbeitungsmodul, 79% das Datenbankmodul, 37% Tabellenkalkulation und 69% die Grafikkomponente unterrichten. Andere Softwarepakete werden in sehr unterschiedlichem Maß eingesetzt. Das Textverarbeitungspaket EasyWriter ist an mehreren Schulen vertreten, alle anderen Programme werden nur an jeweils einer Schule eingesetzt.

[14] Der Prozentsatz der Studierenden, die bereits mit Endbenutzerwerkzeugen gearbeitet haben, ist jedoch in den Studienjahren 1987–1990 von weniger als 20% auf den jetzigen Wert von etwa 50% angestiegen.

Anwendungsbereich	gesamt	in Prozent	AHS	HAK	HTL
Datenbank	96	15%	47	38	8
Grafik	77	12%	51	10	12
Tabellenkalkulation	66	10%	29	20	9
Textverarbeitung	223	34%	78	117	16
kaufmännische SW	127	20%	6	101	5
CAD–Programme	26	4%	3	0	22
sonstige	83	13%	44	14	19
keine SW	307	47%	219	14	26

HAK–Absolventen weisen bei dieser Fragestellung die besten Werte auf; lediglich 10% kennen keine Endbenutzerwerkzeuge aus dem Schulunterricht, etwa 70% kennen Softwareprodukte aus zwei oder mehr Anwendungsbereichen.

Von den HTL–Schülern, deren Ausbildungsschwerpunkt eher in der Programmiersprachenausbildung liegt, kennen 40% keine Endbenutzerwerkzeuge, bei AHS–Absolventen liegt der Wert sogar bei 62%. Dem Schultyp entsprechend liegt der Schwerpunkt der Nennungen kaufmännischer Programme bei den HAK–Schulabgängern, der CAD–Programme bei HTL–Schülern.

Aufgrund ihrer Schulkenntnisse fühlen sich fast 60% der Studierenden schlecht bis völlig unzureichend auf den EDV–Einsatz an der Universität vorbereitet, lediglich 6% schätzen ihr Vorwissen sehr gut ein. Auch bei dieser Fragestellung differieren die Antworten sowohl nach Schultypen als auch nach Geschlecht. Die schlechteste Bewertung ihres Schulunterrichts nahmen die AHS–Absolventen vor (70% schlecht bzw. völlig unzureichend), die HAK–Absolventen liegen in der Mitte und bewerteten ihre Vorkenntnisse in der Mehrzahl als ausreichend. Die Nennungen der HTL–Schüler weisen eine recht gleichmäßige Verteilung auf, was auf qualitative Unterschiede des EDV–Unterrichts schließen läßt. Bei der genannten Fragestellung bewerteten mehr als 60% der Studentinnen, aber lediglich rund 50% der Studenten ihre Vorkenntnisse als schlecht bis unzureichend.

Einigen Einfluß auf die Einschätzung der persönlichen Vorkenntnisse üben die Programmierausbildung und der Umgang mit Endbenutzerwerkzeugen in der Schule aus: lediglich 5% jener Studenten, die in der Schule nicht mit solchen Werkzeugen arbeiteten, bewerten ihr EDV–Wissen als ausgezeichnet bis gut. Dieser Wert steigt mit der Zahl der erlernten Werkzeuge auf 30% (bei drei Anwendungsbereichen) bzw. auf 57% (bei vier verschiedenen Anwendungsgebieten). Noch schlechter ist dieses Verhältnis bei der Betrachtung der Auswirkungen eines fehlenden Programmierunterrichts: hier liegt die Zahl der Studenten, die ihre Ausgangsbasis für ausgezeichnet oder

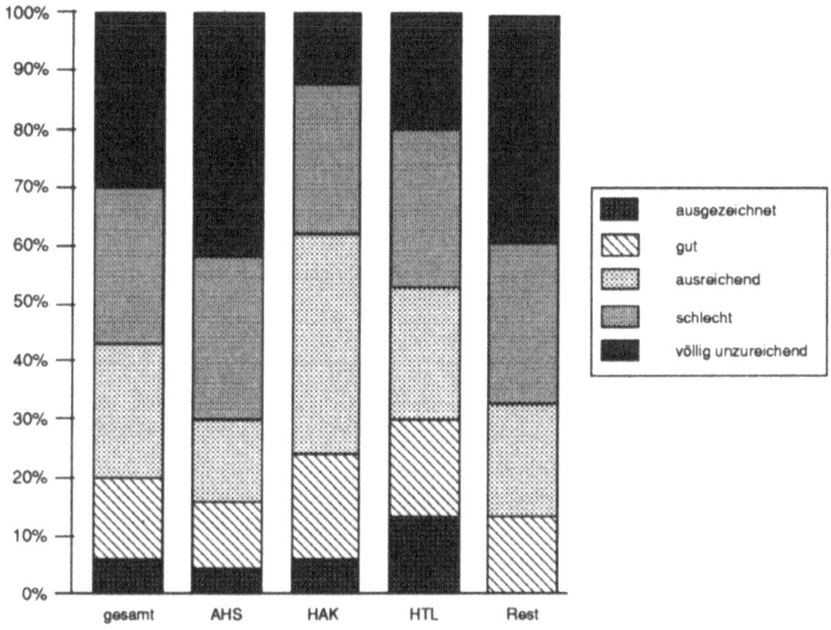

Abbildung 1.2: Beurteilung des schulischen EDV–Unterrichts

gut halten, nur bei 0,5%.

Als weiterer Indikator für die Qualität des schulischen EDV–Unterrichts und seine Eignung als Grundlage für die universitäre EDV–Ausbildung wurde der **Notendurchschnitt** herangezogen, den die Absolventen der verschiedenen Schultypen beim EDV–Kolloquium erreicht haben.

Hier bestehen geringfügige Unterschiede, die in der folgenden Tabelle dargestellt werden:[15]

Schultyp	Note:1	Note:2	Note:3	Note:4	Notendurchschnitt
AHS	6,5%	22,5%	32%	39%	3,04
HAK	7%	16%	34%	43%	3,12
HTL	9%	20%	32%	38%	3,00

Zwischen den Noten der Absolventen der drei für die WU wesentlichen Schultypen bestehen offenbar nur geringfügige Unterschiede. HAK–Absolventen, die für das Rechnerpraktikum gute Voraussetzungen mitbringen, weil sie Endbenutzerwerkzeuge schon aus dem Unterricht kennen, schneiden bei den Kolloquien über EDV–Grundlagen schlechter ab als AHS–Ab-

[15] In den Notendurchschnitt wurden aufgrund der Teilnahmevoraussetzungen für die EDV–Proseminare nur positive Noten einbezogen.

solventen, die die geringste Unterrichtsdauer und auch die geringsten Softwarekenntnisse aufweisen. Dieses Ergebnis könnte darauf hinweisen, daß der Anteil praktischer Arbeit am Rechner an Handelsakademien dominiert, jedoch die praktischen Tätigkeiten möglicherweise nicht hinterfragt und um theoretische Kenntnisse ergänzt werden.[16]

1.2 Entwicklung der Hörerzahlen

Einen wesentlichen Faktor bei der langfristigen Planung von Lehrinhalten aber auch bei der Ressourcenplanung stellen die prognostizierten künftigen Studentenzahlen und ihre Verteilung auf verschiedene Schultypen dar. Hierzu nahm [Otruba89] eine detaillierte Untersuchung vor, deren Ergebnisse Anhaltspunkte für die weitere Planung liefern können.

Verteilung der Erstinskribenten auf Schultypen:

Im Jahr 1970 betrug der Anteil der Maturanten 16% der entsprechenden Altersgruppe der österreichischen Bevölkerung, 21% davon waren Absolventen Berufsbildender Höherer Schulen. Bis zum Jahr 1987 hat sich dieses Verhältnis bereits stark verändert. 1987 maturierten bereits 26% der betreffenden Altersgruppe, 45% der Maturanten sind aber nun Absolventen einer Berufsbildenden Höheren Schule (HAK, HTL oder HWB). Die Studie weist zwar keine Daten über die in Zukunft zu erwartenden Anteile der AHS- und BHS–Absolventen auf, den getroffenen Hypothesen ist jedoch zu entnehmen, daß der Anteil der BHS–Absolventen bis zum Jahr 2000 tendenziell weiter steigen wird.

Prognose der Hörerzahlenentwicklung:

Die in derselben Studie mit Hilfe unterschiedlicher Verfahren ermittelten Prognosewerte lassen ein weiteres Anwachsen der Hörerzahlen erwarten, wenn auch die Wachstumskurve im kommenden Jahrzehnt abflachen wird. Abbildung 1.3 stellt die für dieses Jahrzehnt erwarteten Hörerzahlen dar. Entsprechend der Prognose ist bis zum Jahr 2000 mit einem weiteren Anstieg der

[16] Geringfügige Unterschiede bestehen auch zwischen dem Notenschnitt männlicher und weiblicher Studierender. Entgegen dem WU–Trend, wonach der Notendurchschnitt der Absolventinnen i.d.R. besser ist als der der Absolventen, absolvieren Männer das EDV–Kolloquium mit der Durchschnittsnote 3,02, die Studentinnen mit 3,16.

Hörerzahlen, im schlechtesten Fall bis auf 26.000, zu rechnen; demgegenüber war die WU im Studienjahr 1989/90 mit ca. 19.000 ordentlichen Hörern bereits völlig überlastet.

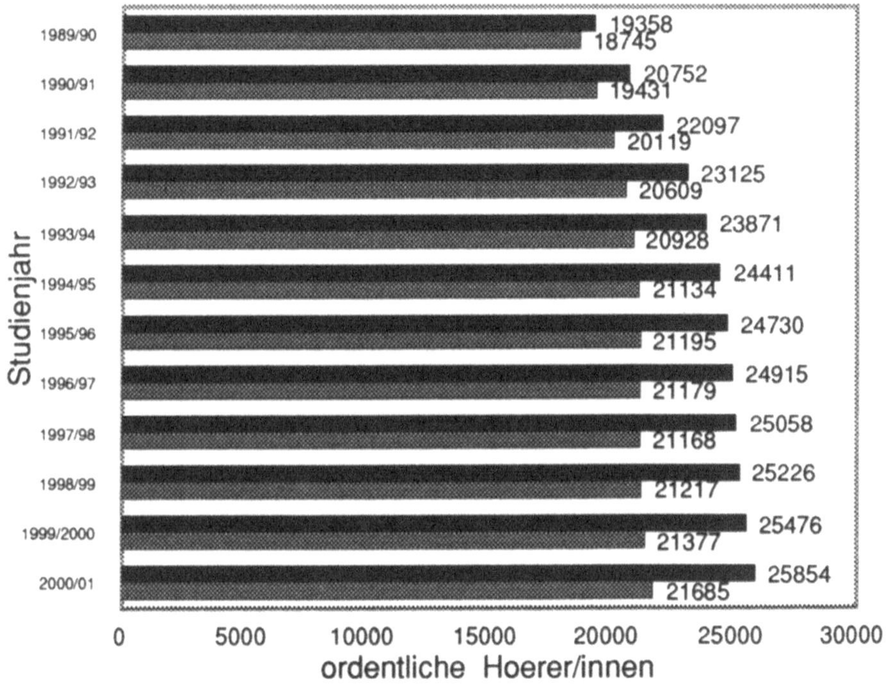

Abbildung 1.3: Prognostizierter Anstieg der Zahl der ordentlichen Hörer/innen der WU (Quelle: Bericht des Rektors an das Kuratorium zur Förderung der WU über das Studienjahr 1989/90, Stand: 1.8.1990)

Der in derselben Studie prognostizierte Anstieg der Erstinskribentenzahlen (die niedrigste Prognose liegt bei ca. 2.900 Hörern für das Jahr 2000) dürfte sich in den kommenden Jahren nicht bewahrheiten. Im Studienjahr 1989/90 ging die Zahl der Erstinskribenten auf 2.223 zurück und stabilisierte sich dort im Studienjahr 1990/91 mit 2.269 Erstinskribenten.[17] Der höchste Wert wurde 1987/88 mit 2.672 neuen Hörern erreicht (vgl. Abbildung 1.4). Eine zusätzliche Entlastung der WU kann die Einrichtung der Studienrichtung Betriebswirtschaftslehre an der Universität Wien im Wintersemester 1991/92 bringen. Eine zuverlässige Schätzung der Entwicklung der Hörerzahlen in den nächsten zehn Jahren scheint aber nicht möglich, da hochschulpolitische Maßnahmen, Imageänderungen, interne Maßnahmen der Wirtschaftsuniver-

[17] Quelle: Abteilung Planung und Organisationsentwicklung

sität und andere nicht quantifizierbare bzw. unvorhersehbare Ereignisse die Erstinskribentenzahlen nachhaltig beeinflussen.

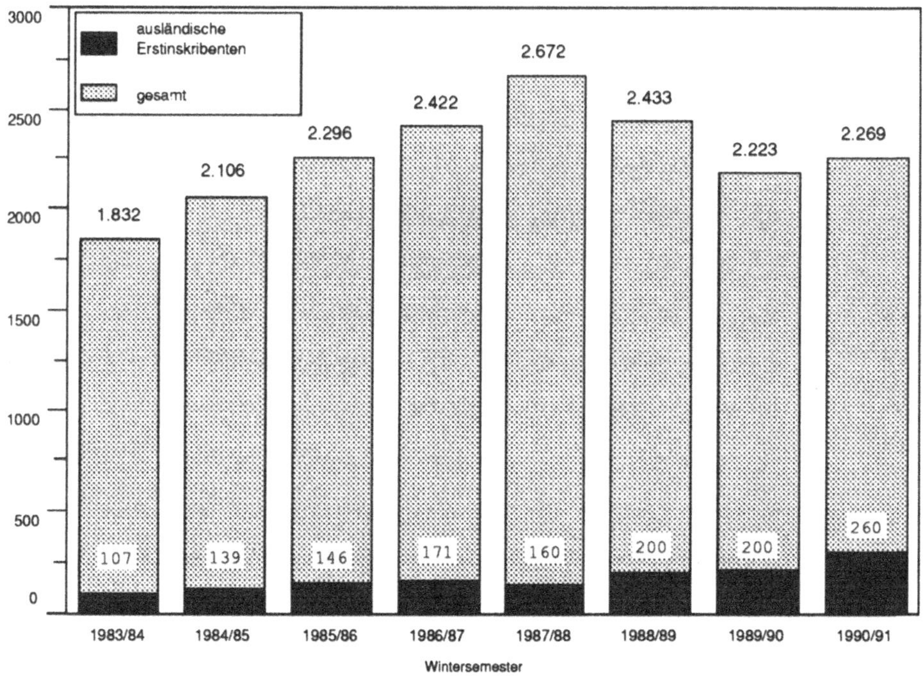

Abbildung 1.4: Zahl der Erstinskribenten an der WU: Wintersemester 1983/84 bis 1990/91 (Quelle: Abteilung Planung und Organisationsentwicklung der WU)

1.3 Anforderungen der Wirtschaft an WU–Absolventen

Die vielfach an die Universitäten herangetragenen Ausbildungswünsche unterschiedlicher Interessengemeinschaften (v.a. Arbeitgeber- oder Arbeitnehmerverbände) stellen Universitätslehrer immer wieder vor das Problem, zwischen der „Marktfähigkeit" ihrer Absolventen und den Ansprüchen einer auch forschungsorientierten akademischen Bildung (zu der auch die Ausbildung künftiger Wissenschaftler zählt) abzuwägen. Dieser Konflikt, der im 2. Studienabschnitt augenscheinlicher ist als in der Massenausbildung des 1. Studienabschnitts, entsteht jedoch bereits zu Beginn des Studiums. Hier müssen Entscheidungen getroffen werden, z.B. ob zu den „Grundlagen" auch Kenntnisse über wissenschaftliches Arbeiten oder die Verfassung wissenschaftlicher Beiträge etc. zu zählen sind oder ob die Grundkenntnisse durch starke Praxisorientierung auch Studienabbrechern gute Berufsmöglichkeiten bieten sollen.

Interessenverbände weisen in der Öffentlichkeit immer wieder auf die Bedürfnisse der Wirtschaft nach praxisorientierter Ausbildung hin. Dieser Abschnitt faßt die wesentlichsten Anforderungen, die für Absolventen eines wirtschaftswissenschaftlichen Studiums in zwei Untersuchungen erhoben wurden, zusammen.

Eine 1987 durchgeführte **Absolventenbefragung** ([Tholl88]) erhob die Verwertbarkeit des Studiums aus der Sicht der Absolventen; befragt wurden Absolventen, die im Jahr 1982 ihr Studium beendeten. 1989 führte [Otruba89] eine **Befragung von Personalchefs in österreichischen Unternehmen** im Rahmen des Projekts „WU-2000" durch, um das Anforderungsprofil an WU-Absolventen zu erheben.

Beide Befragungen enthalten globale Information über die Qualität des WU-Studiums und können daher für das Fach Wirtschaftsinformatik sowie die EDV-Grundausbildung lediglich grobe Anhaltspunkte für Verbesserungen liefern. Interessante und ähnliche Hinweise liefern beide Befragungen hinsichtlich der formalen Fähigkeiten, die sowohl aus der Sicht der Absolventen als auch der Unternehmen unzulänglich sind und während des Studiums stärker betont werden sollten.

Die erstgenannte Absolventenbefragung erhob Daten über die Verwertbarkeit des Studiums im Berufsleben. Befragt wurden Absolventen des Jahrgangs 1982, der 1987/88 bereits über ca. fünf Jahre Berufserfahrung verfügte. Da die Befragten nach der „alten Studienordnung" studierten, die noch keine verpflichtende EDV-Ausbildung vorsah, verfügten am Ende ihres Studiums 45% der Absolventen lediglich über EDV-Übersichtswissen, 40% hatten keinerlei EDV-Kenntnisse. 18% der Absolventen erlernten während des Studiums eine Programmiersprache, 11% mindestens zwei Programmiersprachen, 13% der Absolventen erwarben im Rahmen ihres Studiums Spezialkenntnisse (z.B. Statistikpakete o.ä.).[18]

Trotz dieses relativ niedrigen Ausbildungsniveaus wurde die EDV-Ausbildung zusammen mit den betriebswirtschaftlichen Kernbereichen Buchhaltung, Bilanzierung und Kostenrechnung als besonders gut verwertbar (Mittelwert 2,1) beurteilt und steht damit an dritter Stelle aller betriebswirtschaftlichen Kernbereiche. Die Verwertbarkeit des Fachs Wirtschaftsinformatik wurde von den Absolventen mit einem Mittelwert von 1,8 an der zweiten Stelle aller Besonderen Betriebswirtschaftslehren gereiht.[19]

[18] vgl. [Tholl88], S. 141ff

[19] vgl. [Tholl88], S. 242ff

Ansatzpunkte für eine Verbesserung der sozial- und wirtschaftswissenschaftlichen Ausbildung ergeben sich in der erwähnten Studie aus einer Vielzahl von Vorschlägen der Absolventen. Diese Vorschläge betreffen nur zum Teil die Lehrinhalte (Verstärkung oder Reduktion bestimmter Fächer), besonders häufig wird die mangelnde Praxisorientierung und das Anwendungsdefizit, sowie die geringe Bewertung formaler Fähigkeiten kritisiert.

Konkret wurde bei 451 Vorschlägen bezüglich einer Veränderung der Lehrinhalte 111 mal die Forcierung der EDV–Ausbildung gefordert, danach folgte der Wunsch nach intensiverer ABWL- und Sprachausbildung. Ein noch häufiger geäußerter Kritikpunkt (130 Nennungen) betraf die Theorielastigkeit der Ausbildung, die Probleme bei der Umsetzung des Wissens in der betrieblichen Praxis mit sich bringt.[20] Am stärksten kritisieren die Absolventen (317 Nennungen) die mangelhafte Ausbildung der formalen Fähigkeiten.

Im Rahmen der Studie [Otruba89] wurden österreichische Unternehmen mit mehr als 50 Beschäftigten über ihre Anforderungen an die Ausbildung und die Persönlichkeit von WU–Absolventen befragt. Gegenstand der Befragung waren unter anderem die Informatikkenntnisse der Absolventen, die in der Befragung zu folgenden vier Gruppen zusammengefaßt wurden:

- EDV–Anwenderkenntnisse
- Programmierkenntnisse
- EDV–Projektorganisation
- EDV–Systemkenntnisse

Neben Fragen zur fachlichen Ausbildung wurden auch Persönlichkeitsmerkmale, Ferialpraktika, Auslandsaufenthalte etc. hinterfragt.

Die Rücklaufquote der Befragung lag zwar unter 20%, brachte aber trotzdem einige interessante Ergebnisse. So wird die größte Bedeutung allgemein den Kriterien

- Leistungsbereitschaft,
- Englisch und
- Unternehmerisches Denken

beigemessen.

Bei einer Auswertung der Daten getrennt nach den Fragengruppen Persönlichkeit, Ausbildung und Sonstiges, nannten die befragten Unternehmen folgende Kriterien als wesentlichste Anforderungen:

[20] vgl. [Tholl88], S. 282ff

Persönlichkeit	Ausbildung	Sonstiges
Leistungsbereitschaft	Englisch	Ferialpraxis
Unternehmerisches Denken	EDV–Anwenderkenntnisse	Auslandsaufenthalte
Eigeninitiative	Kosten–Nutzen–Analyse	Nebenjobs

Die Vermittlung von EDV–Anwenderkenntnissen bildet also für einen Großteil der befragten Unternehmen einen der wesentlichsten Bestandteile der universitären Ausbildung. Größere Bedeutung wird nur den Sprachkenntnissen (insbesondere der englischen Sprache) beigemessen. Betriebswirtschaftliche Fächer liegen in dieser Gesamtauswertung deutlich hinter den genannten Wissensgebieten.

Ein Grund für die starke Betonung der Fremdsprachen- und EDV–Kenntnisse liegt sicher in der gemeinsamen Auswertung aller betriebswirtschaftlichen Funktionsbereiche, da die genannten Wissensgebiete für alle Funktionsbereiche relevant sind.

Detailliertere Information liefert daher eine nach Funktionsbereichen getrennte Auswertung. Aber auch bei dieser Betrachtung gelten für die Bereiche Administration und Produktion gute EDV–Anwenderkenntnisse als eine der wesentlichsten beruflichen Voraussetzungen (Nennung jeweils an erster Stelle der fachlichen Fähigkeiten). In den Funktionsbereichen Management und Vertrieb sind EDV–Anwenderkenntnisse nicht unter den drei wichtigsten Kriterien zu finden. Die weiteren in der Befragung enthaltenen EDV-spezifischen Kenntnisse (Programmierkenntnisse, EDV–Projektorganisation und Systemkenntnisse) werden eher (Wirtschafts)Informatikern zugerechnet und sind für WU–Absolventen i.d.R. nicht von herausragender Bedeutung; sie werden daher nicht näher ausgewertet.

Die Aussagekraft dieser Befragung kann bei der Breite der in den Fragebogen einbezogenen Merkmale hinsichtlich eines bestimmten Wissensgebiets natürlich nicht besonders groß sein. Sie unterstreicht jedoch die Annahme, daß gute EDV–Anwenderkenntnisse für Wirtschaftswissenschaftler eine der wesentlichsten Berufsvoraussetzungen sind. Die Frage, welche Kenntnisse dies in Zukunft sein werden, ist Gegenstand des Kapitels 5.

Kapitel 2

EDV–Ausbildung an der Wirtschaftsuniversität Wien

Kapitel 2 widmet sich der derzeitigen Ausbildung, insbesondere am EDV–Sektor, an der WU.[1] Abschnitt 2.1 beschreibt die **rechtlichen Grundlagen** der an der WU angebotenen Lehrveranstaltungen, Abschnitt 2.2 beleuchtet die an der WU verfügbaren **EDV–Ressourcen** und Abschnitt 2.3 gibt einen Überblick über die **EDV–Ausbildung im ersten Studienabschnitt**. Nach einem kurzen Abriß der Entwicklung der EDV–Grundausbildung, die bereits seit dem Sommersemester 1985 an der WU durchgeführt wird, werden die Ziele, die Lehrinhalte und ihre didaktische Umsetzung in der derzeitigen Form betrachtet. Dabei wird auf die organisatorische Abwicklung (Administration, Leistungsbeurteilung, Teilnehmerzahlen, Drop out–Rate) und die technischen Möglichkeiten eingegangen.

Abschnitt 2.4 vervollständigt die Darstellung des Istzustandes durch einen kurzen Überblick über die **EDV–Ausbildung im zweiten Studienabschnitt**. Das Kapitel wird durch eine **Stärken-/Schwächen–Analyse** im Abschnitt 2.5 abgeschlossen.

2.1 Rechtliche Grundlagen für die Lehre an Universitäten

Die wesentlichsten gesetzlichen Grundlagen für das Universitätsstudium bilden das **Universitätsorganisationsgesetz (UOG)** und das **Allgemeine**

[1] Alle hier erwähnten Daten, z.B. über die vorhandenen Hardwareressourcen, wurden im Wintersemester 1990/91 erhoben. Mittlerweile eingetretene Änderungen wurden nicht mehr berücksichtigt.

Hochschulstudiengesetz (AHStG).

§ 1 UOG regelt die **Grundsätze und Ziele der Studien** an österreichischen Universitäten. In §1 Absatz 2 werden folgende leitende Grundsätze für die Tätigkeit der Universitäten definiert:

- *die Freiheit der Wissenschaft und ihrer Lehre;*
- *die Verbindung von Forschung und Lehre;*
- *die Offenheit für die Vielfalt wissenschaftlicher Lehrmeinungen und Methoden;*
- *die Lernfreiheit;*
- *das Zusammenwirken der Angehörigen der Universität;*
- *die Universitätsautonomie nach Maßgabe der gesetzlichen Vorschriften.*[2]

§1 Absatz 3 des UOG verdeutlicht die **Aufgaben der Universitäten**:

Den Universitäten obliegt auf den ihnen anvertrauten Gebieten der Wissenschaften:

- *die Entwicklung der Wissenschaften;*
- *die Heranbildung des wissenschaftlichen Nachwuchses;*
- *die Koordinierung der wissenschaftlichen Forschung und Lehre sowie der zu ihrer Durchführung notwendigen Hilfsmittel.*

Gemäß § 2 Absatz 1 AHStG sind *die Angehörigen des Lehrkörpers im Rahmen ihrer Lehrbefugnis und ihres Lehrauftrages bei der inhaltlichen und methodischen Gestaltung ihrer Lehrveranstaltungen frei.*[3]

§ 14 AHStG regelt die **Studiendauer** sowie die Einteilung des Universitätsstudiums in Studienabschnitte:

- *Die Diplomstudien sind in mindestens zwei Studienabschnitte zu gliedern.*
- *Der erste Studienabschnitt hat vornehmlich die Aufgabe, in die Studienrichtung einzuführen und ihre Grundlage zu erarbeiten, die weiteren Studienabschnitte dienen zur Vertiefung und speziellen Ausbildung.*

§ 15 AHStG sieht die Erlassung besonderer Studiengesetze, die Detailregelungen einer Studienrichtung enthalten, für die einzelnen Studienrichtungen vor. Das Studiengesetz — im Fall der WU das Bundesgesetz über sozial- und wirtschaftswissenschaftliche Studienrichtungen (BGBl. Nr. 57/1983) — bildet gemeinsam mit den Bestimmungen des AHStG die Grundlage für den

[2]Quelle: [BMWF85], § 1
[3]Quelle: [BMWF86], § 2

Erlaß der Studienordnung. Die Studienordnung legt einerseits fest, an welchen Universitäten ein bestimmtes Studium absolviert werden kann, andererseits legt sie die Stundenzahlen der im Studiengesetz bestimmten Pflicht- und Wahlfächer fest. Auf der Grundlage dieser genannten Gesetze und Verordnungen erarbeiten die Studienkommissionen der Universitäten Studienpläne für die angebotenen Studienrichtungen.

An der WU sind folgende Studienrichtungen eingerichtet (die Angaben in Klammer stehen für die prozentuelle Verteilung der ordentlichen Hörer auf die angebotenen Studienrichtungen im Sommersemester 1990):

- Betriebswirtschaft (51,28%),
- Handelswissenschaft (35,07%),
- Wirtschaftspädagogik (5,66%),
- Volkswirtschaft (3,58%).[4]

Die verbleibenden 4,4% der Hörer betreiben ein Doktoratsstudium an der WU.

Die Studienpläne der drei erstgenannten Studienrichtungen weisen für den ersten Studienabschnitt in vielen Fächern eine ähnliche Gliederung auf. Abweichend vom gemeinsamen Rahmen betont der erste Studienabschnitt der Studienrichtung Handelswissenschaft jedoch die Fremdsprachenausbildung, die Studienrichtung Wirtschaftspädagogik die pädagogische Ausbildung zukünftiger Lehrer an Handelsakademien. In die weiteren Betrachtungen werden aufgrund ihrer Bedeutung (86% der Hörer) in erster Linie die Studienrichtungen Betriebswirtschaft und Handelswissenschaft einbezogen. Die Studienrichtung Volkswirtschaft wird in der Folge auch deswegen nicht berücksichtigt, weil hier die EDV–Grundausbildung in die Mathematik- bzw. Statistikausbildung integriert ist und daher nicht im unmittelbaren Einflußbereich der Abteilung für Wirtschaftsinformatik liegt. Die Ergebnisse der Untersuchung können aber sicher auch für die Studienrichtung Volkswirtschaft Anregungen bieten.

2.2 EDV–Ressourcen der Wirtschaftsuniversität Wien

Für die Bereitstellung von EDV–Ressourcen ist an der WU das EDV–Zentrum als besondere Universitätseinrichtung zuständig. Es unterstützt gemäß § 90 UOG Lehre, Forschung und Verwaltung, sowie das Bibliotheks-

[4]Quelle: [Hansen90]

und das Studienförderungswesen. Zu den Aufgaben des EDV–Zentrums zählen:

- der Betrieb der zentralen Rechnerressourcen,
- der Betrieb der PC–Schulungsräume,
- das Netzwerkmanagement,
- die Koordination der EDV–Anschaffungen,
- die Beratung und Schulung der Benutzer
- und die Unterstützung aller Universitätseinrichtungen bei Installationen und Störfällen.

Aus dieser Auflistung sind zwei Tätigkeitsschwerpunkte zu erkennen, einerseits die bedarfsgerechte Bereitstellung zentraler bzw. zentral koordinierter Rechnerressourcen und andererseits die Beratung und Schulung der Benutzer.

2.2.1 Zentrale Hard- und Softwareausstattung

Das EDV–Zentrum der Wirtschaftsuniversität Wien betreibt derzeit zwei Zentralrechner der Firmen IBM und Siemens, einen Kommunikationsrechner der Firma Hewlett Packard sowie ca. 130 in drei Schulungsräumen untergebrachte Mikrorechner. Etwa 70 zusätzliche Arbeitsplatzrechner für Studenten befinden sich in wissenschaftlichen Abteilungen und werden von den dortigen Mitarbeitern betreut (siehe Abbildung 2.1).

IBM–Zentralrechner

Der IBM–Zentralrechner der WU (IBM 3083–EX1) wird insbesondere als Lehr- und Forschungsrechner eingesetzt. Der Rechner verfügt über 16 MB Hauptspeicher und eine Leistung von 4,1 MIPS.[5] Über fünf Steuereinheiten können rund 190 Terminals angeschlossen werden, die Plattenkapazität liegt derzeit bei 20 Gigabyte. Eine Magnetbandkassetteneinheit dient zur Datensicherung; für Ausdrucke sind mehrere (Farb–)Terminaldrucker, zwei Plotter sowie ein Zeilendrucker und ein Seitendrucker installiert.

[5]Zum Zeitpunkt der Drucklegung wurde dieser Rechner bereits durch einen leistungsfähigeren Rechner des Typs IBM 9121-210 ersetzt.

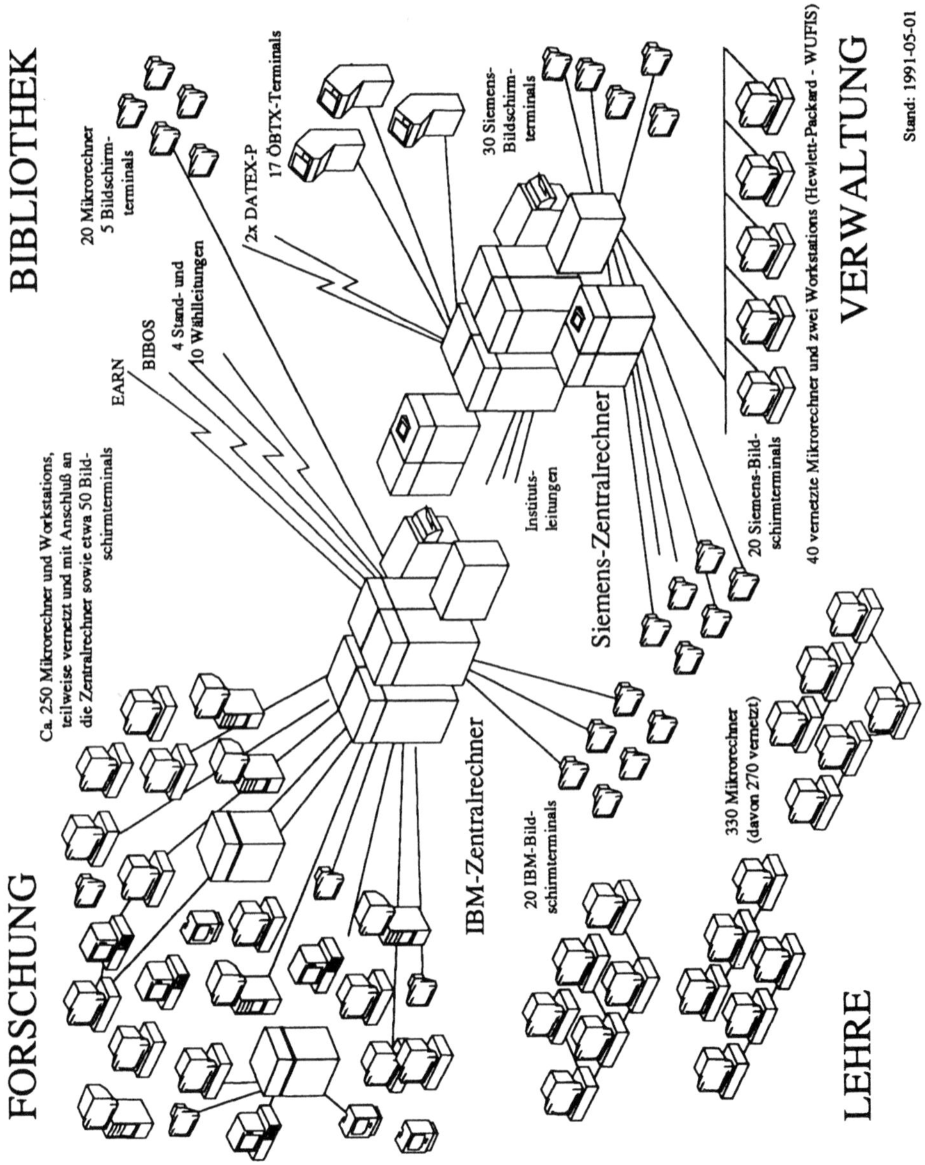

Abbildung 2.1: Rechnerausstattung der Wirtschaftsuniversität Wien, die vom EDV-Zentrum betrieben wird

Zur Verbindung des Zentralrechners mit dem WU–LAN auf Ethernetbasis dient ein LAN–Kanaladapter. Über eine Datenfernverarbeitungssteuereinheit bestehen Rechnerverbindungen zum Institut für Medizinische Computerwissenschaften (EARN–Zugang über eine 9600 bit/s–Standleitung), zum EDV–Zentrum der Universität Wien (64 kb/s–Standleitung für den geplanten BIBOS–Verbund), zum Extraordinariat CIM sowie zum Kolpinghaus (ausgelagerte Universitätsinstitute). Zusätzlich stehen zehn 2400 bit/s–Wählleitungsverbindungen zur Verfügung.[6]

Der IBM–Zentralrechner wird unter dem Betriebssystem VM/SP HPO mit CMS betrieben. Als Programmiersprachen sind APL, C, COBOL, FORTRAN, Prolog, PL/1, LISP und Pascal einsetzbar. Daneben sind derzeit folgende Softwarepakete installiert:

- die Datenbanksoftware SQL/DS und QMF,
- die Bürosoftware PROFS,
- die Textverarbeitungspakete TEX, Displaywrite/370 und DCF,
- das Statistikpaket SAS,
- die Grafiksoftware GDDM,
- Kommunikationssoftware (TCP/IP, VTAM, X.25, SNA),
- das Public domain–Programmpaket NETNEWS zur Verwaltung von elektronischen Bulletin Boards aus internationalen Rechnernetzen (BITNET/EARN, Internet),
- der TRICKLE–Fileserver (ebenfalls ein Public domain–Produkt) zum Bezug von Softwarepaketen über BITNET/EARN,
- sowie diverse Dienst- und Hilfsprogramme.[7]

Neben der intensiven Nutzung als Forschungsrechner wird der IBM–Zentralrechner auch in mehreren Lehrveranstaltungen eingesetzt. Beispielhaft seien hier die Arbeitsgemeinschaften und Proseminare aus APL, C und Prolog, sowie SAS und TEX genannt. Zusätzlich werden auch einige Verwaltungstätigkeiten auf diesem Rechner durchgeführt (z.B. die Erstellung des Vorlesungsverzeichnisses und Optimierungsrechnungen für die Hörsaalbelegung). Ein weiteres in Zukunft wichtiges Nutzungsgebiet ist der Bibliotheksverbund BIBOS und v.a. der Zugang zu internationalen Rechnernetzen, der an der WU teilweise über diesen Rechner realisiert wird.

---

[6]vgl. [Janko89], S. 4f

[7]vgl. [Miksch89], S. 7f

Siemens–Zentralrechner

Der Siemens–Zentralrechner 7.570–GX1 der WU wird in erster Linie im Rahmen der universitären Verwaltung eingesetzt. Die Zentraleinheit verfügt über 24 MB Hauptspeicher und eine Leistung von 5,5 MIPS. Über eine Plattensteuereinheit sind sieben Plattenspeicher mit jeweils 730 MB Kapazität angeschlossen. Über zwei Mehrfachsteuereinheiten können 96 Terminals angeschlossen werden, zwei Magnetbandstationen dienen zur Datensicherung. Ausdrucke können auf Matrixdruckern, Zeilendruckern oder einem Seitendrucker erfolgen.

Im Jahr 1989 wurde ein LAN–Kanaladapter installiert, wodurch der Zentralrechner in das WU–LAN auf Basis von TCP/IP integriert ist. Über einen Kommunikationsrechner erfolgen Ausdrucke am Seitendrucker, Dateitransfers mit dem IBM–Zentralrechner und die DATEX-P–Verbindung mit dem öffentlichen BTX–System der Post. Außerdem können maximal 20 Wählleitungsverbindungen (4800 bit/s) im Rahmen des BTX–Auskunftssystems aufgebaut werden.

Der Siemens–Zentralrechner wird unter dem Betriebssystem BS2000 betrieben. Als Programmiersprachen sind C, COBOL, FORTRAN und PASCAL einsetzbar. Daneben sind derzeit folgende Softwarepakete installiert:

- das Datenbankverwaltungssystem UDS mit der Abfragesprache IQS,
- das kommerzielle Standardsoftwarepaket R/2 von SAP,
- das Netzplantechnik–Paket SINET,
- das Textverarbeitungspaket TOM-DOC,
- der Tool Manager TOM-M,
- der Maskengenerator IFG,
- Kommunikationssoftware (TCP/IP, PDN, X25-Port),
- sowie diverse Dienst- und Hilfsprogramme.[8]

Der Siemens–Zentralrechner spielt in der Universitätsverwaltung eine zentrale Rolle. Sowohl die Applikationen zur Studien- und Prüfungsverwaltung (STEP) auf Basis der UDS–Datenbank als auch die BTX–gestützte Lehrveranstaltungsanmeldung und -administration werden auf diesem Rechner durchgeführt.

Der Rechner wird aufgrund der hohen Auslastung nur eingeschränkt in der Lehre eingesetzt. Derzeit werden die gesamte COBOL–Ausbildung und zahlreiche Diplomarbeitsprojekte in Zusammenhang mit der Entwicklung des

[8]vgl. [BMWF88], Beilage 2

BTX–Auskunftssystems über diesen Rechner abgewickelt. Im Wintersemester 1990/91 wurden alle Module des umfangreichen kommerziellen Standardanwendungspakets der Firma SAP am Siemens–Zentralrechner installiert, sodaß eine verstärkte EDV–Unterstützung nun auch in jenen Fachgebieten möglich ist, die derzeit aus Kostengründen keine geeigneten Softwarepakete einsetzen können.

HP–Kommunikationsrechner

Seit 1989 ist an der WU ein Unix–Rechner der Firma Hewlett Packard (HP 9000/835) installiert, dessen Hauptaufgaben Serverfunktionen unterschiedlicher Art (Mail Server, Name Server, File Server, News Feed etc.) und Gatewayfunktionen im WU–LAN sind.[9] Fortgeschrittene Studenten können diesen Rechner im Rahmen von Diplomarbeiten verwenden.

Mikrorechner

Für die EDV–Grundausbildung wurden an der WU zwei Schulungsräume eingerichtet. Beide Räume sind mit jeweils 50 32–Bit–Rechnern ausgestattet; im Schulungsraum der Abteilung für Wirtschaftsinformatik sind Rechner mit Intel 80386–Prozessoren unter dem Betriebssystem MS/DOS installiert, die Abteilung für Angewandte Informatik hingegen verwendet Apple Macintosh mit dem Motorola–Prozessor 68030.

Der **PC–Schulungsraum 1** verfügt über folgende Hard- und Softwareausstattung:[10]

- *48 Studentenarbeitsplätze Apple Macintosh IIcx*:
  jeweils 4 MB RAM, mathematischer Coprozessor, 40 MB Festplatte, 1,44 MB 3,5–Zoll–Diskettenlaufwerk, 13–Zoll–Farbgrafikbildschirm, Tastatur, Ethernet–Netzwerkkarte, Maus;
- zwei Apple Laserwriter NTX;
- *Server*:
  drei Netzwerkserver Macintosh IIx mit jeweils 8 MB RAM, 300 MB Festplatte, sonst wie oben; eine optische Platte, ein Druckerserver Macintosh SE 20;
- *Betreuergeräte*: 2 Macintosh IIx mit jeweils 8 MB RAM, 160 MB Festplatte, sonst wie oben;

[9] vgl. [WUW89b], S. 20
[10] vgl. [WUW89a], S. 18

- *Betriebssystem und Netzwerksoftware*: System 6.15, Apple Share 2.0;
- *Anwendungssoftware*: MS–Excel 2.10, MS–Word 4.0, HyperCard.

Im **PC–Schulungsraum 2** sind folgende Hard- und Softwarekomponenten installiert (siehe Abbildung 2.2, die auch als Beispiel für die anderen, ähnlich ausgestatteten PC–Räume dient):[11]

- *48 Studentenarbeitsplätze Siemens PC-D3L*:
  jeweils 4 MB RAM, 1,44 MB 3,5–Zoll–Diskettenlaufwerk, 14–Zoll–Farbgrafikbildschirm (VGA–Auflösung), Tastatur, Maus, Ethernet–Netzwerkkarte;
- ein HP–Laserjet II mit Postscript–Unterstützung;
- *Server*:
  vier Netzwerkserver PC-D3T, 8 MB RAM, 300 MB Festplatte, sonst wie oben; eine Kassettenstation zur Datensicherung, zwei Druckerserver PC-D2;
- *Betreuergeräte*: 2 PC-D3T, 8 MB RAM, 155 MB Festplatte, sonst wie oben;
- *Betriebssystem und Netzwerksoftware*: MS/DOS 3.2, MS–Windows 2.1, Novell AN286 2.15;
- *Anwendungssoftware*: MS–Excel 2.10, MS–Word 5.0, Open Access 2.15.

Während die oben genannten Arbeitsplatzrechner ausschließlich für die EDV–Grundausbildung angeschafft wurden, können eigenständige Arbeiten der Studenten und EDV–gestützte Lehrveranstaltungen außerhalb der EDV–Grundausbildung nur im **PC–Schulungsraum 3** durchgeführt werden.[12] In diesem Raum sind folgende Rechner und Softwarepakete verfügbar:

- *30 Studentenarbeitsplätze Acer 1133*: 4 MB RAM, mathematischer Coprozessor, 100 MB Festplatte, 1,44 MB 3,5–Zoll–Diskettenlaufwerk, 12–Zoll–Farbbildschirm (VGA), Tastatur, Maus, Ethernet–Adapter;
- ein Star Laserdrucker, drei HP Deskjet;

[11] vgl. [WUW89a], S. 19

[12] Im November 1991 konnte das Rechnerangebot für Studierende um weitere 90 Arbeitsplätze, die in drei Schulungsräumen untergebracht sind, ergänzt werden. Jeweils dreißig Rechner der Hersteller Apple (Macintosh IIci), Siemens Nixdorf (PC-D3M/25) sowie DEC (DECstation 5000/120) erweitern nicht nur das Angebot im Bereich der MS/DOS- und Macintosh–Anwendungen, sondern es steht auch erstmals ein Unix–Arbeitsraum zur Verfügung, der dem Institut für Informationsverarbeitung und Informationswirtschaft gewidmet ist.

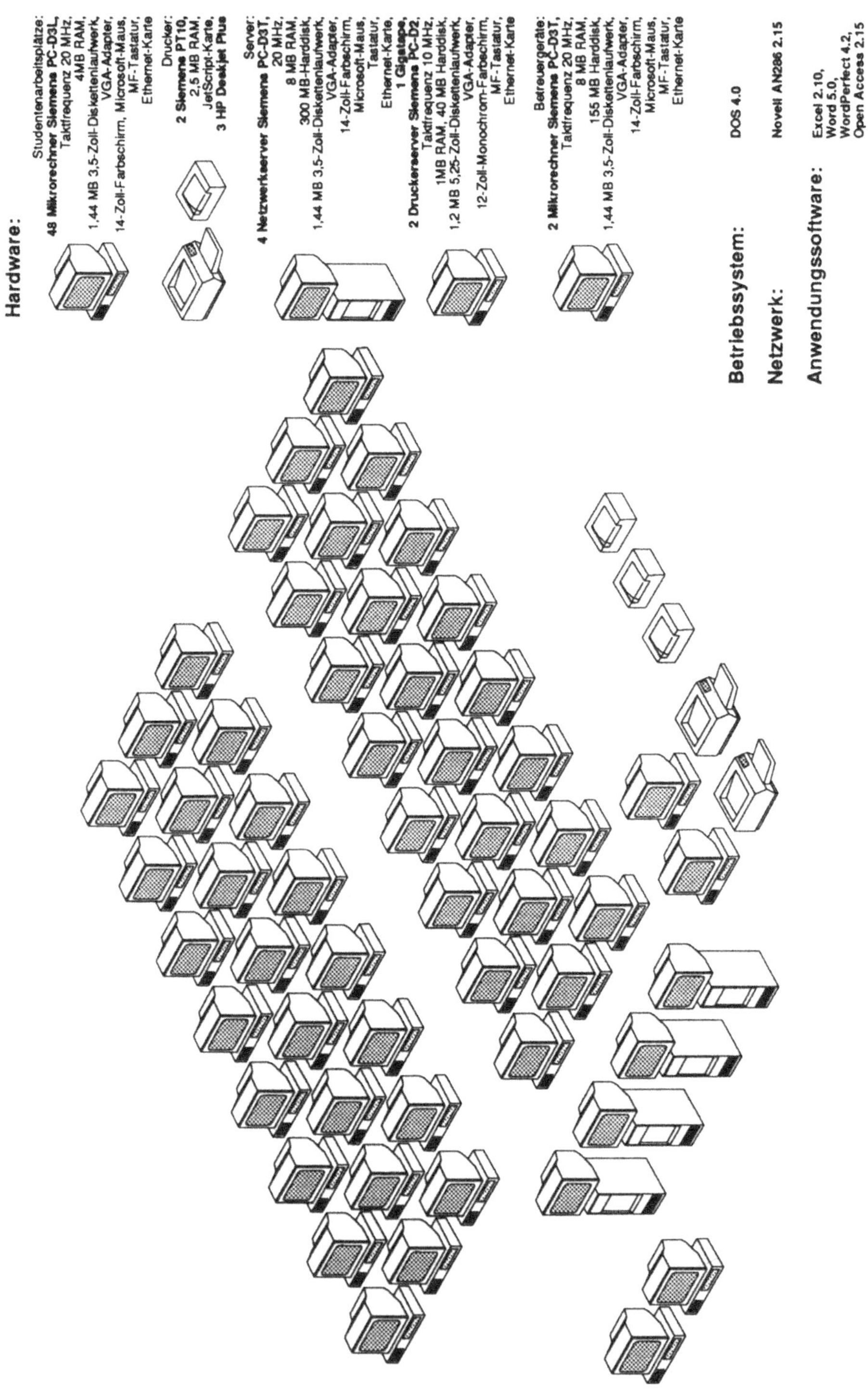

Abbildung 2.2: Rechnerausstattung des PC–Schulungsraums 2

- *Server*: zwei Netzwerkserver Acer 1133, ein Datenbankserver Acer 1133: 8 MB RAM, 300 MB Festplatte, sonst wie oben;
- *Betreuergerät*: ein Acer 1133, wie oben;
- *Betriebssystem und Netzwerksoftware*: MS/DOS 3.3X, Novell Netware 386;
- *Anwendungssoftware*: MS–Excel 2.1c, Open Access 2.15, Page Maker 3.0, Windows 3.0, Winword, SPSS/PC.

2.2.2 Personalsituation und Benutzerbetreuung

Neben der Anschaffung und dem Betrieb der gesamtuniversitären Rechnerressourcen spielt die Beratung und Betreuung der Benutzer eine immer wesentlichere Rolle. Die sich wandelnde Aufgabenverteilung spiegelt auch die personelle Situation des EDV–Zentrums wider. Lediglich 16 der insgesamt 21 Mitarbeiter sind Inhaber von Planstellen, fünf Mitarbeiter (4 davon halbtägig beschäftigt) werden fremdfinanziert und stehen dem EDV–Zentrum als Vertrags- bzw. Studienassistenten nur befristet zur Verfügung.

Eine Arbeitsgruppe mit sieben Mitarbeitern (ein Leiter, zwei Operatoren, zwei Systembetreuer, ein Netzwerkadministrator) ist für **Systembetreuung, -betrieb und -wartung** verantwortlich.

Die zweite Arbeitsgruppe des EDV–Zentrums (ein Leiter, 2 Sekretärinnen, 8 voll- und 4 halbbeschäftigte Benutzerbetreuer) ist neben administrativen Tätigkeiten insbesondere mit der **IS–Planung und Benutzerbetreuung** für alle Systeme betraut. Jeweils ein Mitarbeiter betreut die Benutzer der IBM- und Siemens–Zentralrechner. Vier (studentische halbbeschäftigte) Benutzerbetreuer sind insbesondere mit der Beratung der Studenten im Rahmen der EDV–Grundausbildung und der Überwachung der PC–Schulungsräume betraut. Weitere Aufgaben der Benutzerbetreuer sind die Installation und Wartung von Hard- und Software, die Durchführung und Bewertung von Ausschreibungen, die Erstellung von Schulungsunterlagen und Dokumentationen für die installierten Softwarepakete, die Abhaltung von Kursen, die individuelle Unterstützung von Benutzern bei Programmierarbeiten und anderen EDV–Anwendungen etc.

Im Rahmen der Benutzerbetreuung werden regelmäßig Kurse für die Benutzung der Zentralrechner durchgeführt. Betriebssystemkurse für VM/SP–CMS und BS2000 dienen als erste Einführung in die Rechnerbenutzung. Die Teilnahme an einem solchen Kurs ist die Voraussetzung zur Erteilung einer Benutzerbewilligung für einen Zentralrechner. Aufbauend auf diesem Einstiegskurs werden Spezialkurse, z.B. über die verfügbaren Kommunikationsmöglichkeiten (EARN/BITNET), die Erstellung von Prozeduren, die Verwendung des Bildschirmmaskengenerators oder die Verwendung von Datenbanksystemen und Abfragesprachen angeboten. Diese Kurse können von Universitätslehrern und bis auf wenige Ausnahmen auch von Studenten besucht werden.

Da alle Studienanfänger bereits in ihrer Pflichtausbildung mit dem Einsatz von Mikrorechnersoftware konfrontiert werden, bietet das EDV–Zentrum für diese Benutzergruppe keine Mikrorechnerkurse an. Für Universitätslehrer und Verwaltungsmitarbeiter werden jedoch in den vorlesungsfreien Zeiten Einführungskurse (MS/DOS) und Spezialkurse über einzelne Anwendungspakete (Excel, Word, Open Access II, Page Maker etc.) abgehalten. Bei Problemen mit diesen, in Kursen unterrichteten Programmpaketen, können sich Universitätsangehörige auch an die Benutzerbetreuung um Hilfestellung wenden.

Zur weiteren Unterstützung der Benutzer gibt das EDV–Zentrum Bedienungshandbücher für die Betriebssystemsoftware der Großrechner und Kurzanleitungen für die Arbeit mit PC–Software heraus; in unregelmäßigen Abständen erscheinende Mitteilungsblätter informieren über Neuigkeiten aus dem EDV–Zentrum.

2.2.3 Raumsituation

Die allgemein verfügbaren Mikrorechner und Terminals, die vom EDV–Zentrum betreut werden, sind in fünf Räumen im WU–Hauptgebäude untergebracht. Die IBM- und Siemens–Terminals befinden sich in zwei Seminarräumen im 3. Stock des Gebäudes und sind für berechtigte Benutzer Tag und Nacht zugänglich. Für Selbststudienzwecke sind die Räume zweckmäßig ausgestattet, für die Abhaltung von Kursen oder EDV–gestützten Lehrveranstaltungen ist aber keine geeignete Infrastruktur vorhanden.

Die 130 oben erwähnten Mikrorechner sind in drei Schulungsräumen installiert. Die beiden für die EDV–Grundausbildung genutzten Räume wurden ursprünglich als Garderoben verwendet. Sie befinden sich im Kellergeschoß und verfügen nicht über Tageslicht. Für Schulungszwecke sind diese Räume aus mehreren Gründen schlecht geeignet: aufgrund des kleinen Raumes steht pro Arbeitsplatz zu wenig Platz zur Verfügung, um neben der Tastatur noch Notizen zu machen. Die geringe Raumhöhe ermöglicht die Verwendung von Großbildprojektoren nur in eingeschränktem Maß, die gleichzeitige Verwendung eines Overheadprojektors und des Videobeams ist aus Platzgründen ebenfalls nicht möglich.

Der dritte Schulungsraum befindet sich im ersten Obergeschoß. In diesem Raum werden unterschiedliche Lehrveranstaltungen abgehalten, in der restlichen Zeit wird der Raum besonders für die Erstellung von Diplomarbeiten oder Seminararbeiten genutzt. Auch dieser Raum wird den Erfordernissen eines PC–Schulungsraumes nicht gerecht. Weder die Klimatisierung oder die räumliche Aufteilung, noch die Möglichkeiten zur Verwendung von Projektoren oder anderen Präsentationsmöglichkeiten entsprechen den Mindesterfordernissen.

In der Vorlesungszeit sind die PC–Räume von 8.00–22.00 Uhr (von Montag bis Freitag) geöffnet, in Ferienzeiten sind die Öffnungszeiten auf 8.00–16.00 Uhr eingeschränkt.

2.3 EDV–Ausbildung im 1. Studienabschnitt

2.3.1 EDV–Grundausbildung

Die Integration der EDV–Grundausbildung in die sozial- und wirtschaftswissenschaftlichen Studienrichtungen erfolgte durch die Studienreform des Jahres 1983, die im Wintersemester 1986/87 in Kraft trat. Seither ist die EDV–Ausbildung in den Studienrichtungen Betriebswirtschaft (BW), Handelswissenschaft (HW) und Wirtschaftspädagogik (WP) Bestandteil des Diplomprüfungsfachs „Grundzüge der Betriebswirtschaftslehre einschließlich Datenverarbeitung“, für Volkswirte ist sie Bestandteil der Mathematik- und Statistikausbildung. Damit wurde das Fach „Elektronische Datenverarbeitung“ Pflichtfach für alle ordentlichen Hörer im ersten Studienabschnitt.

Das Fach „Grundzüge der Betriebswirtschaftslehre einschließlich Datenverarbeitung“ umfaßt in den Studienrichtungen Betriebswirtschaft und Handelswissenschaft folgende Lehrveranstaltungen:[13]

[13]vgl. [WUW86], S. 2f

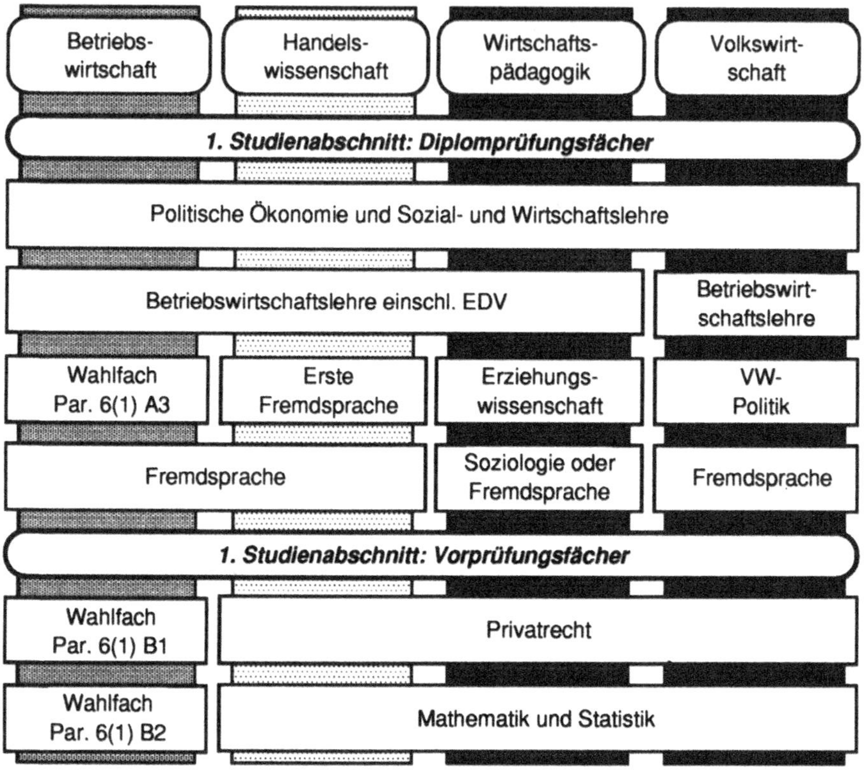

Abbildung 2.3: Organisation des ersten Studienabschnitts an der Wirtschaftsuniversität Wien (Quelle: Kenndaten der Wirtschaftsuniversität Wien, Stand: 30.6.1989)

	Bezeichnung der Lehrveranstaltung	Std.	Typ
a)	Grundkonzepte der Betriebswirtschaftslehre, einschließlich der wissenschaftstheoretischen Grundlagen	1	V
b)	Elektronische Datenverarbeitung	2	V
c)	Buchhaltung und Bilanzierung	2	V
d)	Personalwesen, Führung und Organisation	1	V
e)	Absatz	1	V
f)	Beschaffung, Lagerung, Produktion	1	V
g)	Investition und Finanzierung	1	V
h)	eine weitere Vorlesung aus d) – g), sofern gemäß lit. k) kein Proseminar aus dem betreffenden Gebiet gewählt wurde	1	V
i)	Proseminar zu b)	2	PS
j)	Proseminar zu c)	2	PS
k)	nach Wahl des ordentlichen Hörers zu drei der vier Teilgebiete gemäß lit. d) – g) je ein einstündiges Proseminar	3	PS

1989 trat eine die EDV–Grundausbildung betreffende Ergänzung des Studienplans in den Studienrichtungen Betriebswirtschaft, Handelswissenschaft und Wirtschaftspädagogik in Kraft.

Die Zulassung zum Besuch des Proseminars „Elektronische Datenverarbeitung" setzt nun die erfolgreiche Ablegung eines Kolloquiums über die Vorlesung „Elektronische Datenverarbeitung" voraus. Dieses Kolloquium ist schriftlich abzulegen.[14]

Die EDV-Grundausbildung umfaßt somit vier von 17 Wochenstunden des o.g. Diplomprüfungsfachs (insgesamt schreibt der erste Studienabschnitt Lehrveranstaltungen im Umfang von 80 Wochenstunden vor) und ist in zwei zeitlich aufeinanderfolgende Lehrveranstaltungen gegliedert:

- eine **zweistündige Vorlesung** mit abschließendem schriftlichem Kolloquium: Die Vorlesung „Elektronische Datenverarbeitung" wird im Wintersemester von beiden Abteilungen, im Sommersemester nur von der Abteilung für Wirtschaftsinformatik angeboten. Die Abteilung für Angewandte Informatik kündigt zusätzlich in jedem Semester ein Repetitorium zur Vorlesung an.
- ein **zweistündiges Proseminar**, das als Rechnerpraktikum abgehalten wird: Die Rechnerpraktika werden in jedem Semester von beiden Abteilungen im gleichen Stundenausmaß angeboten (16 Proseminare pro Abteilung im Sommersemester 1990).

Die Studienpläne österreichischer Universitäten schreiben (im Gegensatz zu z.B. US-amerikanischen MBA-Programmen) mit wenigen Ausnahmen keine zeitliche Reihenfolge für den Besuch von Lehrveranstaltungen innerhalb eines Studienabschnitts vor. Es steht den Studierenden somit frei, in welchem Semester des 1. Studienabschnitts sie die EDV-Lehrveranstaltungen besuchen. Da die dort vermittelten EDV-Kenntnisse aber in Lehrveranstaltungen des 1. Abschnitts nutzbringend angewendet werden können, wird empfohlen, die EDV-Vorlesung im 1. Semester und im darauffolgenden Semester das dazugehörige Proseminar zu absolvieren. Die Erfahrungen der vergangenen Semester zeigen jedoch, daß ein großer Teil der Studenten (im Sommersemester 1990 waren es 40% der Teilnehmer) sich bereits im 3. oder einem höheren Semester befindet.

88% der Teilnehmer liegen zwar noch innerhalb der vorgesehenen Semesterzahl für den ersten Studienabschnitt, allerdings muß bei dieser Zahl beachtet werden, daß auch jenes Viertel der Studierenden, das sich bereits im 4. Semester befindet, den 1. Studienabschnitt nicht mehr fristgerecht beenden kann. Nachstehende Tabelle zeigt die Verteilung auf die Semester genauer:

---

[14] vgl. [WUW89], S. 3

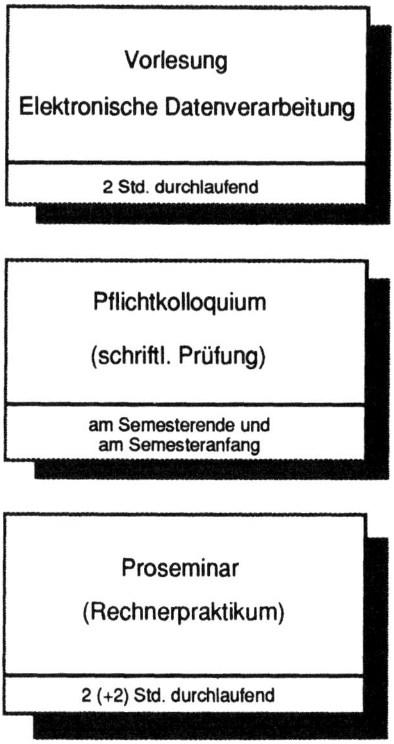

Abbildung 2.4: 1. Studienabschnitt — EDV

Semester	Anzahl	Anzahl in Prozent	Anzahl kumuliert	Prozent kumuliert
1	4	0.6	4	0.6
2	369	59.3	373	60.0
3	31	5.0	404	65.0
4	143	23.0	547	87.9
5	9	1.4	556	89.4
6	35	5.6	591	95.0
7	6	1.0	597	96.0
8	25	4.0	622	100.0

Die Tabelle gibt allerdings ein leicht verzerrtes Bild der Teilnehmerdaten wieder, da sie nur das Sommersemester 1990 berücksichtigt. Im mehrjährigen Durchschnitt (SS 1987 bis SS 1990) verschiebt sich diese Verteilung, da in den Wintersemestern höhersemestrige Studenten EDV–Proseminare besuchen.

Semester	Prozent
1.–2. Semester	45%
3.–4. Semester	36%
5.–6. Semester	12%
7. oder höheres Sem.	7%

Bei einer nach Geschlechtern differenzierten Betrachtung der Teilnehmerdaten fällt auf, daß die männlichen Teilnehmer das Rechnerpraktikum tendenziell etwas früher besuchen als die Studentinnen (64% der männlichen Teilnehmer befinden sich im 1. oder 2. Semester gegenüber 53% der Studentinnen).

2.3.1.1 Entwicklung der EDV–Grundausbildung

Die *Abteilung für Wirtschaftsinformatik* führt seit dem Studienjahr 1984/85 EDV–Rechnerpraktika durch, deren Besuch ursprünglich auf freiwilliger Basis erfolgte. 1986 wurde an der WU als Folge der Studienreform ein zweites Ordinariat für Wirtschaftsinformatik mit der Bezeichnung *Abteilung für Angewandte Informatik insbesondere Betriebsinformatik* gegründet, beide Abteilungen bilden seither das *Institut für Informationsverarbeitung und Informationswirtschaft.* Die EDV–Grundausbildung und die Lehre in den Fächern „Wirtschaftsinformatik" und „Informationswirtschaft" für alle Studienrichtungen obliegen diesem Institut.

Bis zum Sommersemester 1989 erfolgte die organisatorische Abwicklung sowie die inhaltliche Entwicklung im wesentlichen durch die Abteilung für Wirtschaftsinformatik. Im Sommer 1989 wurde wegen der zunehmend divergierenden Lehrziele und aufgrund des hohen Koordinationsaufwandes eine organisatorische Trennung der EDV–Grundausbildung vorgenommen. Diese Trennung wurde durch die mittlerweile in den Studienplan aufgenommenen Kolloquien sowie die Neuausstattung der Schulungsräume begünstigt. Jede Abteilung erhielt dadurch einen Schulungsraum zu ihrer exklusiven Benutzung zugewiesen. Da auch die Kolloquien getrennt durchgeführt werden, sind bis auf die Durchführung der Proseminarzuteilung anhand der Anmeldedaten keine gemeinsamen Aktivitäten erforderlich.

Seit der Einführung der EDV–Rechnerpraktika wurde die Zahl der Proseminare wesentlich erhöht:

Semester	Anzahl PS	Hansen	Janko	
SS 85	6	6		(davon 3 Rechnerpraktika)
WS 85/86	12	12		
SS 86	16	16		
WS 86/87	26	19	7	← SOWI–Reform
SS 87	37	19	18	
WS 87/88	30	14	16	
SS 88	32	16	16	
WS 88/89	32	16	16	
SS 89	30	22	8	
WS 89/90	30	15	15	
SS 90	32	16	16	
WS 90/91	35	17	18	
SS 91	31	15	16	

Vom Sommersemester 1985 bis zum Sommersemester 1986 erfolgte der Besuch der Proseminare auf freiwilliger Basis. Eine Prüfung war zunächst nur am Semesterende vorgesehen. Ab dem Sommersemester 1986 wurde ein Eingangstest über den Stoff der vorangehenden Vorlesung durchgeführt, der zur Teilnahme berechtigte. Eine solche Maßnahme war notwendig, da die EDV–Kenntnisse der Teilnehmer sehr gering waren und häufig Wiederholungen des Vorlesungsstoffs notwendig waren. Wahlweise wurde jedoch weiterhin ein Abschlußtest angeboten.

Mit der Einführung der obligatorischen EDV–Grundausbildung im 1. Studienabschnitt wurden auch Maßnahmen überlegt, die einheitliche Mindestkenntnisse der Hörer sicherstellen sollten. Nach einer Übergangsphase wurden im Sommersemester 1988 erstmals nur Hörer in die Rechnerpraktika aufgenommen, die zuvor ihre theoretischen Kenntnisse in einem Multiple choice–Test über den Vorlesungsstoff nachgewiesen hatten. Um die Betreuung in den Praktika zu verbessern, wurde zusätzlich im Wintersemester 1988/89 die maximale Hörerzahl auf 30 Personen reduziert.

2.3.1.2 Lehrziele und Lehrinhalte

Die Lehrziele der Vorlesung und der Rechnerpraktika aus „Elektronische Datenverarbeitung" der Abteilung für Wirtschaftsinformatik sind in den Lehrveranstaltungsübersichten niedergelegt, die den Studierenden in jedem Semester zu Beginn der Lehrveranstaltung ausgehändigt werden.[15]

Nach dem Besuch der **Vorlesung** sollen die Studenten in der Lage sein

[15]Die Lehrziele wurden den Lehrveranstaltungsübersichten des Sommersemesters 1990 entnommen.

- *„zu erklären, wie EDV-Anlagen funktionieren und welche Arten von Rechnern es gibt,*
- *zu beschreiben, was rechnergestützte Informationssysteme sind und wozu sie im Betrieb gebraucht werden,*
- *ihre Interessen als Benutzer bei der Gestaltung rechnergestützter Informationssysteme zu realisieren,*
- *darzulegen, welche Datenverarbeitungsberufe es gibt und abzuschätzen, wie sich dieses Tätigkeitsfeld in Zukunft entwickelt,*
- *zu kennzeichnen, welche Geräte, Programme und Trägermedien bei der Erfassung, Speicherung, Übertragung und Verknüpfung von Daten zum Einsatz kommen,*
- *Textverarbeitungssysteme zu beurteilen und Textkommunikationsdienste für das Fernkopieren, Bürofernschreiben und Bildschirmtext zu verwenden,*
- *zu verstehen, welche ökonomischen und gesellschaftlichen Möglichkeiten und Probleme mit der Datenverarbeitung verbunden sind.“*

Durch die Teilnahme an einem **Rechnerpraktikum** sollen die Studierenden

- *„ihr EDV-Grundwissen durch anwendungsorientierte Aufgabenstellungen vertiefen,*
- *Verständnis für die Arbeitsweise und den Aufbau eines Arbeitsplatzrechners entwickeln,*
- *das eingesetzte Betriebssystem und Netzwerk im groben Überblick kennenlernen,*
- *die Anwendungsmöglichkeiten von PC und Endbenutzerwerkzeugen kennenlernen.“*

Inhaltliche Ausrichtung der Vorlesung

In der einsemestrigen, zweistündigen Vorlesung (14–16 Termine zu je 1,5 Stunden) erwerben die Studierenden grundlegendes Wissen auf dem Gebiet der Datenverarbeitung. Am Beginn steht eine Einführung in die Begriffswelt der EDV; es werden die **Hauptfunktionseinheiten einer EDVA** und die wichtigsten *Bauelemente* im Überblick erläutert. Anschließend wird eine *Klassifizierung in Rechnergruppen* anhand verschiedener Leistungsmerkmale vorgenommen.

Den ersten Schwerpunkt der Vorlesung bildet die Darstellung folgender **Komponenten eines Informationssystems (IS)**:

- Daten,
- Datenträger,
- Baueinheiten von EDV-Anlagen und
- Software.

Als erste wesentliche Komponente eines Informationssystems werden **Daten** behandelt. Die Abstraktion von Realweltobjekten und die Repräsentation in einer für den Rechner bearbeitbaren Form stehen am Beginn dieses Themenbereichs. Danach erfolgt eine Klassifikation der durch diesen Abstraktionsprozeß erhaltenen Daten nach unterschiedlichen Kriterien (z.B. nach der Erscheinungsform wie Schrift oder Bild) und ein Überblick über die rechnerinterne Darstellung von Daten. Dem Themenbereich ist eine Unterrichtseinheit (1,5 Stunden) gewidmet.

Im Anschluß an die Betrachtung der Daten werden jene **Datenträger** behandelt, denen in der betrieblichen Praxis Bedeutung zukommt. Dies können handbeschriftete, bedruckte oder (in selteneren Anwendungsfällen) auch gelochte Datenträger sein. Stärker betont werden magnetische, optische sowie elektronische Datenträger, die im Rahmen der Verarbeitung, Speicherung und Archivierung von Daten heute vornehmlich eingesetzt werden. Für die Behandlung von Datenträgern sind zwei Vorlesungstermine vorgesehen.

Im Themenschwerpunkt **Baueinheiten von EDV-Anlagen** werden die wichtigsten Hardwarekomponenten eines Rechners dargestellt:

- Die Bestandteile von Zentraleinheiten (Prozessoren und Zentralspeicher) sowie ihr Zusammenwirken im Rahmen der Durchführung von Datenverarbeitungsfunktionen werden in einer Vorlesungseinheit erläutert.
- Ein Überblick über die wichtigsten Ein- und Ausgabegeräte (Tastatur, Maus, Sichtgeräte, Drucker, Plotter) bildet den Inhalt der folgenden Vorlesungseinheit.

Nach den Hardwarekomponenten einer EDVA wird die **Software** behandelt. Ausgangspunkt dieses Themenbereichs ist ein Überblick über die Programmiersprachen, die aufgrund ihrer Verbreitung oder ihrer Eignung für Spezialaufgaben Bedeutung erlangt haben. Im Anschluß daran erwerben die Hörer Grundkenntnisse über in der kommerziellen Datenverarbeitung eingesetzte Individual- und Standardsoftware. In diesem Zusammenhang werden die Hörer auch erstmals mit Endbenutzerwerkzeugen und Trends der individuellen Datenverarbeitung sowie Benutzeroberflächen vertraut gemacht. Für den Themenblock Software stehen wiederum zwei Vorlesungstermine zur Verfügung.

Nach den Ausführungen über die Komponenten von Informationssystemen lernen die Studierenden in zwei Vorlesungseinheiten die Grundkonzepte der **Datenspeicherung** und mögliche Formen der Datenorganisation (am Beispiel der indizierten und gestreuten Organisation) kennen. In der Folge beschäftigt sich dieser Themenbereich mit Datenbanken, wobei sowohl die Vorgangsweise bei der Datenmodellierung, als auch verbreitete Datenmodelle (hierarchisches Modell, Netzwerkmodell und v.a. relationales Modell) behandelt werden. Auch Datendefinitions- und -manipulationssprachen werden anhand von SQL für das relationale Modell erläutert.

Die Bestandteile von Datenübertragungssystemen und die möglichen Betriebsarten und Vermittlungsverfahren bei der Übertragung von Daten bilden den Schwerpunkt des Bereichs **Datenübertragung**. Außerdem werden im groben Überblick einige typische Rechnernetze dargestellt. Beispielhaft für die heute übliche Vernetzung verschiedenster Systeme wird schließlich der Verbund von Zentralrechnern und Arbeitsplatzrechnern hard- und softwareseitig erläutert. Auch für diesen Themenbereich sind zwei Vorlesungstermine veranschlagt.

Den Abschluß der Vorlesung „Elektronische Datenverarbeitung" bildet ein Überblick über **Textverarbeitung und Textkommunikation**. Die Funktionen von Textverarbeitungssystemen, die für Textverarbeitungszwecke eingesetzte Hard- und Software sowie Telekommunikationsdienste wie Teletex, Telefax, BTX, ISDN etc. stehen hier im Mittelpunkt.

Inhalt des Proseminars

Das erworbene theoretische Wissen der Einführungsvorlesung über die Komponenten von Informationssystemen, Datenspeicherung und Textverarbeitung bildet den Ausgangspunkt für das in der Folge von allen Studierenden zu absolvierende Rechnerpraktikum. Für die Rechnerpraktika stehen pro Semester im Durchschnitt 14 Unterrichtseinheiten zur Verfügung. Diese Unterrichtseinheiten sind zweigeteilt: im zweistündigen Proseminar erarbeiten die Teilnehmer mit dem Proseminarleiter neue Aufgabenstellungen, in der anschließenden zweistündigen Übungszeit, in der die Rechner exklusiv für die praktische Arbeit der Proseminarteilnehmer reserviert sind, werden Übungsaufgaben im Selbststudium gelöst.

Zu Beginn der Rechnerpraktika erhalten die Teilnehmer eine Einführung in die Bedienung von Arbeitsplatzrechnern. Neben Ausführungen über die zur Verfügung stehende **Hardware** (siehe Abschnitt 2.2) werden aktuelle Hardwareentwicklungen für Arbeitsplatzrechner diskutiert. Dieser Thematik ist eine Proseminareinheit gewidmet.

Der praktische Einsatz des verwendeten **Betriebssystems** und die Abgrenzung zu komplexeren Betriebssystemen, die Netzwerksoftware und allgemeine Grundlagen über **lokale Netze** sind Thema der folgenden beiden Unterrichtseinheiten. Praktische Übungen in der Verwendung eines Einbenutzer–Betriebssystems bilden hier den Schwerpunkt.

Ziel der einführenden Unterrichtseinheiten ist nicht nur die Einübung der wichtigsten Betriebssystemkommandos, sondern v.a. das Vertrautmachen mit der aktuellen Marktsituation. Die Leistungsfähigkeit unterschiedlicher Rechnerklassen, die Vor- und Nachteile der Betriebssysteme, unter denen diese Rechner betrieben werden können, Trends bei der Gestaltung von Benutzeroberflächen und wichtige Marktdaten sollen die Studierenden in die Lage versetzen, z.B. für den privaten Gebrauch einen geeigneten Rechner auszuwählen und eventuell auch einen Arbeitsplatzrechner beschaffen zu können.

Die weiteren Unterrichtseinheiten sind der **Arbeit mit Endbenutzerwerkzeugen** gewidmet. Insbesondere sollen die Studierenden Tabellenkalkulationsprogramme, Dateiverwaltungsprogramme und Textverarbeitungspakete kennenlernen und so einen Überblick über die am häufigsten eingesetzten anwendungsunabhängigen Softwarepakete erhalten. Bei der Auswahl der verwendeten Programme wurden v.a. Qualitätskriterien — z.B. der Funktionsumfang und die Benutzerfreundlichkeit, die Fehlerfreiheit des Produkts und die leichte Erlernbarkeit — aber auch die Relevanz der Software für den heimischen und internationalen Markt sowie Daten über den Hersteller einbezogen. Natürlich spielten aber auch finanzielle Überlegungen bei diesem Auswahlprozeß eine wichtige Rolle. Aufgrund der genannten Entscheidungsfaktoren hat sich die WU im Rahmen der bereits beschriebenen Ausstattung der Schulungsräume für folgende Endbenutzerwerkzeuge entschieden:

- *MS–Excel* für den Bereich Tabellenkalkulation (wird in beiden Schulungsräumen eingesetzt),
- *MS–Word* als Beispiel eines Textverarbeitungspakets (ebenfalls in beiden Räumen) und
- *Open Access II* zum Themenkomplex relationale Datenbanken (Dateiverwaltungssoftware wird nur in den Proseminaren auf MS/DOS–Rechnern eingesetzt).

Während die beiden erstgenannten Programme weltweit hohe Verkaufszahlen aufweisen, ist das integrierte Paket Open Access II eher am deutschsprachigen Markt verbreitet. Das Programmodul zur Dateiverwaltung ist jedoch zur Darstellung der Grundkonzepte relationaler Datenbanken sowie der Abfragesprache SQL sehr gut geeignet.

In den Rechnerpraktika werden üblicherweise von den Vortragenden alle drei genannten Themenbereiche behandelt. Im dafür vorgesehenen Zeitrahmen von etwa zehn bis elf Terminen stehen daher pro Anwendungsgebiet lediglich drei bis vier Lehreinheiten zur Verfügung, um die Teilnehmer mit den elementaren Kenntnissen des jeweils verwendeten Softwarepakets vertraut zu machen. Dazu kommt, daß viele Teilnehmer keine Schreibmaschinenkenntnisse besitzen, woraus besonders in den ersten Stunden zahlreiche Verzögerungen entstehen. I.d.R. ergeben sich daraus für die Vortragenden

Probleme, den Studenten einerseits ein abgerundetes Bild des Funktionsumfangs der verwendeten Softwarepakete zu vermitteln und das eingesetzte Programmpaket andererseits in Relation zu anderen bekannten Produkten zu setzen. Die Studenten wiederum entwickeln häufig das Gefühl, lediglich im Umgang mit speziellen Produkten „trainiert" zu werden und kein universell anwendbares Know how zu erwerben.

Im Regelfall wird in den Lehreinheiten über **Tabellenkalkulation** (inkl. Präsentationsgrafik) etwa folgendes Grundlagenwissen vermittelt:

- Erstellen einfacher Kalkulationsmodelle mit selbst formulierten Formeln,
- Verwenden einfacher Funktionen zur Gestaltung und Druckaufbereitung eines Kalkulationsmodells,
- Vereinfachung von Arbeitsabläufen durch Kopierbefehle und ähnliche Funktionen,
- Möglichkeiten der grafischen Darstellung der Berechnungsergebnisse,
- „What if ..."-Analyse,
- Verknüpfen der Daten mehrerer Kalkulationsmodelle für komplexere Berechnungen,
- Nutzung der Funktionen für kaufmännische, statistische, arithmetische und andere Berechnungen,
- Vorgangsweise bei der Problemstrukturierung und Umsetzung einer Aufgabenstellung in ein Kalkulationsmodell,
- Aufzeigen der Einsatzmöglichkeiten von Tabellenkalkulationsprogrammen in der betrieblichen Praxis,
- Überblick über die in der Praxis eingesetzten Kalkulationsprogramme,
- Funktionsumfang von Präsentationsgrafikpaketen für den kommerziellen Bereich,
- Markt und Entwicklungstendenzen für Tabellenkalkulations- und Präsentationsgrafikpakete.

Im Veranstaltungsblock **Textverarbeitung** stehen die Erfassung und v.a. die Gestaltung von Texten im Vordergrund. Die Studierenden lernen bei modernen Textverarbeitungspaketen übliche Grundfunktionen kennen:

- Erfassen und Ändern eines kurzen Textes,
- Textmengenoperationen (wie z.B. Kopieren und Verschieben von Textblöcken, Verwendung von Textbausteinen),
- Gestaltung des Schriftbildes (Einsatz verschiedener Schriftarten, -typen und -größen, Blocksatz, Variieren der Zeilenabstände etc.),

- dokumentbezogene Funktionen (z.B. Erstellen von Fußnoten, eines Inhaltsverzeichnisses, automatische Gliederung, Rechtschreibprüfung).

Da der Großteil der Teilnehmer keinerlei Textverarbeitungskenntnisse besitzt, sind auch hier die Lehrinhalte auf die wesentlichsten Grundfunktionen beschränkt. Vergleiche mit anderen am Markt verbreiteten Textverarbeitungsprogrammen müssen wegen der geringen Vorkenntnisse der Hörer ebenfalls oft unterbleiben.

Aktuelle Entwicklungen in der Textverarbeitung i.w.S. (z.B. Desktop Publishing oder Hypertextsysteme) oder Postdienste zur Textkommunikation werden, sofern überhaupt Zeit hierfür erübrigt werden kann, nur am Rande theoretisch behandelt.

Die dritte Kategorie der im Proseminar eingesetzten Software bilden **Dateiverwaltungsprogramme**. Die Studenten lernen dabei im Rahmen einer einfachen Problemstellung, die zu verwaltenden Realweltdaten in eine für den Rechner verarbeitbare und effiziente Datenstruktur zu übertragen. Dabei werden z.B. Methoden der Datenmodellierung im Überblick besprochen und die Normalisierung erläutert. Die Studenten üben, einfache Dateien selbst anzulegen und Daten zu verwalten. Einen Schwerpunkt dieses Themenblocks bildet die Verwendung der SQL–ähnlichen Abfragesprache von Open Access II, die einen Einblick in die Formulierung von Abfragen in relationalen Datenbanken gibt.

Leider besteht derzeit keine Möglichkeit, auf externe Datenbanken zuzugreifen und z.B. Literaturrecherchen durchzuführen oder Marktdaten bestimmter Branchen abzufragen.

2.3.1.3 Administration der EDV–Grundausbildung

Die administrative Bewältigung der EDV–Grundausbildung erfolgt weitgehend EDV–gestützt. In den gesamten Planungs- und Durchführungsprozeß sind mehrere WU–weite und institutsinterne Informationssysteme involviert, deren Zusammenhänge in Abbildung 2.5 dargestellt sind.[16]

1. Die *institutsinterne Lehrveranstaltungsplanung* erfolgt an der Abteilung für Wirtschaftsinformatik über ein Lehrveranstaltungsinformationssystem namens **PC–LEVIS**, das mit Open Access entwickelt wurde.[17]

---

[16] Eine detaillierte Übersicht über die administrativen Tätigkeiten und die eingesetzten Informationssysteme befindet sich in [Flatsch90].

[17] Die Dokumentation dieses PC–basierten Programmsystems befindet sich in [Flatsch90].

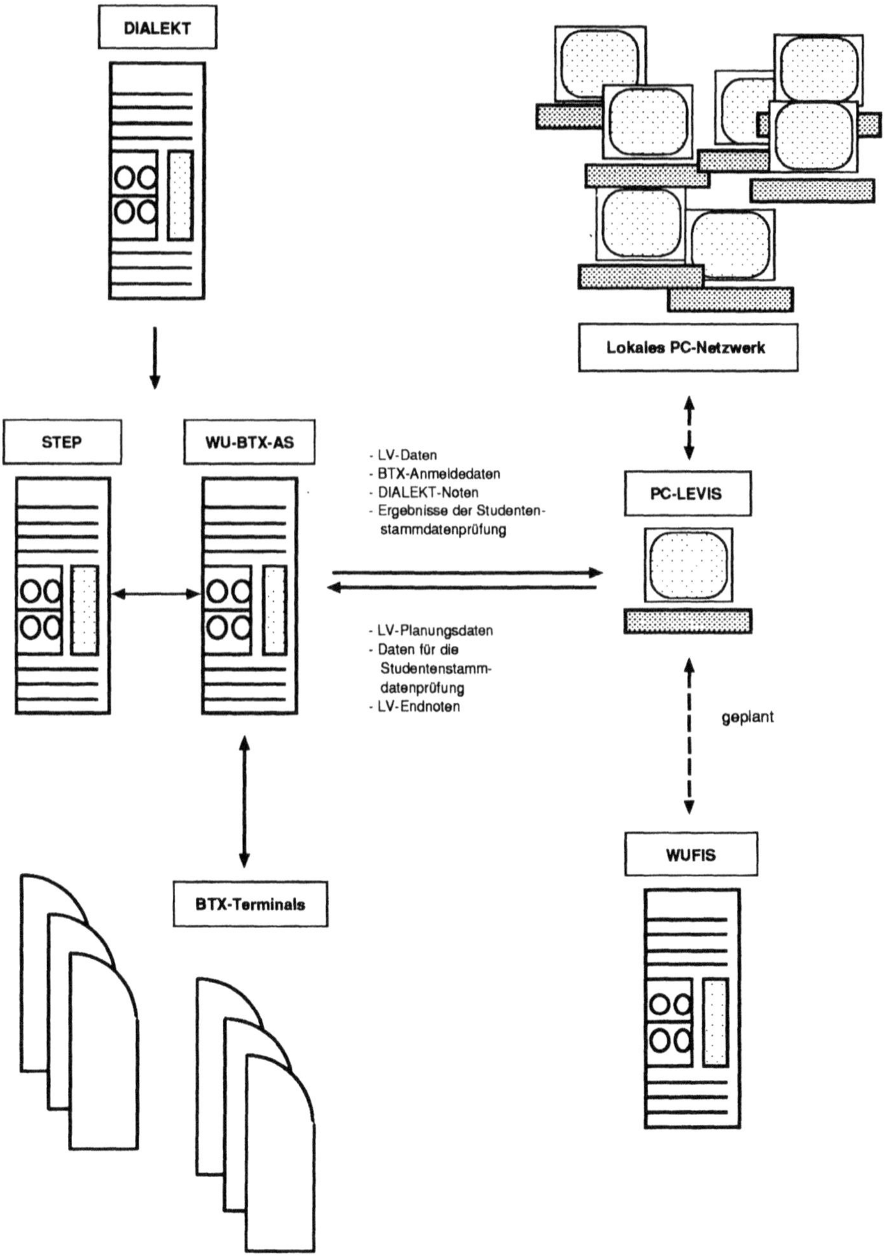

Abbildung 2.5: Administrative Informationssysteme zur Unterstützung der EDV–Grundausbildung (Quelle: [Flatsch90], S. 56)

2. Für die *universitätsweite Lehrveranstaltungsplanung* wird derzeit noch ein **Lehrveranstaltungsplanungssystem** auf dem IBM–Zentralrechner eingesetzt. Ein Nachfolgesystem zur Lehrveranstaltungsplanung, Hörsaalvergabe und -optimierung ist derzeit im Rahmen des **WUFIS–Projekts** (WU–Führungsinformationssystem) in Ausarbeitung.[18]

3. Für die *Anmeldung* zu Kolloquien und Lehrveranstaltungen wird das **WU–BTX–Auskunftssystem** benutzt.[19]

4. Die *Zusammenstellung der Prüfungsbögen und Auswertung der Kolloquien* erfolgt an der Abteilung für Wirtschaftsinformatik mit Hilfe einer PC–Applikation. Da das Kolloquium in Form eines Multiple choice–Tests abgehalten wird, kann die Erfassung und Auswertung der Ergebnisse rechnergestützt erfolgen. Bis 1989 wurde das Programmpaket DIALEKT am Siemens–Zentralrechner verwendet, mittlerweile wurden die **DIALEKT**–Funktionen in eine dBase IV–Anwendung auf PC–Basis übertragen. Die Auswertung der mittels eines Beleglesers eingelesenen Daten erfolgt aus Geschwindigkeitsgründen auf einem **Unix–Rechner** der Abteilung, die Ergebnisse werden an die **STEP**–Datenbank und das **BTX–Auskunftssystem** weitergeleitet.

5. Nach der Auswertung der Prüfungsergebnisse wird aufgrund der Anmeldungen zu den Lehrveranstaltungen und der ebenfalls erfaßten Präferenzdaten die *Zuteilung zu den Proseminaren* über das **BTX–Auskunftssystem** vorgenommen.

6. Die Teilnehmerdaten werden nach erfolgter Zuteilung in die Applikation **PC–LEVIS** übernommen. Während des Semesters sind keine weiteren Informationssysteme involviert, da alle *Verwaltungstätigkeiten* im Zusammenhang mit den Rechnerpraktika über PC–LEVIS erfolgen.

7. Die in **PC–LEVIS** erfaßten *Abschlußnoten* werden über das **BTX–Auskunftssystem** an die **STEP**–Datenbank übergeben. Die Studien- und Prüfungsabteilung nimmt diese Daten in die Sammelzeugnisse auf, die für jeden Studierenden am Semesterende gedruckt werden.

[18]vgl. [Flatsch90], S. 29

[19]Beide genannten Applikationen sind auf dem Siemens–Zentralrechner implementiert. Eine Beschreibung des Funktionsumfangs enthält ebenfalls [Flatsch90], S. 22 und 25ff.

2.3.1.4 Leistungsbeurteilung

Leistungsbeurteilung im Kolloquium

In der EDV–Grundausbildung findet eine mehrstufige Leistungsbeurteilung statt. Aufgrund der hohen Studentenzahlen wird die Kenntnis des Vorlesungsstoffs in Form eines schriftlichen Kolloquiums am Anfang und Ende jedes Semesters überprüft. Bis zum Wintersemester 1988/89 wurde das Prüfungsergebnis als Voraussetzung für die Aufnahme in ein Proseminar betrachtet und in die Gesamtnote des Proseminars einbezogen. Seit der Aufnahme der Kolloquien in den Studienplan im Sommersemester 1989 erfolgt die Benotung der Kenntnisse des Vorlesungs- und Praktikumsstoffs getrennt.

Beide für die EDV–Grundausbildung verantwortlichen Abteilungen bieten pro Semester je einen Kolloquiumstermin an. Die Prüfungstermine der Abteilungen (am Semesterbeginn bzw. Semesterende) werden im Jahresrhythmus gewechselt, um eine annähernd gleiche Prüfungsbelastung zu erzielen. Die Studierenden haben die Möglichkeit, beliebig viele Prüfungstermine wahrzunehmen, um die Eingangsvoraussetzungen für die Proseminare zu erfüllen. Nachteilig wirken sich bei dieser Regelung die unterschiedlichen Lehrinhalte der beiden Abteilungen aus, aufgrund derer auch der Prüfungsstoff voneinander abweicht.

Die Abteilung für Wirtschaftsinformatik führt die Leistungsbeurteilung des Vorlesungsstoffs (Kolloquium) seit mehreren Jahren in Form eines Multiple choice–Tests durch, der maschinell ausgewertet wird. Die Abteilung für Angewandte Informatik stellt bei ihren Prüfungen offene Fragen; die manuell ermittelten Punkte werden für die maschinelle Notenberechnung erfaßt.

Abbildung 2.6 sowie die Tabellen 2.1 und 2.2 zeigen die Entwicklung der Massenprüfung hinsichtlich der Teilnehmerzahlen und der Notenverteilung seit dem Studienjahr 1986/87.[20] In Abbildung 2.6 bzw. Tabelle 2.1, der semesterweisen Betrachtung der Prüfungsdaten, sind einerseits die Schwankungen in den Prüfungsantritten zwischen den Winter- und Sommersemestern deutlich ersichtlich, andererseits ist tendenziell eine leichte Verbesserung des Notendurchschnitts feststellbar.

Die Notenverteilung steht allerdings in starkem Gegensatz zu den in der Folge behandelten Ergebnissen der Proseminare. Weniger als 1% der Kolloquiumsteilnehmer besteht die Prüfung mit der Note „Sehr gut", der über-

[20] Es wurde bereits erwähnt, daß bis zum Sommersemester 1988 die Teilnahme an den EDV–Proseminaren ohne vorherige positive Prüfung über den Vorlesungsstoff möglich war. Daher umfassen die Prüfungsdaten der davor liegenden Semester nicht nur die Eingangsprüfung, sondern auch den Abschlußtest des/der vorherigen Semester(s).

wiegende Teil der Studierenden schließt mit der Note „Genügend" (33%) ab oder besteht die Prüfung nicht (45%).

Tabelle 2.2 zeigt die Prüfungsantritte pro Studienjahr und setzt diese mit den Erstinskribentenzahlen in Beziehung. Obwohl bereits seit dem Studienjahr 1988/89 eine Stagnation der Erstinskribentenzahlen festzustellen ist, steigen die Prüfungsantritte beim Kolloquium weiter. Im Studienjahr 1990/91 wurden eineinhalb mal mehr Studenten geprüft als 1986/87. Diese Steigerung korrespondiert mit der Zahl der ordentlichen Hörer, die im Gegensatz zur Entwicklung der Erstinskribentenzahlen ebenfalls weiter ansteigt.

Vergleicht man in Tabelle 2.2 die Prüfungsantritte mit der Zahl der Erstinskribenten, so ist deutlich erkennbar, daß sich in den vergangenen Jahren ein relativ hoher Rückstau an Studierenden gebildet hat, der teilweise durch die Durchfallquoten von etwa 45% bedingt ist. Im Studienjahr 1990/91 entsprach die Zahl der positiven Absolventen des Kolloquiums erstmals etwa der Neuinskribentenzahl, die Antritte lagen um 50% höher. Dieses Zusammenwachsen wird aus Abbildung 2.7 besonders deutlich.

Tabelle 2.2 zeigt die Zahl der Studierenden, die seit der Einführung des Pflichtfachs EDV noch kein EDV–Kolloquium abgelegt haben. Dabei wurde die simplifizierende Annahme getroffen, daß 63% der Studierenden, die in einem Studienjahr kein positives Kolloquium abgelegt haben, das WU–Studium vorzeitig abbrechen. Dies entspricht dem Prozentsatz der Studienabbrecher an der WU.[21] Die Differenz zwischen Erstinskribenten und positiven Prüfungsergebnissen wurde um diese 63% reduziert. Unter der Prämisse, daß die verbleibenden 37% der Studierenden das Kolloquium später ablegen und danach ein Proseminar besuchen wollen, ist bis zum Studienjahr 1990/91 bereits ein Rückstau von insgesamt rund 1.500 Hörern entstanden. Dieser Rückstau ist aufgrund der stagnierenden Erstinskribentenzahlen im Studienjahr 1990/91 kaum mehr gewachsen, allerdings benötigt die WU allein für den Abbau dieser Warteschlange bereits beinahe 50 Proseminare.

Leistungsbeurteilung in den EDV–Proseminaren

In den Rechnerpraktika wird die Leistungsbeurteilung durch den jeweiligen Vortragenden vorgenommen. Die Form der Leistungsbeurteilung ist den Lehrbeauftragten dabei freigestellt und es haben sich entsprechend den verschiedenen Themengebieten der Proseminare auch unterschiedliche Prüfungsformen herauskristallisiert. Ein wesentlicher Bestandteil der Note sind die Ergebnisse von Zwischenprüfungen, die als schriftliche Tests oder direkt am Rechner durchgeführt werden.

[21] Quelle: [GrHo87], S. 13

Semester	S 86	W 86/87	S 87	W 87/88	S 88	W 88/89	S 89	W 89/90	S 90	W 90/91	S 91
Antritte	610	787	1257	759	1574	1233	1828	1437	1825	1603	1808
Positiv	297	449	651	457	944	676	929	820	910	1026	1236
- Sehr gut	0	3	3	3	9	0	0	17	43	64	59
- Gut	17	29	45	50	110	15	44	113	165	228	221
- Befriedigend	56	153	183	151	322	172	252	291	273	327	460
- Genügend	224	264	420	253	503	489	633	399	429	407	496
Nicht genügend	313	338	606	302	630	557	899	617	915	577	572
Notendurchschnitt	4,37	4,15	4,26	4,06	4,04	4,29	4,31	4,03	4,10	3,75	3,72

Tabelle 2.1: Teilnehmerzahlen- und Notenentwicklung des EDV–Kolloquiums vom Sommersemester 1986 bis Sommersemester 1991 (S=Sommersemester, W=Wintersemester)

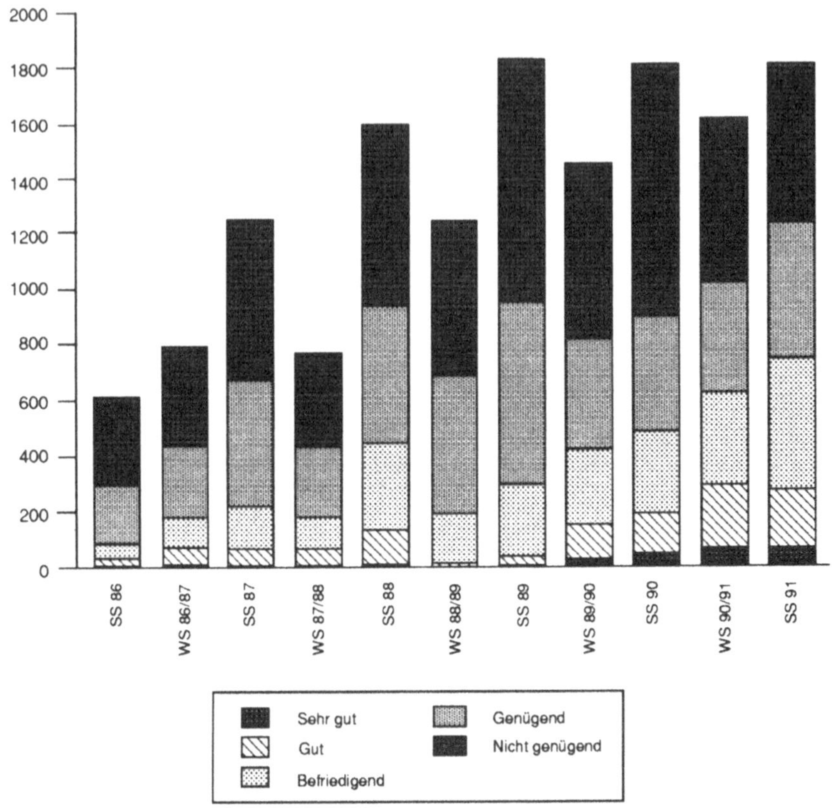

Abbildung 2.6: Teilnehmerzahlen- und Notenentwicklung des EDV–Kolloquiums vom Sommersemester 1986 bis Sommersemester 1991

Studienjahr	1986/87	1987/88	1988/89	1989/90	1990/91
Antritte	2044	2333	3061	3262	3411
positive Prüfung	1100	1401	1605	1730	2262
Erstinskribenten	2422	2672	2433	2223	2269

Studienjahr	1986/87	1987/88	1988/89	1989/90	1990/91
Antritte	84%	87%	126%	147%	150%
positive Prüfung	45%	52%	66%	78%	100%
Erstinskribenten	100%	100%	100%	100%	100%

Studienjahr	1986/87	1987/88	1988/89	1989/90	1990/91
pos. Prüfung	1100	1401	1605	1730	2262
Erstinskribenten	2422	2672	2433	2223	2269
Repetenten in Folgesemestern	1322	1271	828	493	7
kumulierter Rückstau	1322	2593	3421	3914	3921
Repetenten abzgl. 63% Drop-out	489	470	306	182	3
kumulierter Rückstau bei Berücksichtigung des Drop-out	489	959	1266	1448	1451

Tabelle 2.2: Verhältnis zwischen Kolloquiumsantritten und Drop out–Rate für die Studienjahre 1986/87 bis 1990/91

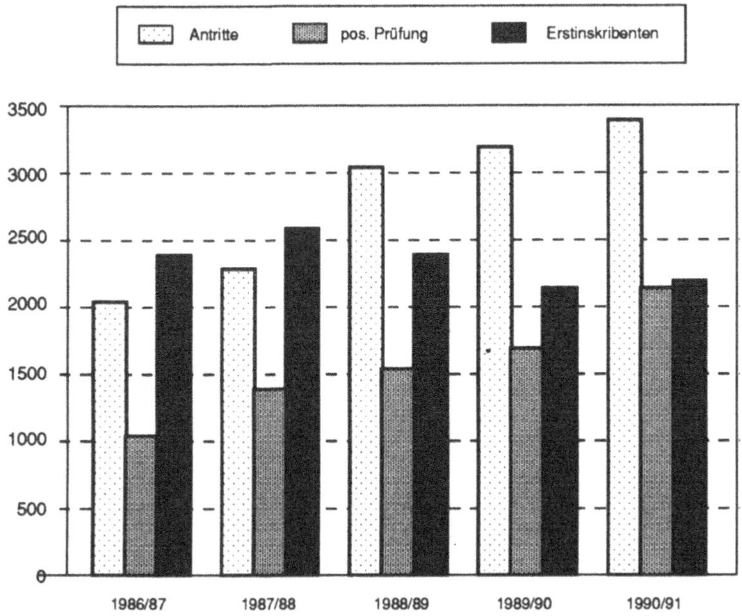

Abbildung 2.7: Verhältnis zwischen Kolloquiumsantritten und Erstinskribentendaten für die Studienjahre 1986/87 bis 1990/91

Der Großteil der Lehrveranstaltungsleiter hält Tests zu folgenden Themengebieten ab:

- ein schriftlicher Test über PC–Hardware und Betriebssysteme,
- ein „Diskettentest" über Tabellenkalkulation, bei dem die Studierenden ein Kalkulationsmodell entwickeln,
- ein „Diskettentest" zum Thema Textverarbeitung, bei dem ein kurzer Text erstellt und gestaltet werden muß.

Daneben sind von der Lehrveranstaltungsteilnehmern im Selbststudium Übungsaufgaben zu lösen, einige Teilnehmer referieren über Spezialthemen oder präsentieren ihnen bekannte Softwarepakete. Diese vielfältigen Beurteilungskomponenten kommen den Studierenden entgegen, da z.B. Schwächen im schriftlichen Ausdruck bei einem Test am Rechner wieder kompensiert werden können. Andererseits werden durch die aufwendigen Prüfungsmodalitäten die Vortragenden weit überdurchschnittlich beansprucht.

Der Vergleich der Proseminarergebnisse mehrerer Jahre zeigt den positiven Einfluß des obligatorischen Eingangstests bzw. des Kolloquiums auf den Gesamterfolg der Grundausbildung: Die Drop out–Rate in den Proseminaren konnte von rund 37% (WS 1985/86) auf 4% (WS 1990/91) gesenkt werden. Im gleichen Zeitraum stieg die Zahl der Hörer, die das Proseminar in einem Semester positiv abschließen konnten, von 37% auf über 88%, d.h. von rund 250 auf 900 Hörer. Durch die praktische Arbeit, die intensive Betreuung, die Arbeit in Gruppen mit durchschnittlich 30 Teilnehmern und die zahlreichen Möglichkeiten der Leistungsbeurteilung wurden weniger als 2% der Teilnehmer negativ beurteilt, für ca. 6% der Teilnehmer konnte zu Semesterende noch keine endgültige Gesamtnote erstellt werden.

Eine detaillierte Übersicht über die Ergebnisse der EDV–Proseminare seit dem Wintersemester 1985/86 geben die Tabellen 2.3 und 2.4. Tabelle 2.3 enthält lediglich jene Daten, deren exakte Auswertung anhand von Prüfungsprotokollen und institutsinternen Statistiken möglich war. Da verläßliche Daten oft nur für einen Teil der Lehrveranstaltungen verfügbar sind (im Durchschnitt für 70% der Lehrveranstaltungen), wurde das Gesamtergebnis aufgrund der vorhandenen Daten geschätzt. Dies erscheint durchaus vertretbar, da die Teilnehmer den Proseminaren stets möglichst gleichmäßig zugeteilt wurden, um überfüllte Proseminare zu vermeiden. Diese ergänzten Daten sind Tabelle 2.4 zu entnehmen.

Tabelle 2.5 faßt schließlich die Ergebnisse der Proseminare vor bzw. nach Einführung des Kolloquiums zusammen und stellt diese einander in komprimierter Form gegenüber.

Semester	WS 85/86	SS 1986	WS 86/87	SS 1987	WS 87/88	SS 1988	WS 88/89	SS 1989	WS 89/90	SS 1990	WS 90/91
Proseminare/Semester	12	16	26	37	30	32	32	30	30	32	35
davon Abt. Hansen	12	16	19	19	14	16	16	22	15	16	17
davon Abt. Janko	0	0	7	18	16	16	16	8	15	16	18
davon ausgewertet Hansen	12	16	19	8	12	16	16	22	15	16	17
davon ausgewertet Janko	0	0	0	15	2	5	0	0	0	0	0
Insgesamt ausgewertet	12	16	19	23	14	21	16	22	15	16	17
in Prozent	100,00%	100,00%	73,08%	62,16%	46,67%	65,63%	50,00%	73,33%	50,00%	50,00%	48,57%
TN zu Beginn (gesamt)	686	699	613	780	275	699	372	707	425	499	532
Teilnehmer pro PS	57	44	32	34	20	33	23	32	28	31	31
Drop Out	252	222	61	237	13	71	34	27	14	13	22
TN zu Semesterende	434	477	552	543	262	628	338	680	411	486	510
Sehr gut	0	13	27	22	26	100	27	78	75	99	109
Gut	2	53	139	91	87	202	102	227	146	176	205
Befriedigend	52	117	137	170	87	217	158	254	119	127	132
Genügend	201	80	66	75	34	42	29	71	61	46	24
Pos. Gesamtnote	255	263	369	358	234	561	316	630	401	448	470
Nicht genügend	77	91	25	16	8	37	1	5	6	10	6
nicht im selben Semester abgeschlossen	102	123	158	169	20	30	21	45	4	28	34

Tabelle 2.3: Teilnehmerzahlen- und Notenentwicklung der EDV–Proseminare seit dem Wintersemester 1985/86

Schätzung für alle Proseminare:

ausgewertete PS in Prozent	100,00%	100,00%	73,08%	62,16%	46,67%	65,63%	50,00%	73,33%	50,00%	50,00%	48,57%
Hochrechnung auf 100 %	100,00%	100,00%	100,00%	100,00%	100,00%	100,00%	100,00%	100,00%	100,00%	100,00%	100,00%
TN zu Beginn	686	699	839	1255	589	1065	744	964	850	998	1095
Drop Out	252	222	83	381	28	108	68	37	28	26	45
TN zu Semesterende	434	477	755	874	561	957	676	927	822	972	1050
Pos. Gesamtnote	255	263	505	576	501	855	632	859	802	896	968
Sehr gut	0	13	37	35	56	152	54	106	150	198	224
Gut	2	53	190	146	186	308	204	310	292	352	422
Befriedigend	52	117	187	273	186	331	316	346	238	254	272
Genügend	201	80	90	121	73	64	58	97	122	92	49
Nicht genügend	77	91	34	26	17	56	2	7	12	20	12
nicht im selben Semester abgeschlossen	102	123	216	272	43	46	42	61	8	56	70

Schätzung für alle Proseminare (in Prozent):

TN zu Beginn	100,00%	100,00%	100,00%	100,00%	100,00%	100,00%	100,00%	100,00%	100,00%	100,00%	100,00%
Drop Out	36,73%	31,76%	9,95%	30,38%	4,73%	10,16%	9,14%	3,82%	3,29%	2,61%	4,14%
TN zu Semesterende	63,27%	68,24%	90,05%	69,62%	95,27%	89,84%	90,86%	96,18%	96,71%	97,39%	95,86%
Pos. Gesamtnote	37,17%	37,63%	60,20%	45,90%	85,09%	80,26%	84,95%	89,11%	94,35%	89,78%	88,35%
Sehr gut	0,00%	1,86%	4,40%	2,82%	9,45%	14,31%	7,26%	11,03%	17,65%	19,84%	20,49%
Gut	0,29%	7,58%	22,68%	11,67%	31,64%	28,90%	27,42%	32,11%	34,35%	35,27%	38,53%
Befriedigend	7,58%	16,74%	22,35%	21,79%	31,64%	31,04%	42,47%	35,93%	28,00%	25,45%	24,81%
Genügend	29,30%	11,44%	10,77%	9,62%	12,36%	6,01%	7,80%	10,04%	14,35%	9,22%	4,51%
Nicht genügend	11,22%	13,02%	4,08%	2,05%	2,91%	5,29%	0,27%	0,71%	1,41%	2,00%	1,13%
nicht im selben Semester abgeschlossen	14,87%	17,60%	25,77%	21,67%	7,27%	4,29%	5,65%	6,36%	0,94%	5,61%	6,39%

Tabelle 2.4: Schätzung der Gesamtteilnehmerzahlen sowie der Notenentwicklung der EDV–Proseminare seit dem Wintersemester 1985/86

Proseminare	bis SS 87 ohne Kolloquium	ab WS 87/88 mit Kolloquium
Drop out–Rate	27%	5%
Positive Gesamtnote	45%	87%
Sehr gut	2%	14%
Gut	11%	33%
Befriedigend	17%	31%
Genügend	15%	9%
Nicht genügend	8%	2%
nicht im selben Semester abgeschlossen	20%	5%

Tabelle 2.5: Gegenüberstellung der Proseminarergebnisse vor bzw. nach Einführung des Kolloquiums

2.3.2 Rechnereinsatz der Studierenden außerhalb der EDV–Grundausbildung im 1. Studienabschnitt

Im Rahmen der in Abschnitt 1.1.5 dargestellten Befragung wurde auch der EDV–Einsatz der Studierenden außerhalb der EDV–Proseminare erhoben. Hierbei fällt auf, daß der Prozentsatz jener Studenten, die angeben, selten oder nie Rechner einzusetzen, vom Schultyp (und damit auch von der Intensität des früheren EDV–Unterrichts) unabhängig zu sein scheint. Etwa 34% der Studenten geben an, daß sie nie Rechner einsetzen, ebensoviele verwenden EDVA regelmäßig: 22% etwa einmal wöchentlich, ca. 12% der Befragten täglich.[22]

In der Hauptsache kommen ihre EDV–Kenntnisse den Studierenden im universitären Bereich zugute.[23] 43% der Befragten gaben an, Rechner im Studium zu verwenden, fast 40% beschäftigen sich auch in der Freizeit mit EDV. Im Rahmen der beruflichen Tätigkeit setzt etwa ein Fünftel der Befragten seine EDV–Kenntnisse um.

Die häufigsten Anwendungsbereiche der Studenten sind: Textverarbeitung (328 Nennungen), Spiele (163), Kalkulationsprogramme (102), Grafikpakete (90), Dateiverwaltungsprogramme (87), Programmiersprachen (77) und kaufmännische Programme (53).

[22]Auch bei diesen Zahlen werden geschlechtsspezifische Unterschiede deutlich. Über 40% der befragten Männer, aber nur 22% der Frauen verwenden Rechner regelmäßig.

[23]Allerdings muß hier bemerkt werden, daß die Studierenden lediglich selbständige Arbeiten EDV–gestützt durchführen (z.B. Textverarbeitung für schriftliche Ausarbeitungen), da für die Lehrveranstaltungen des 1. Studienabschnitts mit Ausnahme der EDV–Ausbildung keine EDV–Arbeitsplätze zur Verfügung stehen.

Alle Befragten, die Rechner außerhalb der Rechnerpraktika einsetzen, machten weiters Angaben darüber, welche Geräte ihnen zur Verfügung stehen. 277 Studenten (rund 40%) gaben an, die an der WU installierten Rechner zu verwenden, am Arbeitsplatz besitzt ein Sechstel der Befragten (109 Personen) Zugang zu Rechnern.

30% der Studierenden können nach eigener Auskunft Rechner in der Familie benutzen. Von jenen 216 Studenten, die zu Hause einen Rechner besitzen, machten 200 nähere Angaben über die Leistungsklasse, der dieser Rechner angehört. Fast die Hälfte der privaten Rechner sind MS/DOS–Mikrorechner, der Schwerpunkt liegt derzeit in der AT–Kategorie (21%), danach folgen mit 14% die XT–kompatiblen Rechner; Mikrorechner mit 386- oder 486–Intel–Prozessoren kommen an die Zahlen der XT–kompatiblen PC mit 11% beinahe heran. Geringe Verbreitung im Heimbereich haben Macintosh–Rechner der Firma Apple mit lediglich 7% des gesamten Rechneraufkommens; Atari, Amiga und Commodore C64 bilden gemeinsam 32% aller Rechner (siehe Abbildung 2.8).

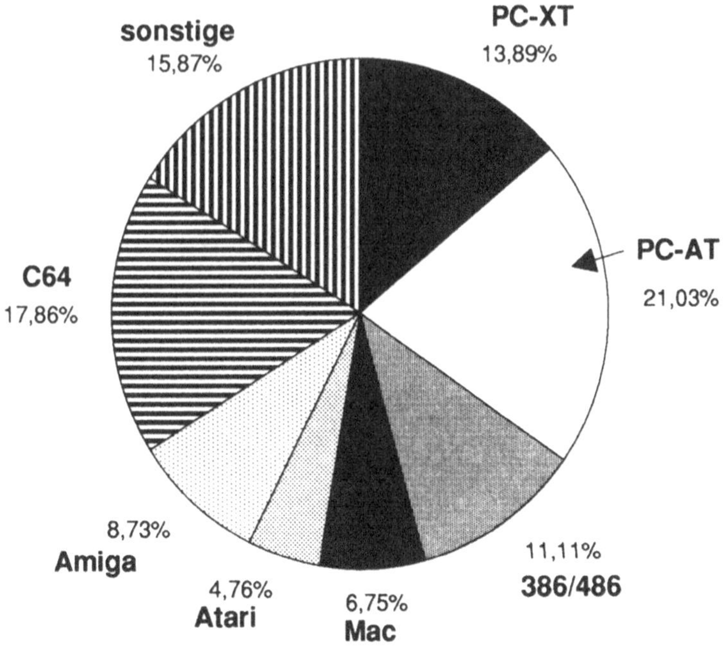

Abbildung 2.8: Rechner im Privatbesitz der Studierenden, nach Leistungsklassen

Die Verfügbarkeit privater Rechner bei WU–Studenten wird seit vier Semestern auch im Rahmen der laufend durchgeführten Lehrveranstaltungsbeurteilung der Rechnerpraktika verfolgt. Diese globalere Erhebung zeigt, daß der Anteil jener Studenten, die zu Hause einen Rechner besitzen, im Beobachtungszeitraum (WS 1988/89 bis SS 1990) von etwa 20% auf den heutigen Wert von rund 30% angestiegen ist (siehe auch nachstehende Tabelle).

Rechnerklasse	WS 88/89	SS 89	WS 89/90	SS 90
8–Bit–Rechner	7%	6%	8%	11%
16–Bit–Rechner	12%	11%	12%	14%
32–Bit–Rechner	2%	3%	5%	6%
kein Rechner	79%	80%	75%	69%

Am Arbeitsplatz liegt der Anteil der MS/DOS–Rechner mit 67% über den Zahlen des Heimsektors. XT- und AT–kompatible Rechner bestimmen den derzeitigen Standard mit 51%, leistungsstärkere Mikrorechner mit 386- und 486–Prozessoren stehen nur auf 16% der mit Rechnern ausgestatteten Arbeitsplätze zur Verfügung. Der Anteil der Apple–Macintosh ist im Bürobereich mit 10% größer als im privaten Bereich. Die restlichen 23% der Nennungen entfallen auf Mini- bzw. Großrechner sowie andere, nicht näher bezeichnete Rechnerklassen.

2.4 EDV–Ausbildung im 2. Studienabschnitt

2.4.1 Besondere Betriebswirtschaftslehre Wirtschaftsinformatik

Das Fach „Wirtschaftsinformatik" im 2. Studienabschnitt ist eine von rund zwanzig an der WU angebotenen Besonderen Betriebswirtschaftslehren, unter denen Studenten je nach Studienrichtung ein bis zwei als Spezialisierungsgebiete auswählen können (vgl. [Goepf89], S. 71).

Ziel der Wirtschaftsinformatikausbildung ist ein vertieftes Endbenutzerwissen, das durch ein reiches Angebot von Lehrveranstaltungen unterschiedliche Spezialisierung (z.B. Anwendungsprogrammierung, Systemanalyse, CIM etc.) erlaubt.

Das Fach „Wirtschaftsinformatik" umfaßt derzeit folgende Lehrveranstaltungen (siehe auch Abbildung 2.9):

- **Aufbau betrieblicher Informationssysteme**: vierstündige Pflichtvorlesung über Organisation, Planung und Entwicklung von EDV–Anwendungssystemen und die dabei verwendeten Methoden;

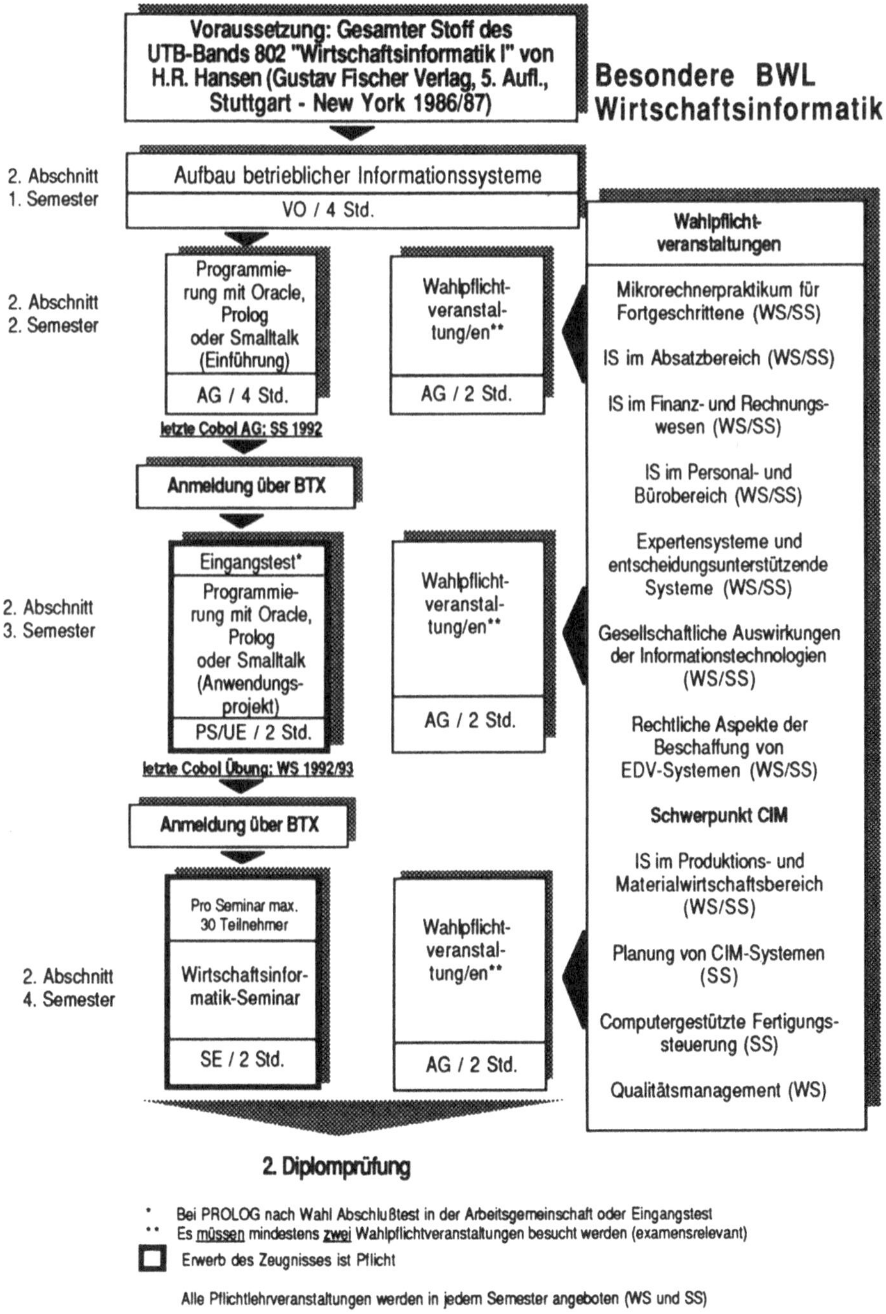

Abbildung 2.9: Lehrangebot der Besonderen Betriebswirtschaftslehre Wirtschaftsinformatik

- **Grundlagen der Programmiersprachen COBOL, Prolog oder Smalltalk**: vierstündige freiwillige Arbeitsgemeinschaft mit praktischen Übungen in einer der erwähnten Programmiersprachen als Vorbereitung für das Pflichtproseminar;
- **Programmierung in COBOL, Prolog oder Smalltalk**: zweistündiges Proseminar mit Projektcharakter aus einer der genannten Programmiersprachen;
- **Wirtschaftsinformatikseminar**: zweistündiges Seminar mit wechselnden Inhalten, die durch die Forschungsaktivitäten der Abteilung bestimmt sind;
- **Wahlpflichtveranstaltungen**: zwei zweistündige Lehrveranstaltungen zur Spezialisierung aus den angebotenen Ergänzungslehrveranstaltungen. Seit dem Wintersemester 1989/90 bietet die Abteilung für Wirtschaftsinformatik einen Schwerpunkt „CIM" an. Dadurch können Studierende im Rahmen mehrerer Arbeitsgemeinschaften und eines Seminars eine umfangreiche Zusatzqualifikation im Themengebiet Computer Integrated Manufacturing erwerben.

Wirtschaftsinformatik kann nicht nur als Besondere Betriebswirtschaftslehre im 2. Studienabschnitt gewählt werden, sondern auch als Wahlfach. Daneben besteht für Wirtschaftspädagogen noch ein spezielles Wahlfach „Wirtschaftsinformatik" mit verstärktem didaktischem Aspekt.

2.4.2 Besondere Betriebswirtschaftslehre Informationswirtschaft

Die Abteilung für Angewandte Informatik insbesondere Betriebsinformatik bietet seit dem Wintersemester 1990/91 die Besondere Betriebswirtschaftslehre „Informationswirtschaft" mit neuen Schwerpunktthemen an. Das EDV–Ausbildungsangebot im 2. Studienabschnitt wird dadurch wesentlich erweitert, da sich interessierte Studenten durch die Wahl beider Besonderen Betriebswirtschaftslehren nun verstärkt am Sektor der Informationsverarbeitung spezialisieren können. Die Ausbildung im Fach „Informationswirtschaft" konzentriert sich auf[24]

- „Prozesse und Maßnahmen zur effizienten Nutzung von Information und zur Gestaltung effizienter Informationsverarbeitung,
- zeitlose Theoreme und Erkenntnisse im Informationsverarbeitungsbereich und

[24] Quelle: [Janko90], S. 21

- die ökonomischen Effekte von Information und Informationstechnik."

Sie steht damit in enger Verbindung zu den drei Forschungsschwerpunkten der Abteilung, die auch das Schwerpunktprogramm des Ausbildungskonzepts bilden:

- Informationsbeschaffung und Informationserzeugung,
- Informationsmanagement und Informationsorganisation,
- Informationsverwertung und Informationsmärkte.

Das Pflichtlehrprogramm im Fach „Informationswirtschaft" umfaßt folgende Lehrveranstaltungen:[25]

- **Informationsmanagement in Organisationen:** dreistündige Pflichtvorlesung;
- **Datenmanagement in Organisationen:** zweistündige Pflichtvorlesung aus einem der drei Themengebiete: Kommerzielle Datenbanksysteme, Information Retrieval oder Datenstrukturen und Algorithmen;
- **Programmierarbeitsgemeinschaft:** vierstündige freiwillige Einführung in das Programmieren mit APL oder C;
- **Anwendungsprojekt:** zweistündiges Proseminar mit Projektcharakter aus der gewählten Programmiersprache APL oder C;
- **Seminar aus Informationswirtschaft:** zweistündiges Seminar mit wechselnden Inhalten.

Zusätzlich zu diesem Grundlagenprogramm müssen alle Studierenden drei Vorlesungsstunden aus einem der drei oben genannten Forschungsschwerpunkte absolvieren. Derzeit werden dazu folgende Lehrveranstaltungen angeboten:

- Expertensysteme und Uncertain Reasoning,
- Konnektionismus und Heuristiken,
- Telekommunikation und Technik verteilter Systeme,
- Kooperation und Koordination in verteilten Systemen,
- Gesamtwirtschaftliche Auswirkungen der Mikroelektronik,
- Betrieb und Organisation von Rechenzentren und verteilten EDV-Systemen.

[25] Quelle: [Janko90], S. 23

2.4.3 EDV–Einsatz in Lehrveranstaltungen des 2. Studienabschnitts

Einen Eindruck über den Stand der Integration der EDV in die Lehre an der WU soll die nachstehende Tabelle vermitteln. Sie enthält jene Veranstaltungen, die von Abteilungen der WU (mit Ausnahme der Lehrveranstaltungen des Instituts für Informationsverarbeitung und Informationswirtschaft) im Rahmen ihres Fachs angeboten werden und den EDV–Einsatz im jeweiligen Fachgebiet zum Inhalt haben.[26]

Klein- und Mittelbetriebe:		
PS	Unternehmensführung mit EDV	2
VO PS	EDV und Kommunikationsmedien in Klein- und Mittelbetrieben	2
Unternehmensführung:		
AG PR	Einführung in Controlling–Software mit praktischen Übungen am PC	1
Fremdenverkehr:		
SE	Unternehmensspiel Markstrat	2
PR	Praktikum aus empirischer Tourismusforschung (mit SPSS–Einführung)	2
PS	EDV–gestützte Methodenpraxis	2
PS PR	EDV–Grundpraxis	2
PS PR	Einführung in die EDV–Praxis für Tourismus–Betriebswirte	2
Unternehmensrechnung, Revision:		
UE	Übung aus Unternehmensrechnung (Planungsmethoden)	2
Werbung, Marktforschung:		
PS	Einführung in das Datenanalysesystem SPSS	1
Absatzlehre, Marketing:		
AG PS	PC–gestützte Entscheidungen im Marketing	2
VO	Anwendung computergestützter Planungsmodelle im Marketing	2
PS AG	PC–Einsatz im Marketing	2
VO	SAS – ausgewählte Anwendungen und Systemprogrammierung	2
UE	SAS – ausgewählte Anwendungen und Systemprogrammierung	2
Transport:		
UE	Übungen zur Verkehrsmitteleinsatzplanung — Spezialübung	2
UE	Personalcomputereinsatz in der Transportwirtschaft — Spezialübung	2

[26] Die vorliegenden Daten wurden dem Vorlesungsverzeichnis des Sommersemesters 1990 entnommen.

Organisation und Materialwirtschaft:

AG	Wissensbasierte Systeme	1
AG	Computerintegrierte Fertigung	1

Operations Research:

VO AG	Statistische Datenanalyse (inklusive Datenmanagement) in SAS	2
AG UE	Operations Research am Computer	1
VO	Ausgewählte Probleme der Unternehmensführung am PC unter besonderer Berücksichtigung von Entscheidungsproblemen im Rahmen von Investition und Finanzierung	2

Betriebswirtschaftliche Steuerlehre:

UE	Übungen zur betriebswirtschaftlichen Steuerlehre	2

Außenhandel:

AG	EDV–Arbeitsgemeinschaft zum Proseminar aus BWL des Außenhandels	2
AG	EDV–Einsatz im Export	2

Volkswirtschaft:

SE UE	Grundlagen und Methodik ökonomischer Projektanalyse	2

Wirtschaftspädagogik:

VO	Betriebliche Informationswirtschaft unter didaktischem Aspekt	2
PS	Betriebliche Informationswirtschaft unter didaktischem Aspekt	2
PS	Computerunterstütztes Rechnungswesen und Textverarbeitung	2
PS	Proseminar zum Wahlfach Wirtschaftsinformatik	2
AG	AG zur Didaktik der Wirtschaftsinformatik	2

Mathematik, Statistik:

PS	Proseminar aus Datenverarbeitung (Design von industriellen Informationssystemen)	2

Wirtschaftsgeographie:

UE	Forschungsziele und Arbeitsmethoden in der Wirtschaftsgeographie	2
SE	Dynamische Modelle und und geographische Informationssysteme	2

Lediglich zwölf der oben angeführten Lehrveranstaltungen können in einem Schulungsraum des EDV–Zentrums stattfinden. Die restlichen Veranstaltungen werden entweder in (meist mangelhaft ausgestatteten) Rechnerräumen eines Instituts abgehalten oder finden in Hörsälen statt.

Der Wunsch der Universitätslehrer nach EDV–Unterstützung in der Lehre ist an der WU ungleich größer als das Angebot an Rechnerressourcen. Eine gesamtuniversitäre Erhebung, in welchen Lehrveranstaltungen künftig Rechnerunterstützung geplant ist, erbrachte folgendes Ergebnis:[27] bis auf die Rechtsinstitute, die lediglich Bedarf am Zugang zu juristischen Datenbanken gemeldet haben, planen alle Ordinariate verstärkte EDV–Unterstützung in ihren Lehrveranstaltungen, vor allem in Seminaren und Proseminaren (Übungen). Auch für Diplomanden und Dissertanten wurden von zahlreichen Ordinarien Arbeitsplätze beantragt. Die meisten Nennungen erfolgten für Lehrveranstaltungen des 2. und 3. Studienabschnitts, aber auch in einigen Massenlehrveranstaltungen des 1. Abschnitts (Proseminare aus ABWL, VWL, Statistik, Kostenrechnung, Soziologie, Englisch, Französisch, Spanisch) ist ein künftiger EDV–Einsatz geplant. Der gesamte Bedarf für die Lehre an der WU beläuft sich aufgrund der Erhebungsdaten auf fast 900 Geräte der 32–Bit–Leistungsklasse (RISC–Rechner oder hochwertige Arbeitsplatzrechner mit 80386/80486–Prozessoren). Gemeinsam mit den bereits vorhandenen rund 250 Arbeitsplatzrechnern wäre das Verhältnis Arbeitsplatzrechner:Studenten international vergleichbar (1:16), gegenüber dem heutigen schlechten Wert von 1:76.

2.5 Stärken und Schwächen der derzeitigen Ausbildung an der WU

Im Rahmen der Neugestaltung bzw. Verbesserung der EDV–Grundausbildung sind natürlich die künftigen universitären und kommerziellen EDV–Einsatzgebiete und die Veränderungen des Hard- und Softwaremarkts zu beachten. Andererseits darf nicht übersehen werden, daß größere Veränderungen einige Zeit in Anspruch nehmen und daher in einem ersten Schritt eventuelle Schwachstellen verbessert werden müssen, aber auch Stärken der aktuellen Ausbildungssituation beachtet werden sollen. Dies setzt eine Analyse der Schwächen, aber auch der Vorteile des bestehenden Systems voraus.

Dieser Abschnitt faßt daher auf der Grundlage der vorangegangenen Isterhebung die wesentlichsten Stärken und Schwächen der Situation der WU zusammen. Die Reihenfolge der Nennungen orientiert sich an den vorangegangenen Abschnitten und stellt keine Reihung dar.

Differierende Lehrpläne der Höherbildenden Schulen: Die Lehrpläne der Höherbildenden Schulen (z.B. der Lehrstoff der 5. Klasse AHS) sind

[27] Die Erhebung wurde im Auftrag des BMWF durchgeführt, das seit 1989 auf Basis der jährlich fortgeschriebenen Zahlen aller österreichischen Universitäten Budgetmittel für Rechner vergibt, die in der Lehre eingesetzt werden.

großteils überfrachtet. Neben Hardware- und Softwaregrundkenntnissen sollen Schüler eine Programmiersprache und die Verwendung von Endbenutzerwerkzeugen erlernen, aber auch die gesellschaftlichen Auswirkungen des EDV–Einsatzes abschätzen können. Da diese Themenfülle in einer zweistündigen Lehrveranstaltung nicht ausreichend abgehandelt werden kann, müssen Schwerpunkte gesetzt werden, die höchst unterschiedliche Kenntnisse der Studenten zur Folge haben. Die wenigsten Studierenden sind beispielsweise in der Lage, MS/DOS–Rechner zu bedienen, obwohl diese an fast allen Schulen verwendet werden, oder kennen Tabellenkalkulations- bzw. Textverarbeitungssoftware. Eine fundierte theoretische Ausbildung (u.U. auch Programmierausbildung) und die Konzentration auf wenige Endbenutzerwerkzeuge, die bereits in der Schule von Nutzen sind (z.B. Textverarbeitung) wäre dem heutigen uneinheitlichen Niveau vorzuziehen.

Hörerzahlenentwicklung: Als Folge des freien Zugangs zum Universitätsstudium muß die Lehrveranstaltungsplanung an der WU ohne verläßliche Daten über die Hörerzahlenentwicklung erfolgen. Solche Daten können auch kaum gewonnen werden, da viele Einflußfaktoren bzw. ihre Auswirkungen nicht abzusehen sind, wie z.B. die kurzfristigen Auswirkungen der Einführung der Studienrichtung BWL an der Universität Wien. Im Sinne einer auch den Universitätslehrern zumutbaren Belastung ist eine Entscheidung zu fällen, ob das Lehrveranstaltungsangebot dem aktuellen Bedarf laufend angepaßt werden soll oder ob im Sinne einer qualitativ hochwertigen Ausbildung kurzfristige Kapazitätsanpassungen besser unterbleiben.[28]

Verwertbarkeit der EDV–Kenntnisse: Die WU verfügt lediglich über globale Aussagen zur Praxisrelevanz der Studieninhalte; dies gilt auch für die EDV–Ausbildung. Die Verwertbarkeit der EDV–Kenntnisse im Beruf kann zwar entsprechend den Reaktionen von Universitätslehrern, höhersemestrigen Studenten sowie Absolventen und Arbeitgebern als sehr gut angesehen werden, exakte Daten wurden dazu jedoch nicht erhoben.

Gesetzliche Regelungen: Die Bestimmungen des UOG und AHStG über die Lehre an österreichischen Universitäten eröffnen weitreichende

[28] Im Sommersemester 1990 wurden kurzfristig zwei, im Wintersemester 1990/91 sogar fünf zusätzliche EDV–Proseminare angeboten, was leicht eingeschränkte Übungsmöglichkeiten zur Folge hatte. Außerdem wurden in die Proseminare aufgrund der hohen Teilnehmerzahlen teilweise mehr als 30 Hörer aufgenommen, sodaß nicht jedem Studierenden immer ein Rechner zur Verfügung stand. Im Sommersemester 1991 verschärfte sich diese Situation weiter. Aufgrund der hohen Anmeldezahlen erhielten etwa 250 Studenten keinen Proseminarplatz und mußten auf eine Warteliste für das Folgesemester gesetzt werden.

Freiräume bezüglich der inhaltlichen und methodischen Gestaltung von Lehrveranstaltungen. Der Stundenrahmen ist zwar durch Studienordnung und Studienplan geregelt, innerhalb dieses Rahmens stehen den Lehrenden aber doch vielfältige Gestaltungsmöglichkeiten offen.

Hardwareausstattung für die Grundausbildung: Die für die EDV–Grundausbildung zur Verfügung stehende Hardware (vernetzte 32–Bit–Rechner) befindet sich am aktuellen Stand der Technik und hat sich als äußerst leistungsfähig erwiesen. Einen Mangel stellt allerdings die ausschließliche Verwendung als Arbeitsplatzrechner dar. Aufgrund der bereits erwähnten Vernetzung mit den Zentral- und Abteilungsrechnern können die Studenten in den Proseminaren künftig aber auch andere in der Praxis verbreitete und an der Universität verfügbare Hard- und Software kennenlernen. Die knapp ausreichende Zahl der für die Grundausbildung reservierten Rechner erfordert weiters eine strikte Regelung der Übungszeit für die Proseminarteilnehmer; das Arbeiten an den Rechnern außerhalb dieser Zeit ist nur mit Einschränkungen möglich und gegen Semesterende mit langen Wartezeiten verbunden. Eine Unterstützung der Vorlesung durch Selbststudienangebote ist wegen der knappen Rechnerressourcen derzeit gänzlich unmöglich.

Rechnerressourcen außerhalb der Grundausbildung: Die Anzahl der Arbeitsplatzrechner für Textverarbeitungszwecke (Seminar- oder Diplomarbeiten), zur Datenanalyse und für viele andere Tätigkeiten im Rahmen des Studiums ist völlig unzureichend. Für ca. 19.000 ordentliche Hörer stehen lediglich ein Schulungsraum mit 30 Mikrorechnern, die freien Kapazitäten der Schulungsräume für die Grundausbildung (v.a. in der vorlesungsfreien Zeit), sowie etwa 70 von Instituten eigenverwaltete Rechner zur Verfügung. Da Lehrveranstaltungen außerhalb der EDV–Grundausbildung ebenfalls in dem erwähnten Schulungsraum (PC–Raum 3) abgehalten werden müssen, ist auch diese Arbeitsmöglichkeit nur stark eingeschränkt nutzbar.

Die Benutzung der vorhandenen Unix–Rechner ist für Studenten kaum möglich; lediglich zwei Workstations mit X–Window–basierter Benutzeroberfläche sind für Studenten zugänglich.

Software für die EDV–Grundausbildung: Das Softwareangebot für die EDV-Grundausbildung ist aufgrund der erst 1989 getätigten Anschaffungen auf einem sehr aktuellen Stand. Während für die vorhandene Hardware im 4–Jahres–Rhythmus getätigte Ersatzinvestitionen ausreichen, ist dieser Zeitraum für Softwarebeschaffungen aber zu lang. Software–Upgrades und Neubeschaffungen müßten in kürzeren Abständen (ca. 2–Jahres–Rhythmus) erfolgen, um den aktuellen Softwaremarkt zu reflektieren. Das Softwareangebot in den Schulungsräumen ist außerdem auf die unbedingt benötigten Programmpakete beschränkt. Für Tabellenkalkulation und Textverarbeitung können wohl marktgängige Produkte (MS–Excel und MS–Word) eingesetzt werden, für Dateiverwaltungszwecke wird jedoch kein international verbreitetes Programm verwendet. Durch die kleine Softwarepalette ist der Vergleich mit Produkten anderer Hersteller oder vergleichbaren Programmen auf anderen Rechnerkategorien nicht möglich.

Schulungsunterlagen und Kursangebot: Weder die für die EDV–Grundausbildung verantwortlichen Abteilungen noch das EDV–Zentrum stellen ausreichende Unterlagen über die verfügbaren Softwarepakete bereit. Schenkungen oder der Kauf von Softwarepaketen erfolgen aus Kostengründen meist ohne Benutzerhandbücher, wodurch ein Selbststudium erschwert wird und Studenten auch in den Proseminaren kaum Gelegenheit haben, mit Hilfe von Handbüchern ein Programm kennenzulernen.

Hinsichtlich der Zentralrechner beschränkt sich das Angebot auf Bedienerhandbücher für das jeweilige Betriebssystem, PC–seitig werden für die Textverarbeitungspakete MS–Word und WordPerfect sowie für das Tabellenkalkulationsprogramm MS–Excel Unterlagen angeboten.

Das Kursangebot des EDV–Zentrums für Studenten beschränkt sich auf die bereits in Abschnitt 2.2 erwähnten systemnahen Zentralrechnerkurse, es werden keine Kurse für Softwarepakete auf Groß- oder Mikrorechnern durchgeführt. Diese Lücke füllen manche Abteilungen durch Lehrveranstaltungen (für SAS, $\TeX$, SPSS etc.), in denen Studenten im Umgang mit den benötigten Programmen geschult werden.

Raumprobleme: Auf die mangelnde Eignung der vorhandenen PC–Schulungsräume für einen rechnergestützten Unterricht wurde bereits im Abschnitt 2.2.3 detailliert eingegangen. Noch schlimmer ist allerdings die bisher nicht erwähnte Raumsituation in der EDV–Vorlesung. Im besuchsstärkeren Wintersemester reicht die Sitzplatzkapazität des Auditorium Maximum der WU nicht für die großen Hörerzahlen aus, die Studenten leiden außerdem unter dem fast unvermeidbar hohen Geräuschpegel sowie den generell schlechten klimatischen Bedingungen der WU. Die Hörsäle an der WU wurden zwar im Laufe des Jahres 1990 in das WU–LAN integriert, sodaß in der Vorlesung auf die Zentralrechner oder Unix–Anlagen im Hause zugegriffen werden kann, das Fehlen eines leistungsstarken Videobeams macht aber trotz der technischen Einrichtungen einen solchen Einsatz unmöglich.

Starres Lehrangebot: Pro Semester bieten die beiden verantwortlichen Abteilungen etwa 30 Proseminare im Rahmen der EDV–Grundausbildung an. Eine Differenzierung der Teilnehmer aufgrund ihrer Vorkenntnisse oder speziellen Interessen erfolgt nicht. I.d.R. werden zwei Lehrveranstaltungen pro Semester für Teilnehmer mit guten EDV-Kenntnissen abgehalten, in denen Themen wechselnden Inhalts angeboten werden. Die Festlegung der Lehrinhalte dieser Veranstaltungen orientiert sich nur bedingt an den für das betriebswirtschaftliche Studium notwendigen Kenntnissen, sondern spricht eher Studenten mit Informatikinteresse an, die eine Zusatzqualifikation (z.B. Programmieren mit dem Open-Access Programmierer oder Erstellen von HyperCard-Anwendungen etc.) erwerben wollen.

Trennung von Vorlesung und Praktikum: Ein Kritikpunkt vieler Studierender betrifft die Aufteilung des Lehrstoffs in zwei getrennte Lehrveranstaltungen. Die Hörer bemängeln, daß „trockene" Vorlesungsthemen nicht durch praktische Übungen am Rechner unterstützt werden. Außerdem geht durch die zeitliche Abfolge auch für viele Hörer der Zusammenhang zwischen den theoretischen Grundlagen und ihrer praktischen Anwendung im Rahmen des Proseminars verloren.

Problematik großer Hörerzahlen: Insbesondere die Einführungsvorlesung aus EDV leidet unter inakzeptabel hohen Hörerzahlen. Zahlreiche Hörer fordern in den Lehrveranstaltungsbeurteilungen ein größeres Vorlesungsangebot, das durch kleinere Hörerzahlen zu einer individuelleren Betreuung und stärkeren Motivation der Hörer führen könnte und zusätzlich die Bearbeitung von Praxisfällen erlauben würde.

In den EDV-Proseminaren konnten die Hörerzahlen auf 30 Personen reduziert werden, dementsprechend können sich die Lehrveranstaltungsleiter auch intensiv mit den Teilnehmern befassen. Allerdings entspricht die Hörerzahl auch in den Proseminaren nicht dem gewünschten Praktikumscharakter. Um während des Praktikums die Fortschritte der Hörer berücksichtigen zu können, wäre eine Reduktion auf die halbe Teilnehmerzahl notwendig.

Divergenz zwischen Lehrzielen und -inhalten: Formuliertes Ziel der Vorlesung und des Proseminars aus EDV ist es, den Studenten nicht nur Faktenwissen zu vermitteln oder sie in der Anwendung einzelner Softwarepakete zu trainieren, sondern das Verständnis elementarer Wissensgebiete zu fördern und das kritische Urteilsvermögen zu schulen. Die zweitgenannten Ziele können jedoch aufgrund der Fülle des Lehrstoffs und des mangelnden Basiswissens nur eingeschränkt realisiert werden.

Unterschiedliche Lehrinhalte der Vorlesungen: Die in einigen Bereichen divergierenden Lehrinhalte der Abteilungen, aber auch die Auffassungsunterschiede über die Ausbildungsziele (überspitzt formuliert: „Praxisorientierung“ versus „Informatikgrundkenntnisse“), erhöhen die Inhomogenität der Teilnehmergruppen. Die Lehrbeauftragten planen ihre Proseminare im Vertrauen auf Kenntnisse, die die Hörer aufgrund der gewählten Vorlesung u.U. nicht mitbringen.

Kolloquium: Die Hörer kritisieren häufig die mangelnde Abstimmung zwischen den Prüfungsfragen im Kolloquium und dem in der Vorlesung vorgetragenen Lehrstoff. Tatsächlich bereitet die Erstellung von Prüfungsfragen durch die am EDV–Sektor besonders raschen Entwicklungen, mit denen die Aktualisierung der Lehrunterlagen kaum mithalten kann, sowie die gewählte Prüfungsmethode (Multiple choice–Test) große Probleme. Als Manko erweist sich dabei, daß keine Auswertung der Fehlerquote bei unterschiedlichen Fragen oder Themengebieten vorgenommen wird. Dadurch kann in der Vorlesung oder auch im darauffolgenden Proseminar nicht auf Verständnisschwierigkeiten der Teilnehmer reagiert werden.

Praxisorientierung: Die EDV–Grundausbildung orientiert sich in ihrer aktuellen Konzeption weitgehend an den Erfordernissen der Praxis. Dies eröffnet Absolventen oder auch Studienabbrechern gute Chancen auf einen Arbeitsplatz, in dem EDV–Anwenderkenntnisse als Einstellungskriterium gefordert werden. Allerdings werden die Bedürfnisse des weiterführenden Studiums weniger beachtet: die Arbeit mit Textverarbeitungspaketen, Tabellenkalkulations- oder Präsentationsgrafikprogrammen ist unter Studierenden heute bereits weit verbreitet. Mit Hilfsmitteln zur Unterstützung wissenschaftlicher Arbeit kommen die Hörer jedoch im Rahmen der EDV–Grundausbildung wenig in Berührung. Die Durchführung von Literaturrecherchen, die Kommunikation mit Kollegen über internationale Rechnernetze, die Nutzung von externen Datenbanken zur Informationsgewinnung, die Auswertung erhobener Daten mit Statistikpaketen sind derzeit nicht Bestandteil der Grundausbildung.

Förderung der Persönlichkeitsbildung: Eine häufig geäußerte Forderung von seiten der Studierenden und auch der Wirtschaft betrifft die stärkere Schulung persönlichkeitsbezogener Merkmale in der universitären Ausbildung. Teamarbeit, verbaler und schriftlicher Ausdruck oder organisatorisches Talent können speziell in Massenlehrveranstaltungen des ersten Studienabschnitts kaum geübt werden. Lehrveranstaltungen mit Praktikumscharakter — wie die EDV–Rechnerpraktika — könnten den Studierenden erste Trainingsmöglichkeiten bieten.

Selbststudium: Derzeit bestehen weder hinsichtlich des Vorlesungs- noch des Proseminarstoffs ausreichende Angebote für Studierende, Lehrinhalte EDV–gestützt im Selbststudium zu erarbeiten oder zu ergänzen.

Die wenigen Ausnahmen bilden Lernprogramme, die im Lieferumfang der eingesetzten Softwarepakete MS–Word oder MS–Excel enthalten sind. Allerdings könnte durch gezielte Auslagerung von zeitraubenden, in der Gruppe schwer zu bearbeitenden, aber einfachen Lehrinhalten in die Eigenverantwortung des Studierenden die Proseminarzeit mit Themen bereichert werden, in denen die Kompetenz des Universitätslehrers dringender benötigt wird.

Stundenplan für den 1. Studienabschnitt: Die weitgehende Freiheit der Studierenden, die Reihenfolge der zu besuchenden Lehrveranstaltungen selbst zu bestimmen, ist eine wesentliche Komponente des österreichischen Universitätswesens. Neben vielen Vorzügen ist diese Wahlfreiheit aber auch mit einer Reihe von Nachteilen verbunden. In der EDV–Ausbildung führt sie immer wieder dazu, daß betriebswirtschaftliche Aufgabenstellungen nicht bearbeitet werden können, da ein Teil der Hörer das notwendige Fachwissen noch nicht besitzt.

Ein weiterer Nachteil ist, daß die Studierenden während des gesamten 1. Studienabschnitts auf die bereits erworbenen EDV–Kenntnisse nicht mehr zurückgreifen müssen. Gründe hierfür sind die massiven Ressourcenengpässe an der WU, möglicherweise auch die Ablehnung des Rechners als Arbeitswerkzeug durch manche Universitätslehrer oder fehlendes EDV–Know how. Dies führt bei einem Teil der Studierenden dazu, daß die erworbenen Fähigkeiten wieder verloren gehen bzw. durch neue Entwicklungen obsolet werden und spätestens im 2. Studienabschnitt wieder aufgefrischt werden müssen.

Mangelnde Interdisziplinarität: An der WU bestehen nur vereinzelte Aktivitäten in Richtung fachübergreifender Zusammenarbeit in der Lehre. Mit komplexen betriebswirtschaftlichen Aufgabenstellungen, die Kenntnisse aus mehreren Fächern erfordern, kommen die Hörer im ersten Studienabschnitt kaum in Berührung, da die Reihenfolge der Absolvierung der Fachgebiete den Studierenden freisteht.

Kapitel 3

Einsatzmöglichkeiten von Rechnern in der universitären Ausbildung

Im Anschluß an die Betrachtung der Bedingungslage an der WU, die den Ausgangspunkt für eine künftige verstärkte EDV–Unterstützung der Lehre bildet, sollen in den folgenden Abschnitten verschiedene Möglichkeiten dargestellt werden, Rechner in die Lehre einzubinden. Dabei wird zunächst im Überblick die Werkzeugfunktion von Rechnern zur Unterstützung individueller Aufgabenstellungen behandelt. Den Schwerpunkt des Kapitels bilden verschiedene Formen tutorieller Software sowie Hypertext- und Hypermediasysteme, deren Integration zur Bereicherung des Lehrangebots dienen bzw. in Teilbereichen auch eine Entlastung des Lehrpersonals von Routinetätigkeiten bringen kann. Am Schluß steht eine Betrachtung des Rechners als Kommunikations- und Informationsmedium, eine Funktion, die durch die immer leistungsfähigeren lokalen aber auch internationalen Netzwerke stark an Bedeutung gewinnt. Um dem Leser Anregungen zu bieten, das eigene Lehrangebot kritisch zu beleuchten und auf Schwachstellen zu untersuchen, die durch geeignete EDV–Unterstützung verbessert werden könnten, werden im Abschnitt 3.1 einige Kriterien vorgestellt, die bei der Planung des Curriculums beachtet werden sollten.

3.1 Kriterien für den EDV–Einsatz in der Lehre

Ein von Universitätslehrern häufig spontan genanntes Argument gegen die Integration von Computern in die universitäre Lehre ist der Verlust der Interaktion zwischen Studenten und Lehrern. Dieser Abschnitt soll zeigen, daß eine zielgerichtete und sorgfältig geplante Integration des Computers in den Lehrbetrieb diese und ähnliche Probleme vermeiden kann. Vielmehr kann durch geeigneten EDV-Einsatz der Lernprozeß unterstützt und die Zusammenarbeit zwischen Lehrern und Studenten, aber auch der Studierenden untereinander verstärkt werden.

Die sorgfältige und systematische Planung, für welche Lehrinhalte und in welcher Form Rechner in den Unterricht integriert werden sollen, ist dabei ein wesentlicher Erfolgsfaktor. Die interessante Umsetzung der Inhalte, z.B. mit Hilfe von Simulationsprogrammen oder durch den Einsatz geeigneter Datenbanken oder Softwaretools, bildet den zweiten wesentlichen Aspekt.

Eine systematische Planung der EDV-Integration in die universitäre Lehre sollte nach [Heer88] folgende Fragen berücksichtigen:

1. Welche Lehrziele verfolgt die Lehrveranstaltung und inwieweit kann ein EDV-Einsatz sie erfolgreich unterstützen?
2. Welche intellektuellen Fähigkeiten sollen die Studierenden in der Lehrveranstaltung erwerben?
3. Welcher Lehrstil ist für die Lehrveranstaltung der geeignetste?
4. Welche Formen des EDV-Einsatzes eignen sich für das Themengebiet bzw. unterstützen die Lehrziele am wirkungsvollsten?
5. Welche Hard- und Software steht für die Lehrveranstaltung zur Verfügung?

Zwischen den vier erstgenannten Faktoren bestehen Zusammenhänge hinsichtlich der Eigen- bzw. Fremdsteuerung des Lernprozesses und der Theorie- bzw. Praxisorientierung des Unterrichts, die in der Folge näher beleuchtet werden.

Lehrziele

Die Auswahl der Lehrinhalte, für die eine EDV-Unterstützung erwünscht und auch erfolgversprechend ist, beginnt bei der kritischen Betrachtung der Lehrziele. Zur Vermittlung von Faktenwissen werden beispielsweise eher fremdgesteuerte Lehrmethoden eingesetzt, Anwendungskenntnisse werden effektiver durch praxisnahe Lehrmethoden (z.B. Durchführung von Experimenten oder Simulationen) erworben.

[Bloom56][1] gliedert den Wissenserwerb nach der Tiefe des Verständnisses und der Fähigkeit, das erworbene Wissen umzusetzen, in sechs Stufen:

- Knowledge (Wissen)
- Comprehension (Verständnis)
- Application (Anwendung)
- Analysis (Analyse)
- Synthesis (Synthese)
- Evaluation (Evaluation)

[Heer88] faßt diese sechs Stufen nach dem Grad der Eigen- bzw. Fremdsteuerung und der Theorie- bzw. Praxisorientierung in vier Kategorien von Lehrzielen zusammen:[2]

- **Faktenwissen** ("Knowing that"): Faktenwissen (z.B. wichtige Ereignisse der Wirtschaftsgeschichte) wird zumeist mit fremdgesteuerten Lehrmethoden unterrichtet.
- **Anwendungskenntnisse** ("Knowing how"): Der Erwerb von Anwendungswissen (z.B. das Erlernen eines Musikinstruments oder einer Programmiersprache) erfolgt zumeist durch angewandten Unterricht, der von erfahrenen Lehrern geführt wird. Die Lehrmethode ist eher fremdgesteuert und wird durch praktische Übungen unterstützt.
- **Kenntnis verfügbarer Informationsquellen** ("Knowing where"): Die Kenntnis unterschiedlicher Informationsquellen (z.B. Datenbanken) ermöglicht den selbstgesteuerten, theoretischen Wissenserwerb.
- **Klassifikation und Verständnis** ("Knowing what and why"): Klassifikatorisches Wissen steht für die Fähigkeit, Information bzw. Daten einordnen zu können. Unter "Knowing why" wird die Fähigkeit verstanden, aus den gewonnenen Erkenntnissen Konzepte oder Theorien zu entwickeln.

Intellektuelle Fähigkeiten

Die universitäre Ausbildung verfolgt nicht nur den Zweck, Wissen zu vermitteln, sondern soll auch die Entwicklung bestimmter intellektueller Fähigkeiten fördern. Diese Fähigkeiten sind mit bestimmten Lehrmethoden und der Verfolgung unterschiedlicher Lehrziele eng verknüpft. Sie werden in der Folge

[1] [Bloom56]: „Taxanomy of Educational Objectives“, zitiert in [FoGi89], S. 63
[2] vgl. [Heer88], S. 23

ebenfalls nach dem Grad der Eigen- bzw. Fremdsteuerung und der Theorie- vs. Praxisorientierung gegliedert:[3]

- **Problemlösungskompetenz und integrative Fähigkeiten** werden zumeist in anwendungsorientierten Lernumgebungen erworben.
- **Analytische Fähigkeiten** sind häufig das Ergebnis von eigenbestimmter, anwendungsorientierter Arbeit. Die aus Anwendungsbeispielen gewonnenen Erkenntnisse können auf theoretische Konzepte zurückgeführt werden.
- **Forschungskompetenz** können Studierende durch eigenständige Arbeit erwerben, bei der z.B. aus geeigneten Informationsquellen die benötigte Information recherchiert wird.
- **Fähigkeit zur Durchdringung von Faktenwissen.**

Lehr- und Lernstile

Im Unterricht hat ein Lehrer zumeist mehrere Rollen wahrzunehmen, z.B. die des Informationsvermittlers an passive Zuhörer, des Mentors, der dem Studierenden aus einer Vielzahl verfügbarer Information die relevante herauszufiltern hilft etc. Die Rollen des Lehrenden sind einerseits durch die Lehrziele und die Art der Lehrveranstaltung beeinflußt, aber natürlich auch durch die Persönlichkeit des Lehrers. Da jeder Lehrstil entsprechende Lernstile der Studierenden impliziert, müssen bei der Auswahl der geeigneten Methode(n) auch die Arbeitsstile der Studierenden berücksichtigt werden. Die meistgenannten Lehrstile seien hier aufgezählt:

- Der **Vortragende** vermittelt zumeist Faktenwissen, die Interaktion mit den Studenten ist gering. Diese Lehrmethode wird zumeist in der Grundausbildung eingesetzt, wo die Studenten mit eigenständigen Arbeitsmethoden noch nicht vertraut sind.
- Der **Unterstützer** (facilitator) versucht, die Studierenden durch praktische Arbeit mit dem Fachgebiet vertraut zu machen und setzt dabei beispielsweise Experimente oder Simulationen ein.
- Der **Mentor** organisiert den Unterricht so, daß die Studierenden die Lerngeschwindigkeit selbst bestimmem können, er fördert Projektarbeit, in der Studenten die benötigte Information selbst gewinnen müssen, fördert Gruppenarbeit und Diskussionen.
- Der **Makler** fördert die Eigenständigkeit der Studenten, legt aber den Schwerpunkt des Unterrichts auf praktische Arbeit und die Entwicklung analytischer Fähigkeiten der Studierenden.

[3] vgl. [Heer88], S. 25f

Formen der EDV–Unterstützung

Zur Unterstützung unterschiedlicher Lehr- und Lernziele bzw. Arbeitsmethoden existieren für viele Fachgebiete bereits Softwareprodukte, für andere Bereiche stehen keine fertigen Lösungen zur Verfügung: weitverbreitete Endbenutzerwerkzeuge können beispielsweise in der Projektarbeit nutzbringend eingesetzt werden, sind aber zum Erwerb von Faktenwissen ungeeignet. Eine wesentliche Aufgabe besteht daher darin, fertige Unterrichtssoftware auszuwählen oder eigene Programme zu entwickeln, die die angestrebten Ziele bestmöglich unterstützen.

In einer ersten Betrachtung bieten sich mehrere Varianten des EDV–Einsatzes an (die folgende grobe Gliederung wurde gewählt, da sie die Möglichkeiten des Rechnereinsatzes den oben genannten Kriterien zuordnet und so einen guten ersten Überblick liefert):[4]

- **Tutorensysteme:** Diese älteste Form des EDV–Einsatzes in der Lehre wird i.d.R. für den Erwerb von Faktenwissen eingesetzt. Die Vorgehensweise ist strukturiert, das Wissen wird durch Fragen (u.U. mit Antwortanalyse und entsprechenden Verzweigungen des Programms zu weiteren Erläuterungen) überprüft.
- **Simulationen und Spiele:** Diese Art des EDV–Einsatzes unterstützt die Entwicklung der Problemlösungskompetenz durch die Manipulation von Bestandteilen eines Modells und die Beobachtung der Auswirkungen.
- **Kommunikations- und Informationsmedium:** Der Zugang zu Datenbanken, die Kommunikation mit Fachkollegen und Experten oder die Recherche in elektronischen Zeitschriften stellen wesentliche Informationsquellen für Studierende dar. Diese Möglichkeiten unterstützen jene Studierenden am besten, die unabhängiges, eigenverantwortliches Lernen schätzen.
- **Werkzeug:** Die Einsatzmöglichkeiten von Rechnern als Werkzeug in unterschiedlichen Lernsituationen sind vielfältig. Die Durchführung von Berechnungen mit Tabellenkalkulationsprogrammen, die Auswertung von Befragungen mit Statistikpaketen, die Dokumentation von Untersuchungsergebnissen mit geeigneten Textverarbeitungsprogrammen sind nur einige Beispiele für die zahlreichen Anwendungsmöglichkeiten.

[4] Das von [Heer88] beschriebene Modell simplifiziert natürlich die komplexen Zusammenhänge in Lernsituationen. Viele Bereiche der in Abbildung 3.1 dargestellten Matrix überlappen sich. Auch die Beziehungen zwischen Lehrzielen und erworbenen Fähigkeiten oder geeigneten Softwareprodukten sind nicht exklusiv zu betrachten.

Eine Zusammenstellung der oben diskutierten Aspekte der Lehre und ihrer Zusammenhänge untereinander zeigt Abbildung 3.1.

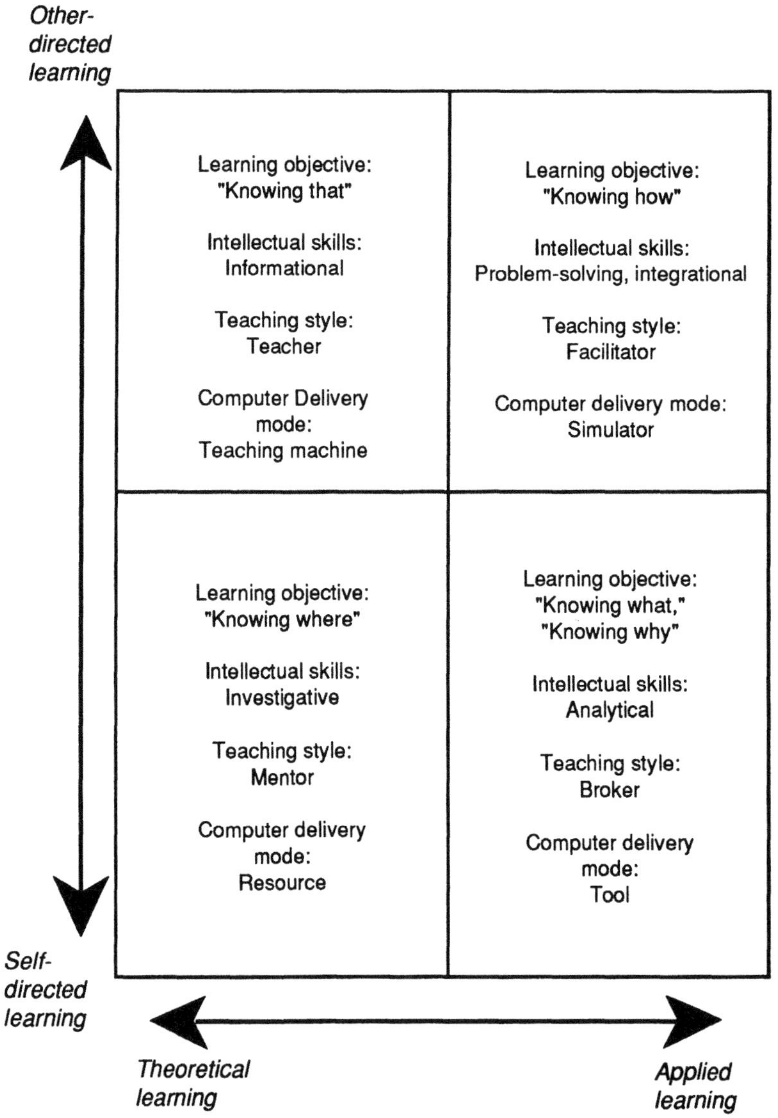

Abbildung 3.1: Möglichkeiten der EDV–Einbindung in unterschiedliche Unterrichtssituationen (Quelle: [Heer88], S.32)

3.2 Ausprägungen der Computerunterstützung in der Ausbildung

Die zahlreichen Formen des EDV–Einsatzes in der Lehre werden häufig unter dem Begriff des „**Computerunterstützten Unterrichts**" zusammengefaßt. In der Literatur sind zahlreiche Begriffe ähnlicher Bedeutung zu finden: im deutschen Sprachraum werden vorwiegend die Bezeichnungen **CUU** (*Computerunterstützter Unterricht*) sowie **CGU** (*Computergestützter Unterricht*) verwendet, im englischen Sprachraum hat sich der Begriff **CAI** (*Computer Assisted Instruction*) durchgesetzt. Häufig sind auch Kombinationen wie **CBT** (*Computer Based Training*) oder **CAL** (*Computer Aided Learning*) zu finden, wobei zwischen diesen Begriffen geringe Bedeutungsunterschiede bestehen. Für jüngere Methoden der EDV–unterstützten Ausbildung, die auf wissensbasierten Ansätzen beruhen und sich der Methoden der Künstlichen Intelligenz bedienen, sind die Bezeichnungen **ICAI** (*Intelligent Computer Assisted Instruction*) oder **ITS** (*Intelligent Tutoring Systems*) gebräuchlich.

In den Anfängen des CUU wurde hauptsächlich der bereits bekannte Programmierte Unterricht (PU) auf Rechner übertragen.[5] Große Projekte, wie das PLATO–Projekt der University of Illinois, blieben in den 60er und 70er Jahren weitgehend erfolglos, da weder die damalige Rechenleistung für akzeptable Antwortzeiten bei großen Teilnehmerzahlen ausreichte, noch die Rechner einfach zu bedienen waren. Neben all diesen hemmenden Faktoren war aber einer der Hauptgründe für das Scheitern vieler ehrgeiziger Vorhaben die Form der Wissensvermittlung: orientiert an den Erkenntnissen von [Skin54][6] beschränkten sich die meisten Programme auf reinen Wissenstransfer, die vielschichtige Rolle des Lehrers wurde somit auf eine einzige Komponente reduziert.

Erst mit der Einführung von Mikrorechnern nahm die Forschung am Sektor des CUU wieder neuen Aufschwung. Die einfache Bedienung dieser Rechner, der vergleichsweise geringe Preis und die Fortschritte in der Gestaltung der Benutzeroberfläche von Softwaresystemen boten gute Voraussetzungen für neue Versuche, Software für Lehrzwecke zu erstellen. Entwicklungsumgebungen mit speziellen Programmiersprachen (sog. **Autorensysteme**) unterstützen heute die Erstellung von Lehrsoftware, die sich vielfach weiterhin am Grundgedanken des Programmierten Unterrichts orientiert. Aber auch Simulationsprogramme oder Endbenutzerwerkzeuge erfuhren mit zunehmender Leistungsfähigkeit der Mikrorechner verstärkte Verbreitung. Zukunftsträchtig erscheinen insbesonders intelligente Lernsysteme, die das

[5][Bod90] geht ausführlich auf die Entwicklung des Computerunterstützten Unterrichts und die Gründe für die breite Ablehnung ein.

[6]zitiert in: [Bod90], S. 16

Verhalten des Lernenden im Unterrichtsverlauf berücksichtigen, Hypertext- und Hypermediasysteme, sowie neue Informationsangebote durch den starken Ausbau der Kommunikationsmöglichkeiten.

Folgende Einsatzformen in der Lehre sollen nun näher betrachtet werden:

- **Computer als Werkzeug zur selbständigen Problemlösung und Produktivitätssteigerung**
  - Textverarbeitung und Desktop Publishing
  - Kalkulation
  - Präsentationsgrafik
  - Datenbanksysteme
  - sonstige Werkzeuge
- **Computer als integrativer Bestandteil des Unterrichts**
  - Computer als (intelligenter) Tutor
  - Computer als elektronisches Lehrbuch
  - Computer als Demonstrationsmedium im Unterricht
  - Computer als Simulationsinstrument
  - Computer als Laborinstrument sowie als virtuelles Labor
- **Computer als Informations- und Kommunikationsmedium**
  - Kommunikation mittels Elektronischer Post
  - Nutzung elektronischer Zeitschriften oder Diskussionsgruppen
  - Recherche in lokalen und externen (Literatur–)Datenbanken

3.2.1 Computer als Werkzeug zur selbständigen Problemlösung und Produktivitätssteigerung

Aufgrund ihrer preislichen Attraktivität bei ständig steigender Leistungsfähigkeit und Bedienerfreundlichkeit sind Arbeitsplatzrechner heute wertvolle Hilfsmittel bei fast jeder beruflichen Tätigkeit. Ihre Verbreitung verdanken sie zu einem guten Teil den „Endbenutzerwerkzeugen“, also Anwendungsprogrammen, die die individuelle Arbeit unterstützen und wesentlich zur Entlastung von Routinetätigkeiten und damit zur Produktivitätssteigerung beitragen. Die Vorteile, die für den beruflichen Einsatz von Arbeitsplatzrechnern sprechen, gelten auch für die Verwendung im Studium — z.B. bei der Ausarbeitung von

Seminar- oder Diplomarbeiten oder der Gestaltung professioneller Grafiken zur Unterstützung von Referaten.

Die folgende kurze Betrachtung einiger Kategorien von Endbenutzerwerkzeugen soll, im wesentlichen aus Gründen der Vollständigkeit, einen Überblick über einige Einsatzmöglichkeiten geben. Eine detaillierte Erläuterung der Funktionen scheint nicht erforderlich, da Programme dieser Art an Universitäten bereits weit verbreitet sind. Umfassende Übersichen über den aktuellen Markt für Endbenutzerwerkzeuge werden zudem laufend in EDV–Fachzeitschriften veröffentlicht.

Die Einsatzmöglichkeiten von (Arbeitsplatz-)Rechnern als Werkzeug bei der persönlichen Arbeit und die Marktvielfalt an entsprechenden Softwareprodukten sind natürlich weitaus größer als sie hier dargestellt werden können. Die Einschränkung auf die wesentlichsten Werkzeuge stellt auch keine Wertung dar, das Kriterium für ihre Nennung in diesem Abschnitt bildet lediglich die Verbreitung in der universitären Lehre.

Textverarbeitung und Desktop Publishing

Textverarbeitungsprogramme sind für viele Studierende das erste und wichtigste Einsatzgebiet von Arbeitsplatzrechnern an der Universität. Leistungsfähige, benutzerfreundliche Programme können diesen Einstieg erleichtern und die Erstellung schriftlicher Unterlagen wesentlich unterstützen.

Moderne Textverarbeitungssysteme unterstützen die Studierenden bereits bei der Strukturierung ihrer Ideen und der Erstellung und Anpassung von Gliederungen.[7] Den Prozeß des Schreibens selbst unterstützen viele Textverarbeitungssysteme z.B. durch orthographische und grammatikalische Überprüfungen anhand von Wörterbüchern, die vom Benutzer individuell ergänzt werden können, sowie Trennhilfen und manchmal auch durch einen Thesaurus, der bei der Korrektur sprachlicher Mängel helfen soll.

Die Möglichkeit der inhaltlichen Überarbeitung eines Textes ist eine Selbstverständlichkeit, Unterstützung erhält der Autor dabei oft durch Funktionen zum Markieren korrigierter Textstellen, die eine schnelle Kontrolle der Änderungen ermöglichen. Diese bequemen Hilfsmittel erlauben es heute, die Erstellung einer schriftlichen Arbeit mehrstufig durchzuführen, Anregungen von Universitätslehrern oder von Kollegen in die Arbeit zu integrieren und so eine schrittweise Verfeinerung vorzunehmen. Neue Hilfsmittel bei der Unterstützung der Teamarbeit erwartet man durch netzwerkfähige Produkte, die die gemeinschaftliche Bearbeitung von Dokumenten durch mehrere Autoren

[7] Dieses Konzept wird allerdings von Ideengeneratoren, die im Abschnitt 3.2.2.2 nochmals erwähnt werden, besser unterstützt.

vorsehen. Diese Funktion kann eine wertvolle Hilfe bei der Gruppenarbeit darstellen, da der Austausch von Ideen und die Korrektur und Überarbeitung des Textes wesentlich erleichtert werden und gleichzeitig der aufwendige Austausch oder Vergleich verschiedener „Textgenerationen" entfällt.

Wesentliche Fortschritte konnten in den letzten Jahren v.a. im Bereich der Textgestaltung erzielt werden. Textverarbeitungsprogramme enthalten meist umfangreiche Layoutfunktionen sowie Funktionen zur Einbindung von Daten aus Fremdprogrammen (z.B. Übernahme von Berechnungen aus Tabellenkalkulationsprogrammen, Veranschaulichung des Textes durch Grafiken etc.). Die Darstellung des Textes in Ausgabequalität, d.h. in echter WYSIWYG–Form, erlauben aber immer noch wenige Textverarbeitungsprogramme.[8]

Eine wesentliche Verbesserung des Layouts und damit beinahe professionelle Textgestaltung ermöglichen **Desktop Publishing (DTP)–Programme**. Sie werden üblicherweise nicht zur Texterfassung eingesetzt, können aber verschiedenste Datenformate lesen und so Grafiken, Texte, Tabellen etc. aus zahlreichen Programmen integrieren. Diese Importdaten werden im DTP–Programm mit Formatanweisungen versehen, die getrennt vom Dokument in eigenen Layout–Dateien gespeichert werden können. Der Benutzer kann dabei entweder ein eigenes Layout definieren oder vorbereitete Layout–Dateien verwenden.[9]

Weit verbreitet ist diese Vorgangsweise insbesondere bei den noch nicht erwähnten **Formatierprogrammen**, z.B. TeX und LaTeX, die aufgrund ihrer Flexibilität und Programmierbarkeit im wissenschaftlichen Bereich weit verbreitet sind. Sog. „style files", also Layout–Dateien für unterschiedlichste Arten von Texten (Bücher, Artikel, Briefe), sind dort standardmäßig vorgesehen und können vom Benutzer beliebig verändert werden. Zahlreiche wissenschaftliche Verlage haben zusätzlich eigene Stilvorschriften entwickelt

[8] Die beiden meistverkauften Produkte, MS–Word und WordPerfect für MS/DOS–Rechner, sind erst seit kurzer Zeit in WYSIWYG–Versionen am Markt bzw. erst in Kürze verfügbar. Sowohl diese beiden Softwareprodukte als auch vergleichbare Programme für den Apple Macintosh können aber nur mit Einschränkungen als WYSIWYG–Programme bezeichnet werden. Eine Verbesserung stellen hier beispielsweise Programme dar, deren Bildschirmausgabe ebenso wie die Ansteuerung des Druckers auf der Seitenbeschreibungssprache *Postscript* basiert. Dadurch ist eine einheitliche Darstellung auf Bildschirm und Papier weitgehend gewährleistet.

[9] Im Textverarbeitungprogramm MS–Word, das allerdings nicht zu den DTP–Programmen zählt, ist dieses Konzept in Form von Druckformatvorlagen realisiert.

und stellen diese den Autoren zur Verfügung.[10] Formatierprogramme werden zwar wegen der „archaisch" anmutenden Art der Texterstellung, in der beispielsweise für den Wechsel der Schriftart Steuercodes eingegeben werden, im Wirtschaftsleben kaum verwendet, für die Spezialanforderungen von Wissenschaftlern stellen sie aber oft die beste und manchmal die einzige Alternative dar.

Kalkulation

Tabellenkalkulation gehört neben Textverarbeitungsprogrammen zu den typischen Einsatzgebieten von Mikrorechnern. An wirtschaftswissenschaftlichen Fakultäten zählen sie zum Standardrepertoire von EDV–Einführungsveranstaltungen; auf ihre Verwendung in der EDV–Grundausbildung an der WU wurde bereits in Abschnitt 2.3.1.2 hingewiesen.

Einige Universitäten schreiben den Studenten die Benutzung bestimmter Kalkulationsprogramme vor. Die Studierenden der Harvard Business School erwerben z.B. bei ihrem Eintritt in die Universität einen tragbaren Mikrorechner gemeinsam mit einigen Softwarepaketen, u.a. Lotus 1–2–3; die Kenntnis dieses Programms wird nach einem Einführungskurs vorausgesetzt. Im Laufe ihres Studiums erhalten die Studierenden in unterschiedlichsten Lehrveranstaltungen Fallbeispiele in Form von 1–2–3–Tabellen, die entsprechend der Aufgabenstellung analysiert und ausgearbeitet werden müssen. Die Hochschule St. Gallen entwickelt für ihre Studenten, denen der Kauf eines eigenen Rechners zu Studienbeginn empfohlen wird, mit der Makrosprache von 1–2–3 für spezielle Anwendungen, z.B. zur Konzipierung von schriftlichen Arbeiten oder Referaten sowie zur Adreßverwaltung.[11]

Die Einsatzmöglichkeiten für Kalkulationsprogramme sind mannigfaltig, daher sollen nur einige Eigenschaften hervorgehoben werden, die sie für Ausbildungszwecke prädestinieren:

- Kalkulationsprogramme fördern die Problemlösungskompetenz der Studierenden, indem sie einen Rahmen definieren, innerhalb dessen die verfügbaren Funktionen frei eingesetzt und kombiniert werden können. Dieser Rahmen wird v.a. durch die Spalten und Zeilen eines „elektronischen Arbeitsblattes" und den Befehls- und Funktionsumfang des

[10] Zur Verbreitung von TEX unter Wissenschaftlern und damit generell an Universitäten hat insbesondere beigetragen, daß es das Setzen von Formeln ausgezeichnet unterstützt. Außerdem darf nicht übersehen werden, daß dieses Programm in Public domain–Versionen, also kostenlos, bereits seit Jahren auf zahlreichen Rechnertypen eingesetzt werden kann.

[11] Beide Anwendungen sowie das generelle Konzept der Benutzerunterstützung an der Hochschule St. Gallen werden in [NaSe89] erläutert.

Programms bestimmt.
Die universelle Nutzungsmöglichkeit eröffnet Anwendungsgebiete in allen Spezialgebieten der Wirtschaftswissenschaften, von der Kostenrechnung bis zur Erstellung von Marketingplänen oder Maschinenbelegungsplänen.

- Tabellenkalkulationsprogramme unterstützen die Datenanalyse in Form von „Was wäre, wenn...“–Szenarien. Die Studierenden können Daten in ihren Kalkulationsmodellen nach Belieben verändern, die Auswirkungen dieser Maßnahmen kontrollieren, kleine Simulationen durchführen und so Zusammenhänge besser verstehen bzw. neue Zusammenhänge entdecken.

- Immer mehr Tabellenkalkulationsprogramme ermöglichen den Durchgriff auf relationale Datenbanken und damit Spezialauswertungen, die in einer Produktionsdatenbank nicht vom Endbenutzer durchgeführt werden könnten. Unterstützung bei der Auswertung bieten dabei immer leistungsfähigere Berechnungsfunktionen, die in vielen Programmen standardmäßig enthalten sind. In der Praxis ermöglicht diese Funktion dem Mitarbeiter im Verkauf die detaillierte Analyse seiner Kundendaten, Studenten können auf diese Weise z.B. kleinere Erhebungen auswerten.

- Mit der Leistungsfähigkeit der Hardware nimmt auch der Funktionsumfang von Tabellenkalkulationsprogrammen laufend zu:[12] Regression, Zielsuche, dreidimensionale und konsolidierte Tabellen, lineare Programmierung, natürlichsprachliche Kommandos, intelligente Hilfesysteme, die Entwicklung von Anwendungen mit Hilfe der „Makrosprachen“, verbesserte Layout–Funktionen für „Spreadsheet Publishing“ sowie die gleichzeitige Bearbeitung von Tabellen durch mehrere Benutzer u.ä. werden in den kommenden Jahren das Anwendungsspektrum erweitern und die Benutzung weiter vereinfachen.[13]

Eine Erweiterung des Benutzerkreises von Kalkulationsprogrammen ist auch aufgrund der Strategie vieler Hersteller, ihre Produkte auf mehreren Betriebssystemplattformen anzubieten, zu erwarten. So ist das weltweit meistverkaufte Produkt, Lotus 1–2–3, mittlerweile neben MS/DOS auch auf mehreren Unix–Plattformen und auf Rechnern der 370–Architektur von IBM verfügbar.

[12]vgl. [Reed89], S. 331f

[13]Einen ersten Schritt in diese Richtung stellt *Improv*, ein Tabellenkalkulationsprogramm der Firma Lotus für NEXT–Rechner dar. Dieses Programm geht von der üblicherweise starren Spalten- und Reihenzuordnung ab und erlaubt die beliebige Veränderung der Perspektive durch Vertauschen von Reihen und Spalten mit der Maus. Auf diese Weise können Daten wesentlich flexibler analysiert und auch verdichtet werden.

Präsentationsgrafik

Die professionelle Präsentation von Arbeitsergebnissen, ob diese die Einführung eines neuen Produkts oder das Ergebnis eines Forschungsprojekts bzw. einer Seminararbeit betreffen, ist aus dem universitären und beruflichen Leben nicht mehr wegzudenken. Die Erstellung derartiger Präsentationen in ausgezeichneter Qualität wird durch eine Vielzahl von Grafikpaketen für Arbeitsplatzrechner unterstützt. Die Gestaltungsmöglichkeiten sind äußerst unterschiedlich, die Bedienung ist aber zumeist sehr einfach, sodaß ein Benutzer mit einem gewissen Maß an gestalterischen Fähigkeiten solche Software nutzbringend einsetzen kann.

Sehr häufig werden für Präsentationen die Grafikmodule von Tabellenkalkulationsprogrammen herangezogen, die die grafische Darstellung des ausgewerteten Datenmaterials in beschränktem Umfang ermöglichen.[14] Vorteilhaft wirkt sich dabei natürlich die problemlose Verwendung der Daten in dem integrierten Grafikprogramm aus, Einschränkungen ergeben sich aber oft durch die fixe Vorgabe bestimmter Grafiktypen, die sich zumeist auf Geschäftsgrafik beschränken und keine Text- oder Zeichenfunktionen beinhalten. Spezialisierte Präsentationsgrafikprogramme bieten neben zusätzlichen Grafiktypen (Börsengrafik, Organigramme etc.) auch umfangreiche Gestaltungsvarianten für Texte und unterstützen teilweise Freihandzeichnungen.

Häufig stellt man bei der Vorbereitung von Präsentationen aber Ansprüche, die über die gute Gestaltung der einzelnen Grafik hinausgehen. Immer mehr Benutzer fordern Unterstützung bei der Zusammenstellung der gesamten Präsentation mit verschiedenen Werkzeugen: um ein einheitliches Aussehen der Präsentation sicherzustellen, können gemeinsame Attribute für Gruppen von Grafiken festgelegt werden, die in Layout–Dateien gespeichert werden. Manche Programme ermöglichen die Verwaltung von Anmerkungen des Sprechers, die auf Wunsch beim Ausdruck des Manuskripts eingefügt werden. Weiters beinhalten einige Präsentationsgrafikpakete Desktop Publishing–Funktionen, die die Erstellung von Handouts unterstützen. Die Präsentation selbst soll am Rechner erfolgen können, wobei die Abfolge der Grafiken vorher — ähnlich einer Diaschau — festgelegt wird; zusätzlich soll aber die Erstellung von (Farb)Folien, ein- oder mehrfärbigen Ausdrucken auf Farbdruckern, Laserdruckern oder Plottern sowie die Diaausgabe unterstützt werden.

Ein wesentliches Kriterium bei der Auswahl eines Präsentationsgrafikprogramms sind auch die unterstützten Datenformate. Die Daten der wichtigsten

[14] Zumeist umfassen diese Grafikmodule lediglich bestimmte, vordefinierte Darstellungsformen wie zwei- bis dreidimensionale Balkendiagramme, Flächen-, Linien- oder Kreisdiagramme. Gemeinsam mit der Weiterentwicklung des Spreadsheet Publishing wurde auch die Qualität dieser Grafikmodule beträchtlich erhöht.

Kalkulationsprogramme wie Lotus 1–2–3 oder Excel sollten direkt verknüpfbar sein, sodaß Veränderungen in den Daten automatisch in die Grafik übernommen werden. Auch die Unterstützung mehrerer Formate zur Übernahme der Präsentation in Textverarbeitungs- oder DTP–Programme sowie der einfache Import von Grafiken oder gescannten Bildern ist für ein hochwertiges Grafikpaket von großer Bedeutung. Als Ergänzung zu Präsentationsgrafikprogrammen oder als eigene Produkte bieten viele Hersteller auch fertige Bildbibliotheken (teilweise auf CD–ROM) an, aus denen der Benutzer Motive auswählen und in eine Grafik integrieren kann.

Generell läßt der Einsatz professionell gestalteter Präsentationen an Universitäten sicher zu wünschen übrig. Dies liegt zum Teil an der mangelnden Ausstattung mit entsprechender Software, aber auch an dem großen Zeitbedarf, den die Erstellung guter Folien oder anderer Unterlagen erfordert. Um Grafikprogramme zu einem echten Werkzeug auch für gelegentliche Benutzer zu machen, bedarf es daher nicht unbedingt zusätzlicher Funktionen, sondern v.a. intelligenter Benutzerunterstützung. Diese soll den Benutzer bei der Auswahl geeigneter Grafiktypen unterstützen, passende Farbvorschläge machen und u.U. auch die Anforderungen des erwarteten Publikums berücksichtigen.[15]

Datenbanksysteme

Der Begriff Datenbanksystem wird in Zusammenhang mit Arbeitsplatzrechnern häufig mit dem verbreiteten Programm dBase in Verbindung gebracht. Strenggenommen ist dBase jedoch, wie andere derartige Programme für Mikrorechner, ein quasi–relationales Dateiverwaltungssystem, dessen großer Vorteil in seiner einfachen Bedienung und weiten Verbreitung liegt. Aus diesem Grund können Benutzer auch ohne fundiertes Wissen über relationale Datenbanken, Normalformen u.ä. Daten sehr einfach verwalten, analysieren oder verknüpfen. Häufig erlaubt eine integrierte Programmiersprache (wie z.B. bei Open Access) die Entwicklung von Anwendungsprogrammen, die auf menügesteuert erstellte Dateien oder Druckmasken zugreifen.

Die Anwendungsmöglichkeiten für Dateiverwaltungsprogramme in der Lehre sind vielfältig: sie reichen von der Verwaltung ökonomischer oder demographischer Daten über die Datenerfassung im Rahmen einer empirischen Arbeit bis zur Speicherung von Literaturquellen oder -zitaten. Dabei muß der Benutzer entscheiden, welche Daten für die Aufgabenstellung relevant sind und daher gespeichert werden sollen, die günstigste Organisationsform finden, sodaß die Daten leicht analysierbar sind u.v.a.m.

---

[15]vgl. [Johnson89], S. 98f

Dateiverwaltungsprogramme der oben angesprochenen Kategorie eignen sich ausgezeichnet für kleinere Problemstellungen und Datenmengen, vorzugsweise für den persönlichen Gebrauch. Das Angebot an Produkten für MS/DOS–Rechner bzw. Apple Macintosh ist dementsprechend umfangreich. Zunehmend treten jedoch Anbieter auf, deren Datenbanksysteme bereits seit vielen Jahren auf Groß- oder Minirechnern und Unix–Workstations eingesetzt werden. Diese Produkte (z.B. Oracle, SQLBase, Ingres, Informix, Progress) werden oft für mehrere Betriebssysteme angeboten und erweitern durch ihre Leistungsfähigkeit das Anwendungsspektrum nach oben.

Einige Leistungsmerkmale von Datenbanksystemen, die zunehmend auch auf Arbeitsplatzrechnern angeboten werden, sind hier beispielhaft genannt:[16]

- Unterstützung von ANSI Level 1 oder 2 SQL,
- Monitor zur Überprüfung der Vollständigkeit von Transaktionen,
- Überprüfung der referentiellen Integrität durch das Datenbankmanagementsystem,
- Hilfsprogramme für die Datensicherung und das Wiederherstellen der Daten nach Fehlern,
- Schnittstellen zu Programmiersprachen (COBOL, C, Pascal),
- Sperren von einem oder mehreren Datensätzen bei Mehrbenutzer–Applikationen.

Der Funktionsumfang von Datenbankprogrammen, die auch von Endbenutzern auf Arbeitsplatzrechnern eingesetzt werden können, übertrifft sicher in vielen Fällen die Anforderungen. Bedienerfreundliche Front–ends, die auf grafischen Benutzeroberflächen wie MS–Windows, dem OS/2 Presentation Manager oder X–Window mit dem Window–Manager Motif basieren, vereinfachen jedoch die Bedienung soweit, daß sie auch für kleinere Problemstellungen attraktiv werden. Das Know how, das dadurch auch beim Design größerer Datenbankanwendungen eingesetzt werden kann, die Kenntnis von SQL im Zusammenhang mit Anfragen an die Datenbank und auch die analytischen Fähigkeiten, die der Student durch die Arbeit mit Datenbanken erwirbt, bilden eine ausgezeichnete Basis für die berufliche Praxis.

Andere Werkzeuge

Bisher noch nicht erwähnt wurden **Statistikpakete**, deren Einsatz auf Arbeitsplatzrechnern ständig zunimmt. Die bekanntesten Programme, die heute sowohl für verschiedene Großrechnerbetriebssysteme, Unix, OS/2,

[16]Quelle: [Finkel90], S. 136ff

MS/DOS und Mac–OS erhältlich sind, sind SAS und SPSS. An der WU werden beide Produkte verwendet, wobei SAS derzeit nur am IBM–Zentralrechner installiert ist und SPSS–Lizenzen für MS/DOS, OS/2 und Mac–OS erworben wurden. Die Hauptnutzer dieser Softwarekategorie sind derzeit die Universitätslehrer im Rahmen ihrer Forschungstätigkeit. Studenten setzen Statistiksoftware in erster Linie im 2. Studienabschnitt ein, z.B. bei Erhebungen in Lehrveranstaltungen aus Marktforschung oder Fremdenverkehr, sowie im Rahmen von Diplomarbeiten. Eine Ausweitung des Einsatzes dieser Softwareprodukte auf die Grundausbildung wird grundsätzlich befürwortet, da auf diese Weise eine Verlagerung des Schwerpunkts auf die Ergebnisanalyse stattfinden könnte. Derzeit scheitern solche Überlegungen jedoch an der unzureichenden Hard- und Softwareausstattung für die Massenausbildung des 1. Studienabschnitts.

Ein zweites großes Anwendungsgebiet ist das **Projektmanagement**. Für die Planung, Steuerung und Überwachung von Projekten mit Hilfe der Netzplantechnik existieren am Markt zahlreiche Softwarepakete (z.B. MS–Project, Superproject, Harvard Project Manager, Mac Project etc.), die unterschiedliche Methoden (CPM, MPM, PERT) unterstützen. In einigen Lehrveranstaltungen werden diese Methoden auch detailliert behandelt, ein tatsächlicher Einsatz in größeren Projekten findet jedoch nicht statt, obwohl es bereits im Studium einige Anwendungs- und damit Übungsmöglichkeiten gäbe. Als Beispiel seien hier größere Gruppenarbeiten erwähnt, wie etwa die Programmierübungen im Rahmen der Wirtschaftsinformatikausbildung, in denen EDV–basierte Projektmanagementwerkzeuge eingesetzt werden könnten.

3.2.2 Computer als integrativer Bestandteil des Unterrichts

3.2.2.1 Computer als (intelligenter) Tutor

Tutorielle Systeme, zu denen in dieser Betrachtung auch die „Drill and Practice"–Systeme (oft auch als Trainingssysteme bezeichnet) sowie wissensbasierte Tutorensysteme (ITS) gezählt werden, repräsentieren eine großen Teil der zu Lehrzwecken erstellten Software.

Trainingssysteme

Trainingssysteme werden häufig dort eingesetzt, wo Faktenwissen gefestigt werden soll (z.B. beim Vokabeltraining in der Sprachausbildung) oder Problemlösungsverfahren geübt werden müssen (z.B. die Lösung von Rechenaufgaben). Üblicherweise erlauben Trainingssysteme die Auswahl eines

Sachgebiets, aus dem Fragen gestellt werden, u.U. die Wahl des Schwierigkeitsgrads und die Zahl der zu stellenden Fragen, sind aber sonst an starre, vordefinierte Abläufe gebunden.

Trainingssysteme bieten sich z.B. bei der Einstufung von Studenten zu Lehrveranstaltungen unterschiedlichen Schwierigkeitsgrads an, insbesondere wenn die Fragestellungen über ein Benutzermodell den Vorkenntnissen des Studierenden angepaßt werden können. I.d.R. erfolgt die Fragenauswahl aber zufällig oder mittels Warteschlangentechnik. Dadurch besteht jedoch die Gefahr, daß das Training ineffizient wird, da Fragen im Laufe der Trainingssitzung wiederholt werden.[17]

Tutorensysteme

Während Trainingssysteme im wesentlichen auf die Festigung von Wissen oder Fertigkeiten ausgelegt sind, besteht die wesentliche Zielsetzung tutorieller Programme in der Wissensvermittlung auf begrenzten Sachgebieten sowie der begleitenden Überprüfung des Lernerfolgs.

Tutorensysteme verfügen dafür i.d.R. über eine Komponente zur **Informationspräsentation** sowie über verschiedene Formen der **Lernerfolgskontrolle**. Die Analyse des Antwortverhaltens des Lernenden ermöglicht unterschiedliche Formen des Feedbacks sowie eine am Lernfortschritt orientierte Steuerung des weiteren Ablaufs. Die möglichen Ablaufvarianten müssen jedoch bei der Kurserstellung vom Autor definiert werden. [Bod90] nennt als Möglichkeiten z.B. eine neuerliche Fragestellung in etwas abgeänderter Form, Lösungshinweise durch das Programm, die Ausgabe der korrekten Antwort oder die Präsentation einer ähnlichen Aufgabe samt Lösung. Intelligente Systeme mit wissensbasierten Methoden leiten hingegen aus der Arbeitsweise des Lernenden ein Benutzermodell ab, anhand dessen die weitere Vorgangsweise bestimmt wird.

Ein umfangreiches Projekt im Bereich tutorieller Software (*COSTOC: Computer Supported Teaching of Computer Science*) ist in Zusammenarbeit zwischen Technischer Universität Graz, Universität Karlsruhe und der University of Texas at Dallas, entstanden. Es umfaßt zahlreiche Kurse aus unterschiedlichen Gebieten der Informatik.[18] Die Entwicklung erfolgte mit dem Autorensystem *AUTOOL*, das durch seine weitgehende Geräteunabhängigkeit leicht auf verschiedene Rechnerumgebungen portiert werden kann.[19] Die Lektionen

[17] vgl. [Bod90], S. 56

[18] Diese Kurse reichen von Betriebssystemgrundlagen über Bäume, Sortiermethoden und methodisches Programmieren bis zur Einführung in Programmiersprachen wie Prolog, Ada oder Pascal.

[19] vgl. [MMO88], S. 442

werden sowohl auf Mikrorechnern (PC–Netzwerke, in denen die einzelnen Arbeitsstationen auf einen Dateiserver zugreifen, der alle Lektionen bereitstellt) als auch auf BTX–Endgeräten (Mupid) eingesetzt. Letztere Variante vergrößert den Bereich der potentiellen Benutzer beträchtlich, da alle Teilnehmer des BTX–Dienstes das Schulungsangebot mit geringem finanziellen Einsatz nutzen können.

Insgesamt stellt das Projekt *COSTOC* in seiner heutigen Form zwar keine innovative Lösung auf dem Gebiet des CUU dar, der Umfang und die Qualität der bereits erstellten Kurse sind jedoch beachtenswert. Die Unterstützung der Lehrveranstaltungen durch die Selbststudienmöglichkeiten wird von den Studierenden auch größtenteils positiv beurteilt und als Bereicherung betrachtet. Da beim Einsatz des Autorensystems auf Erweiterbarkeit, Portabilität etc. geachtet wurde, können auch neue didaktische Konzepte (wissensbasierte Ansätze, Multimedia–Komponenten) integriert werden, ohne daß eine völlige Neuentwicklung stattfinden muß.

Ein anderes Beispiel für den Einsatz eines konventionellen Tutorensystems, diesmal im betriebswirtschaftlichen Umfeld, erörtert [Gabele89]. Mit dem Autorensystem *TenCore* wurde an der Universität Bamberg der gesamte, in Buchform vorliegende Lehrstoff der Einführungsvorlesung aus Buchhaltung in ein Lernprogramm übertragen. Gründe hierfür waren insbesondere die hohen Studentenzahlen, die keine individuelle Gestaltung des Unterrichts mehr erlaubten, die einigermaßen stabilen Lehrinhalte im Buchhaltungsbereich, die die laufende Wartung auf ein Mindestmaß reduzieren und die dringende Notwendigkeit, Universitätslehrer von zeitraubenden Routinetätigkeiten zu entlasten. Die Erfolge des Ersteinsatzes sind vielversprechend: die Durchfallquote sank im ersten Semester des Einsatzes erheblich (von über 25% auf nahezu Null), gleichzeitig konnte der Notenschnitt deutlich verbessert werden (nach der Einführung des Lernprogramms erreichten etwa 90% der Studenten die Note 1 oder 2 gegenüber rund 25% bei der konventionellen Lehrmethode).[20]

Wissensbasierte Tutorensysteme

Wissensbasierte oder „intelligente“ Tutorensysteme (oder allgemeiner Lernsysteme) unterscheiden sich von traditionellen Lernsystemen dadurch, daß sie mit dem Lernenden einen **flexiblen und adaptiven Dialog** führen können.[21] Als flexibel bezeichnet man ein Lernprogramm, wenn es unter-

[20] Man muß hier allerdings einschränkend bemerken, daß derartige Verbesserungen zumindest teilweise auf den Reiz des Neuen zurückzuführen sein können bzw. auch von der Qualität des Vortrags abhängen.

[21] vgl. [Gunz87]

schiedliche Präsentationsformen des fachspezifischen Wissens ermöglicht, als adaptiv gilt es, wenn sich der Dialog am Kenntnisstand, dem Lernverhalten etc. des Lernenden orientiert.

Zur Erfüllung dieser Anforderungen verfügen wissensbasierte Lernsysteme im Idealfall über folgende Komponenten:[22]

- Die **tutorielle Komponente** umfaßt das Wissen über mögliche Lehr- bzw. Lernstrategien sowie die dafür verfügbaren konkreten Handlungsmöglichkeiten. Dieses wird üblichweise in einer Wissensbasis abgelegt; es verfolgt die Interaktion des Lernenden mit dem System und entscheidet, wann bzw. wie in den Lernverlauf eingegriffen werden soll.

- Die **Diagnosekomponente** (**Benutzermodell**) eines Tutorensystems soll jene Daten über einen Lernenden ermitteln und bewerten, die eine benutzerspezifische Vorgangsweise des Lernsystems ermöglichen. In einem Benutzermodell werden Daten qualitativer und quantitativer Natur über die Kenntnisse des Benutzers erfaßt. Die Gewinnung der Daten kann implizit, also durch Sammeln benutzerspezifischer Information im Lernverlauf bzw. durch Ergänzung vorhandener Stereotypen, oder explizit durch Angaben des Benutzers erfolgen.

  Viele Benutzermodelle vergleichen mittels einer speziellen **Fehlerkomponente** das Benutzermodell mit einem virtuellen Expertenmodell (overlay model, Überlagerungsmodell) und leiten daraus das Verständnis des Lernenden ab. Andere Fehlermodelle ermitteln die Abweichung zwischen dem Schüler- und dem Expertenverhalten (Differenzenmodell, deviation model) und erstellen daraus eine fehlerspezifische Instruktionsstrategie.

  Die meisten Diagnosemodelle führen Fehler des Lernenden auf mangelndes Wissen zurück, andere Fehlerarten wie Konzentrationsmängel oder Flüchtigkeitsfehler, die das Lernergebnis ebenfalls beeinflussen können, bleiben zumeist unberücksichtigt. Gerade im Bereich der Diagnose des Wissensstandes und der Fehleranalyse weisen intelligente Tutorensysteme also noch große Mängel auf.

- Die **instruktionale Komponente** oder Wissensbasis enthält das zu vermittelnde fachspezifische Wissen, das auf unterschiedliche Arten repräsentiert werden kann. Ziel aller gängigen Repräsentationsmethoden ist es, das Expertenwissen flexibel zu organisieren, sodaß in der Lernumgebung möglichst frei darauf zugegriffen werden kann. Die bekanntesten Methoden seien hier kurz angeführt:

[22] vgl. dazu insbesondere [RoSp], [Gunz87] und [Bod90].

- Die **Prädikatenlogik**, auf der z.B. die Programmiersprache Prolog basiert, erlaubt es Aussagen in Form von Regeln abzulegen, aus denen mittels einer Inferenzmaschine neue Regeln abgeleitet werden können. Mit einer solchen Wissensbasis arbeitet beispielsweise das Tutorensystem *JA-TUTOR* für das betriebliche Rechnungswesen.[23]

- **Semantische Netze** stellen Wissen in Form von Objekten und Beziehungen zwischen diesen Objekten dar. Die Darstellung ist für den Betrachter bei kleineren Wissensgebieten gut übersehbar, bei einer Vergrößerung der Wissensbasis nimmt aber auch die Komplexität der Objekte und Beziehungen zu.[24]

- **Actor–Sprachen** und **Produktionsregeln** erlauben eine prozedurale Wissensrepräsentation; sie finden beispielsweise in Simulationssystemen Anwendung.

  Ein bekanntes Beispiel für die Verwendung von Produktionsregeln ist das Lehrsystem *SOPHIE*,[25] das zur Ausbildung in der Fehlersuche in elektronischen Schaltkreisen dient. Der Lernende arbeitet hierbei in einem virtuellen Labor und interagiert mit dem „Experten" in natürlicher Sprache. Die Fehlersuche des Lernenden wird vom System beobachtet, kommentiert und gegebenenfalls wird die Lehrstrategie dem Vorgehen des Lernenden angepaßt.

- Die Qualität der Kommunikation mit dem Benutzer (**Dialogkomponente**) ist für den Erfolg eines tutoriellen Systems von besonderer Bedeutung. Natürlichsprachliche Interaktionsmöglichkeiten werden oft als eine der wesentlichsten Voraussetzungen für den Erfolg von intelligenten Lernsystemen genannt.[26] Gerade auf diesem Gebiet bestehen jedoch große Probleme, v.a. in der Behandlung der sprachlichen Ambiguitäten, weshalb viele intelligente Tutorensysteme auf einfachere Spracherkennungsmethoden zurückgreifen.

Die genannten Komponenten machen deutlich, daß es sich bei der Entwicklung intelligenter Lernprogramme um Aufgaben handelt, die ein hohes Maß an Kompetenz sowohl hinsichtlich des Expertenwissens, als auch bei der Implementierung der anderen genannten Komponenten erfordern; zusätzlich sind sie mit hohen Kosten verbunden. Daher sind zukunftsträchtige Forschungsergebnisse oft eng mit Expertensystementwicklungen gekoppelt, wie z.B. das bekannte Projekt *GUIDON*, das auf dem Expertensystem

[23] vgl. [Lusti87], S. 12f
[24] vgl. [Bod90], S. 126
[25] vgl. [Cyra87], S. 19f und [Wenger87], S. 51ff
[26] siehe z.B. [RoSp], S. 10 oder [Bod90], S. 122

MYCIN aufbaut. In *GUIDON*[27] übernimmt der Lernende die Rolle des Arztes. Er wird vom System in den Krankheitsfall eines Patienten eingeführt und fordert dann weitere Information durch Fragen an. *GUIDON* vergleicht die Fragen des Lernenden mit jenen, die das Expertensystem *MYCIN* stellt und kritisiert anhand dieser Daten die Vorgangsweise des Lernenden.

Forschungsprojekte auf dem Gebiet wissensbasierter Tutorensysteme, wie z.B. *GUIDON*, leiden — wie die Entwicklung von Expertensystemen generell — unter der Problematik der Wissensakquisition, die im Lehrbereich noch kritischer zu Tage tritt. Während im traditionellen computerunterstützten Unterricht unterschiedlichste Autorensysteme zur Verfügung stehen, gibt es für die Entwicklung intelligenter tutorieller Systeme kaum verbreitete Hilfsmittel. Trotzdem gilt seit den 70er Jahren das Forschungsinteresse verstärkt diesen, auf Methoden der Künstlichen Intelligenz basierenden Systemen. Der wachsende Einsatz von Expertensystemen sowie die Fortschritte auf anderen relevanten Forschungsgebieten (Psychologie, Pädagogik, Linguistik etc.) lassen die Entwicklung neuer, intelligenter Tutorensysteme erwarten.[28]

3.2.2.2 Computer als elektronisches Lehrbuch und als Demonstrationsmedium im Unterricht

Arbeitsunterlagen wie Bücher und Skripten bieten dem Studierenden vordefinierte Wege, sich mit einem Fachgebiet auseinanderzusetzen. Typisch für diese Medien sind ihre Linearität sowie die statische Darstellung. Abweichungen von der linearen Arbeitsweise sind in schriftlichen Unterlagen z.B. durch Querverweise, Fußnoten oder Vorschläge für einen „Leseplan" in Abhängigkeit vom Grad des Vorwissens oder des Interesses eingeschränkt realisiert, dynamische Veränderungen grafischer Darstellungen sind in schriftlichen Unterlagen nicht möglich. Ähnliche Beschränkungen in der Flexibilität gelten auch für die traditionellen Arbeitsbehelfe in Lehrveranstaltungen wie Tafeln oder Overheadprojektoren.

Diese Restriktionen, die sich z.B. bei visuell orientierten Menschen negativ auf das Lernergebnis auswirken, können mittels geeigneter Hilfsmittel zur Informationspräsentation überwunden werden. Mittels **benutzergesteuerter Systeme** (oft auch als „lernergesteuerte" Systeme bezeichnet) soll der Lernende wahlfrei auf Informationseinheiten zugreifen und je nach Interessenlage Teilbereiche vertiefen können. Die gewünschte Information soll jedoch nicht ausschließlich in Textform, sondern möglichst anschaulich und verständlich präsentiert werden. Damit entsteht die Forderung nach einer

[27] Eine detaillierte Projektbeschreibung von *GUIDON* enthalten [Clancey87] und [Wenger87].

[28] vgl. [Clancey87], S. 245

Form der Informationspräsentation, die aufgrund der Rechenleistung und Speicherkapazität von Arbeitsplatzrechnern erst seit wenigen Jahren denkbar ist: die Verbindung von Text, Grafiken, Bildern, Animation, Video- und Audiosequenzen, die vom Benutzer bei Bedarf beliebig aktiviert werden.

Das Konzept der Vernetzung von in Textform vorliegender Information und der Navigationsmöglichkeiten mittels Verweisen, die die Informationseinheiten miteinander verbinden, wird als **Hypertext** bezeichnet. Eine Weiterentwicklung stellt das **Hypermediakonzept** dar, das um zusätzliche, oben bereits angeführte Medien bereichert ist. Sehr häufig finden sich in der Fachdiskussion auch die Begriffe **Interactive Multimedia** oder **Multimedia**. Der letztgenannte Begriff beinhaltet jedoch keine Möglichkeit der Interaktion mit dem System und trifft daher z.B. auch auf Film und Fernsehen zu; er wird daher in der Folge nicht näher behandelt.

Hypertext

Die Idee, Texte nicht ausschließlich linear zu gestalten, sondern durch Referenzen, Fußnoten u.ä. Verzweigungsmöglichkeiten zu schaffen, ist keineswegs neu und wird z.B. in Lexika ständig angewendet. Auch die Verwaltung dieser Verknüpfungen mit Hilfe geeigneter Hard- und Software wurde bereits 1945 von Vannevar Bush beschrieben.[29] Die ersten Hypertext–Implementierungen von Engelbart (*NLS/Augment*)[30] und Nelson (*Xanadu*)[31] wurden von den Ideen Bushs getragen und dienen insbesondere der **Integration großer Datenmengen**, die vom Benutzer erweitert und ergänzt werden können.

Andere Kategorien von Hypertextsystemen wurden dazu entwickelt, **Problemlösungsprozesse** bzw. das **Strukturieren von Ideen** zu unterstützen. Einsatzgebiete sind im wesentlichen die Softwareentwicklung und die Dokumentation von Programmen. Beispiele für dieses Hypertextkonzept sind *PIE (Personal Information Environment)* von Goldstein und Bobrow, *IBIS (Issue Based Information Systems)*[32] oder *She.*[33] Weiters zählt man zu dieser Gruppe „Ideenprozessoren", die die Strukturierung von Ideen und ihre Darstellung mit

[29] Bush stellt in [Bush45] eine Maschine namens Memex vor, die mit Photozellen, Mikrofilmlesegerät und mehreren Bildschirmen ausgestattet ist und in der Lage ist, große Mengen wissenschaftlicher Literatur samt der dazugehörigen Abbildungen zu verwalten. Sie ermöglicht es dem Benutzer, die Unterlagen mit persönlichen Notizen zu versehen bzw. Verbindungen zwischen Textstellen herzustellen.

[30] McDonnell–Douglas vermarktet NLS/Augment heute als Werkzeug für Softwareentwickler. Es beinhaltet Funktionen für Bürokommunikation, Projektmanagement, Telekonferenzen, Bearbeitung von Dokumenten durch Teilnehmergruppen u.a.

[31] Die Anwendungsbereiche und Funktionen von NLS/Augment und Xanadu beschreibt [Conklin87].

[32] PIE und IBIS werden in [Conklin87] detailliert beschrieben.

[33] vgl. [Moessen90]

unterschiedlichem Detaillierungsgrad mit Hilfe spezieller Texteditoren unterstützen.[34]

Für den Lehrbereich erscheinen zwei Arten von Hypertextsystemen besonders brauchbar:

- Hypertextsysteme, die zur **Verwaltung kleinerer Datenmengen** entwickelt wurden, wobei aber großer Wert auf **benutzerfreundliche Gestaltung** gelegt wurde, finden breite Anwendungsmöglichkeiten, z.B. als einfach zu bedienende Hilfesysteme. Dazu zählen z.B. das an der Carnegie Mellon University entwickelte *ZOG* und sein Nachfolger *KMS*, *Hyperties* oder der *Document Examiner*. Nachteilig wirkt sich bei dieser Kategorie von Hypertextsystemen allerdings aus, daß sie über keine oder nur rudimentäre Möglichkeiten verfügen, eigene Anmerkungen einzubringen.[35]

- Zahlreiche Hypertextsysteme wurden zunächst zu Forschungszwecken und nicht für spezielle Aufgabenbereiche entwickelt. Einige von ihnen konnten sich auch kommerziell durchsetzen und werden heute in der Ausbildung eingesetzt. Fast alle bekannten Vertreter dieser Gruppe (*NoteCards*, *Intermedia*, *HyperCard*) wurden aber im Laufe ihrer Entwicklung auch um Einbindungsmöglichkeiten für Grafiken, Bilder, Video, Audio etc. erweitert, sodaß diese Produkte bereits den **Hypermediasystemen** zuzurechnen sind.

Hypermedia

Abbildung 3.2 zeigt beispielhaft (anhand der Ausstattung eines Apple Macintosh) mit welchen Hard- und Softwarekomponenten eine Multimedia–Maschine ausgerüstet sein kann.

Der Begriff **Hypermedia** steht also für die Synthese mehrerer Technologien, wobei Computer mit vielen anderen Geräten (z.B. Videorecordern, Diaprojektoren, CD–Abspielgeräten, Stereoanlagen etc.) zur Darstellung von Text, Sprache, Grafik, Bild, Bewegtbild und Ton verbunden werden. Im Vordergrund der Benutzung steht die Aktivität und Entscheidungsfreiheit des

[34] Das erste derartige Programm, *ThinkTank*, wurde 1984 auf den Markt gebracht; seither folgten zahlreiche weitere Programme mit ähnlichen Funktionen.

[35] Ein Beispiel für ein Hypertext–basiertes Hilfesystem für Unix–Rechner stellt *InfoExplorer* dar, das IBM gemeinsam mit dem Betriebssystem AIX ausliefert. Dieses Hilfesystem ermöglicht auch das Verwalten eigener Notizen.

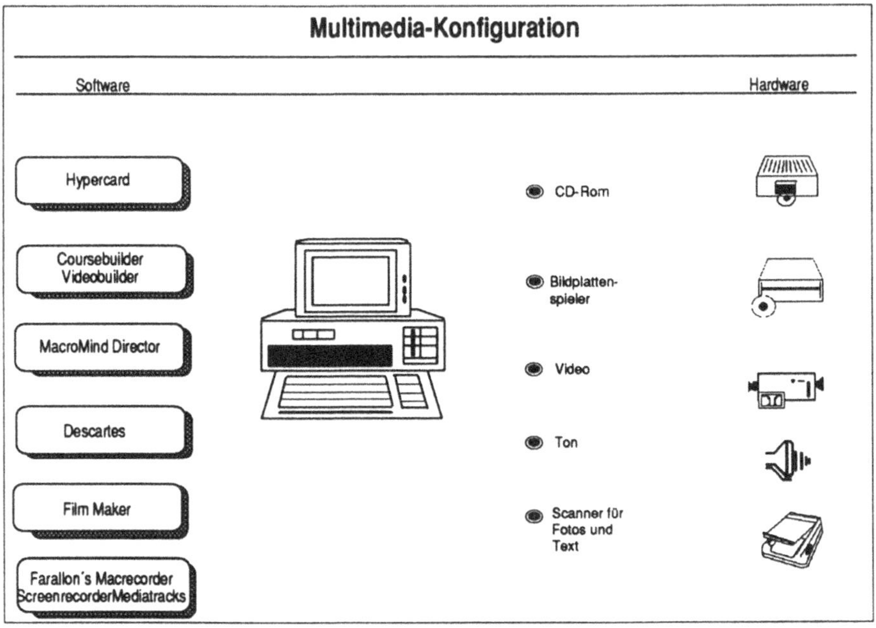

Abbildung 3.2: Hard- und Softwareausstattung eines Arbeitsplatzrechners für Hypermedia–Anwendungen (Quelle: Personal Computer 2/91, S. 122)

Benutzers und nicht die vom Autor bestimmte Vorgehensweise eines tutoriellen Systems.[36]

Eines der ersten Hypermediasysteme ist *NoteCards*, das von Xerox PARC entwickelt wurde. Neben der Einbindung von Grafik, Animation oder Video enthält *NoteCards* auch eine Programmierschnittstelle, die die Entwicklung von Applikationen in Lisp ermöglicht.[37]

Eine der größten Hypermedia–Entwicklungen im universitären Bereich, das *Intermedia*–Projekt, wird an der Brown University durchgeführt.[38] Projektziel ist die Einbindung leistungsfähiger Workstations in die universitäre Lehre und die Entwicklung effizienter Hypermedia–basierter Werkzeuge zur Unter-

[36] Manche Autoren (z.B. [Hart89]) unterscheiden zwischen „Interactive Multimedia" und „Hypermedia", indem sie in das Hypermediakonzept keine interaktive Benutzung peripherer Geräte wie Film- oder Diaprojektoren, Audiogeräte etc. einbeziehen. In dieser Betrachtung bleibt die herrschende Begriffsdiskussion jedoch außer Acht.

[37] *NoteCards* wurde von Rank Xerox auf Lisp–Maschinen entwickelt und hat wohl v.a. aus diesem Grund keine weite Verbreitung gefunden.

[38] vgl. dazu [Conklin87], S. 25ff.

stützung der Gruppenarbeit.[39] Dabei sollen sowohl die Universitätslehrer mit Werkzeugen bei der Vorbereitung und Präsentation ihrer Lehrunterlagen unterstützt werden, als auch die Studierenden daraus persönliche Arbeitsunterlagen gestalten und diese ergänzen können. Diese Dokumente können ausgetauscht bzw. mit Anmerkungen und Verweisen auf zusätzliche Informationsquellen versehen werden, wodurch eine wirksame Unterstützung der Teamarbeit gewährleistet wird. *Intermedia* läuft unter A/UX (Unix für Apple Macintosh) und basiert auf der relationalen Datenbank INGRES.[40]

Das bekannteste und kommerziell bei weitem erfolgreichste Produkt ist das von Apple entwickelte *HyperCard*, obwohl es im engeren Sinn nicht als Hypertext- oder Hypermediasystem bezeichnet werden kann. Beispielsweise verfügt *HyperCard* über keine bidirektionalen Verbindungen und keinen grafischen Browser, um Verbindungen in einem Hyperdokument im Überblick darzustellen. Andererseits stellt es eine mächtige Programmiersprache zur Verfügung und erlaubt die einfache Ansteuerung von externen Peripheriegeräten wie CD–ROM oder Bildplattenspielern. *HyperCard* wird weltweit in der universitären Lehre eingesetzt und es existieren sog. „HyperCard–Stacks" (Kartenstapel) für Teilbereiche fast aller wissenschaftlichen Disziplinen: vom Sprachunterricht und dem Musikstudium bis zur Regieausbildung.[41]

Die großen Erfolge des Multimedia–Einsatzes auf Macintosh–Rechnern führten zu einem wahren Entwicklungsschub für MS/DOS–Rechner, insbesondere für die Benutzeroberfläche MS–Windows. Einerseits werden Konvertierungsprogramme angeboten, durch die HyperCard–Anwendungen zu einem großen Teil portiert werden können. Das Programm *ConvertIt* ermöglicht z.B. die Übernahme von ca. 80% eines HyperCard–Stacks in das MS–Windows–basierte *Tool–Book* ohne Nachbearbeitung. Weiters gestatten es manche Multimedia–Produkte für DOS–Rechner, wie z.B. *Tool–Book*, Animationen, die mit *Macromind Director* auf Macintosh–Rechnern erstellt wurden, am PC einzusetzen. Andere Softwareproduzenten entwickeln Hypermedia–Produkte für beide Plattformen (wie z.B. das Programm *Guide* der Fa. Owl) und bieten damit für die universitäre Infrastruktur sehr günstige Voraussetzungen.[42]

---

[39] Eine ähnliche Zielsetzung verfolgt auch *Athena Muse*, ein Teilprojekt im Rahmen des Projekts Athena, das in Abschnitt 4.2.2 dargestellt wird.

[40] vgl. [AdAn90], S. 245

[41] Umfangreiche Kataloge über den Einsatz des Apple Macintosh in der universitären Lehre, die v.a. auf *HyperCard* basieren, gibt die Firma Apple periodisch in ihrer Publikation „Wheels for the Mind" heraus.

[42] Der Boom am Multimedia–Softwaremarkt wird besonders durch die Zahl der Produktankündigungen deutlich. Alleine für MS–Windows kündigten im Herbst 1990 ca. 20 Unternehmen Entwicklerwerkzeuge für Multimedia–Applikationen an (vgl. [CW90]).

In Hypermediasysteme werden allgemein große Erwartungen gesetzt, da durch die Verwendung unterschiedlicher Medien zur Illustration eines Themenbereichs auch schwierige Sachverhalte verständlich aufbereitet und unterschiedliche Lernstile berücksichtigt werden können. Gegenüber herkömmlichen CAI–Systemen bietet Hypermedia den Vorteil, daß der Studierende seine Arbeit weitgehend selbst bestimmt. Die Reihenfolge, in der sich der Lernende mit dem verfügbaren Material beschäftigt, und welches Material er überhaupt heranzieht, ist völlig selbstbestimmt. In einigen Großunternehmen mit umfangreichen betrieblichen Weiterbildungskonzepten (z.B. Schulungen für Mechaniker oder Servicetechniker bei Jaguar und General Motors) konnten mit der Ablösung traditioneller Schulungsformen durch multimediale Arbeit am Rechner sowohl die Kosten als auch die Schulungszeiten deutlich reduziert werden.[43]

Anhand der angesprochenen Beispiele ist erkennbar, daß die Grenzen zwischen benutzergesteuerten, multimedialen Systemen, intelligenter tutorieller Software und Simulationsprogrammen, die im Anschluß noch kurz dargestellt werden, immer stärker verschwimmen. Viele in der Lehre eingesetzte Softwareprodukte beinhalten Elemente mehrerer Typen, um die Erreichung des gewünschten Lehrziels zu unterstützen.

Dies führt zu der Überlegung, das fachliche Wissen vom pädagogischen und didaktischen Konzept sowie der Präsentationsmethode gänzlich loszulösen und eine **Informationsdatenbank** zu schaffen, die aufgrund ihrer Unabhängigkeit leichter aktualisierbar ist.

Eine solche Datenbank kann Information unterschiedlichster Form beinhalten, von einfachen Texten über komplizierte Grafiken bis zu Animation, Ton und Video. Diese kann, je nach Anforderung des Benutzers, auf unterschiedliche Weise eingesetzt werden, z.B. als Referenz bei speziellen Fragen, als Selbststudienkurs oder in Form von Simulationen. In welcher Form die Information tatsächlich präsentiert wird,[44] hängt davon ab, welchen Informationsbedarf der Lernende hat und auf welche Weise die benötigte Information präsentiert werden kann (siehe Abbildung 3.3). Genau spezifizierte Fragen werden beispielsweise von einem Hilfesystem beantwortet, wogegen unspezifische Informationswünsche durch Tutorials oder sog. Mikrowelten abgedeckt werden können.

Erste Erfahrungen mit derartigen Informationsdatenbanken sammelte die Firma Digital Equipment Corp. in Testanwendungen für Servicetechniker oder für das Navigationstraining von Seglern, mit deren Hilfe die Effizienz unterschiedlicher Unterrichtsstrategien erprobt wurde.[45] Die Erkenntnisse aus

[43] vgl. [UmAr91], S. 125
[44] vgl. [Mackay86], S. 173
[45] vgl. [Mackay86], S. 175f sowie [DaMa89], S. 805

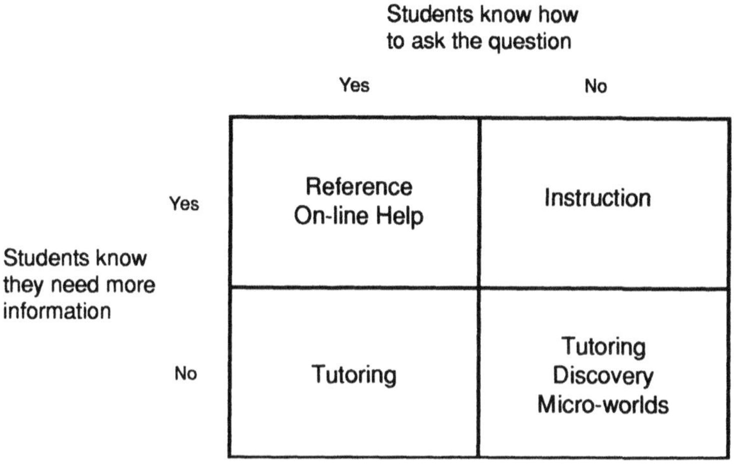

Abbildung 3.3: Beispiele für den Informationsbedarf in unterschiedlichen Arbeitssituationen (Quelle: [Mackay86], S. 173)

diesen Versuchsanwendungen beeinflußten insbesondere die Arbeit an *Athena Muse*, einer multimedialen Entwicklungsumgebung für Unix–Rechner, die z.B. im Rahmen eines Forschungsprojekts in der Sprachausbildung eingesetzt wird.

Vor- und Nachteile von Hypertext und Hypermedia

Die Mächtigkeit von Hyperdokumenten basiert v.a. auf folgenden Eigenschaften: [46]

- einfache Vorwärts- und Rückwärtsreferenzierung,
- Möglichkeit des Hinzufügens von neuen Referenzen,
- Strukturierung von Information,
- globale Darstellung des Informationsnetzwerks,
- Individualisierung von Dokumenten,
- Modularität und Konsistenz der Information,
- Verfolgung mehrerer Wege durch das Informationsangebot,
- Unterstützung der Teamarbeit.

Diese teilweise neuen und noch nicht ausreichend erforschten Eigenschaften des Hypermediakonzepts ermöglichen die individuelle Nutzung sehr

[46] Quelle: [Conklin87], S. 56 und S. 60

großer Informationsquellen (i.d.R. Datenbanken). Die effiziente Speicherung und Verwaltung dieser großen Datenmengen erfordert jedoch Hard- und Softwarekomponenten, die am Markt teilweise noch nicht oder nur sehr teuer verfügbar sind. Erwähnt seien hier beispielhaft magnetische und optische Datenträger mit höchster Kapazität und raschen Zugriffszeiten zur Speicherung von Videosequenzen, Animationen oder Bildern sowie hochauflösende Bildschirme und schnelle Grafikprozessoren zur Wiedergabe von Animationen, Bildern, Video etc. Auch effiziente Verfahren zur Datenkomprimierung, Standardisierungen z.B. im Bereich der Aufzeichnungsverfahren oder verbesserte Retrieval–Software sind zu erwarten. Es ist jedoch anzunehmen, daß der technologische Fortschritt diese Probleme lösen wird.

Größere Schwierigkeiten, v.a. in zwei Bereichen, sind beim Einsatz von Hypermediasystemen benutzerseitig zu erwarten. Die gewonnene Freiheit der Vorgehensweise in der angebotenen Informationsvielfalt führt dazu, daß der Benutzer oder Lernende leicht die Orientierung verliert.[47] Eine weitere Gefahr besteht darin, daß ein großer Teil der Aufmerksamkeit sowohl des Autors als auch des Benutzers nicht mehr dem eigentlichen Thema, sondern der Metaebene gewidmet wird, nämlich der Auswahl des „richtigen“ Pfades in einem Hyperdokument bzw. der gleichzeitigen Verfolgung mehrerer Wahlmöglichkeiten.

3.2.2.3 Simulation komplexer Systeme

Simulation, d.h. die Modellierung realer Objekte bzw. Vorgänge auf Rechnern, findet besonders in jenen Bereichen Anwendung, wo die Komplexität eines Systems, Kostengründe oder mögliche Gefahren, die die Durchführung eines Experiments in sich birgt, gegen die Beobachtung in der Realität sprechen.

Als Modelle kommen **Objekte** in Frage, die in der Realität nicht entsprechend untersucht werden können (z.B. Arbeitsweise einer Spezialmaschine und das Zusammenwirken ihrer Komponenten). Ein weiteres großes Anwendungsgebiet stellen **Prozesse** dar, die der Lernende mit variablen Ausgangswerten versehen kann. Auf diese Weise ist die Durchführung von „Was wäre, wenn ...“–Analysen möglich, in denen der Lernende die Auswirkungen der von ihm vorgenommenen Veränderungen am Modell beobachtet. In vielen wirtschaftswissenschaftlichen Bereichen, z.B. in der Volkswirtschaftslehre, bieten derartige Simulationen die einzige Möglichkeit, theoretische Modelle zu testen. Auch Simulationen, die auf **Aktionsmodellen** basieren, sind in der Praxis weit verbreitet; ein bekanntes Beispiel sind Flugsimulatoren, die

---

[47] Dieses Phänomen wird in der Literatur als „getting lost in space“ bezeichnet.

in der Pilotenausbildung eingesetzt werden. Zumeist sind Simulationsprogramme aber nicht exakt einem der genannten Typen zurechenbar, sondern sie beinhalten Komponenten aus mehreren oder allen Bereichen.

Der Vorteil von Simulationsprogrammen liegt insbesondere in der aktiven Einbeziehung des Lernenden in die spezielle Situation. Dieses entdeckende Lernen eignet sich besonders für Bereiche, die ohne entsprechende Visualisierung schwer vorstellbar sind oder auch mit zu großem zeitlichen Aufwand verbunden wären.[48] Die Problematik von Simulationen besteht generell darin, daß die komplexe Realität nur ausschnittweise repräsentiert und damit simplifiziert wird.

In der betriebswirtschaftlichen Lehre werden Simulationen sehr häufig in der Spezialform des **Unternehmensplanspiels** eingesetzt. Derartige Unternehmensplanspiele fügen der Simulation spielerische bzw. Wettbewerbskomponenten hinzu, durch die das Interesse der Lernenden zusätzlich gefördert werden soll. Ein solches, mehrere Universitäten umfassendes Unternehmensplanspiel (siehe [Thome87]) wurde in der BRD im Rahmen des Projekts *VULCAN (Virtuelle Unternehmen als Lehr-, Forschungs- und Ausbildungsnetz)* entwickelt. Mittlerweile sind in das Projekt Lehrstühle an sechs Universitäten eingebunden, die jeweils unterschiedliche Firmen repräsentieren. Innerhalb der Universitäten werden die betrieblichen Funktionen von mehreren Lehrstühlen wahrgenommen, alle Waren-, Informations- und Finanzströme innerhalb eines Unternehmens bzw. zwischen den beteiligten Firmen werden mit Standardsoftwarepaketen simuliert. Auf diese Weise können, mit Ausnahme der Güterproduktion, alle inner- und zwischenbetrieblichen Abläufe simuliert werden.

Durch diese Simulation realer betrieblicher Abläufe soll einerseits das Grundverständnis der Studierenden für betriebliche Zusammenhänge gefördert werden, andererseits können in einem virtuellen Unternehmen auch neue betriebswirtschaftliche Ansätze überprüft und neue Methoden der Wirtschaftsinformatik erprobt werden. Ein weiterer Vorteil von Unternehmensplanspielen liegt in der Interaktion der Teilnehmer, die gemeinsame Ziele verfolgen und auf diese Weise spielerisch teamorientiertes Arbeiten trainieren.

3.2.2.4 Computer als Laborinstrument sowie als virtuelles Labor

Auf die Anwendungsmöglichkeiten von Rechnern in Labors bzw. den Ersatz realer Labors durch EDVA wird hier nur kurz verwiesen, da sie für die Wirtschaftswissenschaften im Gegensatz zu den Naturwissenschaften eine eher

[48] vgl. auch [WoDo86], S. 77

untergeordnete Rolle spielen.[49]

Rechner bieten hervorragende Möglichkeiten, die oft raren Laborplätze zu ersetzen und an die Stelle teurer, oft kurzlebiger Laborgeräte Rechner zu stellen, die Labordaten erfassen, mit früheren Experimenten des Lernenden vergleichen und auswerten. Die Studierenden können auf diese Weise mehr Experimente durchführen, selbst Vergleiche mit den Ergebnissen ihrer Kollegen anstellen, die Testergebnisse an vorher entwickelten Theorien überprüfen etc. Durch den Einsatz des Rechners als Laborinstrument fällt überdies die räumliche Begrenzung der Arbeit weg und — ein besonders wichtiger Faktor — die Betonung wechselt von den mehr handwerklichen Fähigkeiten der Durchführung des Experiments zu kreativer, forscherischer Tätigkeit.

Der Rechner kann aber nicht nur einzelne Laborinstrumente ersetzen, sondern, ähnlich wie in Simulationsprogrammen, real undurchführbare Experimente ermöglichen. Der Übergang zu Simulationsprogrammen ist oftmals fließend und — wenn überhaupt — nur anhand der Intention des Benutzers zu beurteilen.

3.2.3 Computer als Informations- und Kommunikationsmedium

Telekommunikation stellt eine wichtige Möglichkeit dar, räumlich entfernte Personen oder Personengruppen in den Bildungsprozeß zu integrieren. Unternehmensplanspiele mit Teilnehmern mehrerer Universitäten, die sich an verschiedenen Orten befinden, können anstelle des Informationsaustauschs auf dem Postweg Netzwerke benutzen und ihre Kommunikation dadurch wesentlich beschleunigen.[50] Diese Nutzungsformen der Telekommunikation stellen besonders in Staaten mit dünn besiedelten Regionen, in denen keine lokalen Ausbildungsmöglichkeiten durch Schulen und Universitäten bestehen, eine wesentliche Verbesserung der Bildungschancen dar. Da sie im wesentlichen die oben angesprochenen Einsatzgebiete des Rechners aber nicht erweitern, sondern einem größeren Personenkreis zugänglich machen, werden sie hier nicht mehr detaillierter erwähnt. Die Fortschritte am Sektor der lokalen und internationalen Netzwerke und der Telekommunikation im allgemeinen erschließen aber auch neue Nutzungsmöglichkeiten von Rechnern. Beispielhaft werden nun einige verbreitete Einsatzgebiete herausgegriffen:

- Elektronische Post,

---

[49] Dieser Aspekt des Rechnereinsatzes in der Lehre wird in [BaLePa85] näher untersucht.
[50] vgl. [Bod90], S. 97f

- elektronische Zeitschriften,
- Datenbankrecherchen,
- Nutzung externer Rechnerressourcen, z.B. für Dateitransfer.

Elektronische Post: Die Kommunikation zwischen Studenten und Universitätslehrern aber auch unter Fachkollegen orientiert sich stark an den räumlichen und zeitlichen Gegebenheiten. Viele Universitätslehrer sind wegen der großen Studentenzahlen nicht mehr in der Lage, auf persönliche Fragen der Studierenden jederzeit einzugehen oder Telefonate entgegenzunehmen. Sie beschränken ihre Studentenkontakte zunehmend auf Sprechstunden, die häufig nur einmal in der Woche stattfinden.

Elektronische Kommunikationsformen können in solchen Fällen teilweise Abhilfe schaffen. Elektronische Post soll und kann zwar das persönliche Gespräch nicht ersetzen, aber sie bietet den Studierenden die Möglichkeit, sich jederzeit an einen zuständigen Universitätslehrer zu wenden. Der Adressat kann sich mit Anfragen zu einem selbstgewählten Zeitpunkt befassen und wird nicht bei seiner momentanen Tätigkeit gestört.

An der WU erhalten alle Mitarbeiter und Studenten, die an der Verwendung von elektronischer Post interessiert sind, kostenlos Software zur Verfügung gestellt, die sie auf ihrem bevorzugten Rechner verwenden können. Eingefleischte Macintosh- oder Unix–Benutzer müssen daher keinen bestimmten Rechner verwenden, um Post zu verschicken oder zu lesen, sondern arbeiten mit dem ihnen vertrauten Gerät. Damit der Versand von Post noch einfacher ist, wird die WU–interne Post für alle Empfänger an den selben Rechner geschickt, der die weitere Verteilung übernimmt. Auch die Benutzernamen entsprechen den Vor- und Familiennamen, sodaß kein zeitraubendes Suchen nach der gültigen „Mail–Adresse" erforderlich ist.

Elektronische Post eignet sich aber nicht nur für Kontakte zu Universitätslehrern, sondern auch unter Studierenden oder zur Kommunikation mit Mitarbeitern der Universitätsverwaltung, für Diskussionen über verschiedenste Themen in größerem Kreis und ähnliche Zwecke. Voraussetzung für einen effizienten Einsatz ist allerdings die weitreichende Akzeptanz dieser Kommunikationsform, die durch bedienerfreundliche Programme erhöht werden kann.

Neben ihrem Nutzen bei der Verwendung innerhalb der Universität dient elektronische Post insbesondere der internationalen Kommunikation über verschiedene Rechnernetze. Die Einbindung in weltweite Netzwerke, wie EARN/BITNET oder Internet, erweitert den möglichen Adressatenkreis enorm. Aufgrund des regen internationalen Gedankenaustauschs können auch komplizierte Probleme vielfach innerhalb kürzester Zeit beantwortet oder Meinungen kompetenter Gesprächspartner eingeholt werden.

Elektronische Zeitschriften: Werden bestimmte Themenkreise über längere Zeiträume diskutiert, so erweitert sich manchmal der Teilnehmerkreis beträchtlich und der einzelne Versand an alle Diskutanten wird zu aufwendig. Solche Themen werden sehr häufig in Form von elektronischen Diskussionsgruppen oder elektronischen Zeitschriften institutionalisiert. Der Unterschied zwischen diesen beiden Typen besteht vor allem darin, daß bei elektronischen Zeitschriften ein Moderator zwischen die Diskussionspartner geschaltet ist, der alle eingehenden Diskussionsbeiträge oder Anfragen erhält und sie gesammelt an den Empfängerkreis weiterleitet. In offenen Diskussionsgruppen werden die Beiträge hingegen automatisch an alle Subskribenten gesendet. Bei intensiv diskutierten Themen führt dies allerdings oft zu einer Fülle eingehender Post, die nur schwer zu bewältigen ist, wenn man als Leser einige solche Listen „abonniert" hat.

Aus diesem Grund setzen viele Universitäten spezielle Softwarepakete ein, die die Diskussionsgruppen allgemein verfügbar halten, sodaß der Benutzer nur bei Bedarf darauf zugreift. Diese Programme (ein Beispiel dafür ist die an der WU installierte NETNEWS–Software, die an der Pennsylvania State University entwickelt wurde), die auf Mehrbenutzer–Betriebssystemen aufsetzen, erweitern das Angebot für alle Benutzer und schränken gleichzeitig die Netzwerkbelastung ein, da trotz mehrerer Abonnenten die Listen nur einmal verschickt und im System gehalten werden.

Am EDV–Sektor haben sich an vielen Universitäten sog. „Hotlines" für dringende Fragen an die System- oder Benutzerbetreuer durchgesetzt. Werden die Antworten zusätzlich zur individuellen Beantwortung auch an eine universitätsinterne Diskussionsgruppe weitergeleitet, so können viele immer wiederkehrende Fragen der Benutzer bereits vorweggenommen werden.

Neben lokalen Diskussionsgruppen, die von Interessenten eingerichtet werden können, ermöglichen internationale Netzwerke auch die Lektüre weltweit verfügbarer Zeitschriften und die aktive Teilnahme an beliebigen Diskussionsgruppen. Die Themen reichen dabei von der Diskussion aktueller politischer Ereignisse bis zu Forschungsergebnissen auf dem Gebiet der Molekulargenetik. Ein großer Teil der an der WU allgemein zugänglichen Information (insgesamt sind derzeit fast 1.800 Listen abonniert) entfällt jedoch auf Themen mit EDV–Bezug.

Neben den fachspezifischen Diskussionsgruppen betreiben viele Universitäten auch sog. „Bulletin Boards" mit administrativen Hinweisen und anderen Themen, die von den Öffnungszeiten der Bibliothek bis zu den Zielen und Inhalten der Lehrveranstaltungen oder dem lokalen Wetterbericht reichen. Viele dieser Einrichtungen sind öffentlich zugänglich (z.B. können die Informationssysteme des MIT oder der Stanford University auch von der WU aus ohne spezielle Benutzerberechtigung benutzt werden) oder sind innerhalb der Landesgrenzen einsetzbar, wie das BTX–Auskunftssystem der WU. Sie ermöglichen jedoch in der Regel keine Diskussionen, sondern dienen vornehmlich oder ausschließlich der Information der Studierenden und sonstiger Interessenten.

Datenbankrecherchen: Eine der wichtigsten und zugleich schwierigsten Tätigkeiten der Studierenden besteht in der Informationsgewinnung zu Themen, die etwa im Rahmen von Seminaren oder Diplomarbeiten zu bearbeiten sind. Weltweit stehen zwar tausende Datenbanken mit Information zu unterschiedlichen Themen zur Verfügung, der Zugriff für Studenten ist aber meist stark eingeschränkt, da Datenbankrecherchen bei kommerziellen Anbietern fast immer kostenpflichtig sind und daher nicht allgemein zugänglich gehalten werden. Meist werden die Recherchen aus Kostengründen von Mitarbeitern der Bibliothek oder des EDV–Zentrums durchgeführt, der Student gibt lediglich seine Informationswünsche bekannt und erhält einen Ausdruck des Ergebnisses. Um derartige Recherchen aber zu Routinetätigkeiten bei der Informationssuche zu machen, müssen die Benutzer in Zukunft ihre Abfragen selbst am Rechner durchführen können, wozu ein günstigeres Kostenverhältnis Voraussetzung ist.

Neben der Kostenfrage stehen einer sinnvollen Nutzung von Datenbanken auch andere Hemmnisse entgegen. Der Informationsstand über verfügbare Datenbanken, ihren Inhalt, die Aktualisierungsfrequenz, die Kosten einer Recherche u.a. ist — zumindest an der WU — eher niedrig. Nicht nur die Studenten kennen das Angebot kaum, auch die Universitätslehrer besitzen zumeist nur geringe Kenntnisse, welche Datenbanken die gewünschte Information oder entsprechende Hinweise enthalten könnten. Hinzu kommt die Problematik der Bedienung und der Formulierung von Abfragen, da die Datenbanken unterschiedlicher Informationsanbieter keine einheitliche Benutzerschnittstelle besitzen. Ohne zusätzliche Schulungsmaßnahmen bzw. finanzielle Unterstützung bei kostenpflichtigen Recherchen wird daher keine wesentliche Erweiterung des Benutzerkreises stattfinden.

Keine Lösung der finanziellen Schwierigkeiten, aber zumindest eine Verminderung der Bedienungsprobleme ist durch einheitliche Methoden des Informationszugriffs möglich, die z.B. die Recherchesoftware *EasyNet* bietet. Diese Software stellt für mehr als 1.000 Datenbanken eine einheitliche, menügesteuerte Bedienerführung bereit. Durch die Eingabe eines Suchbegriffs werden geeignete Datenbanken für weitere Recherchen vorgeschlagen, bei größeren Problemen helfen Tag und Nacht direkt erreichbare Betreuungspersonen.

Das im Zusammenhang mit Datenbankabfragen Gesagte gilt in ähnlicher Form auch für Literaturrecherchen. Ein einheitliches Bibliothekssystem ist in Österreich zwar bereits eingeführt, allerdings ist seine Bedienung sehr kompliziert und die Erfassung von Büchern äußerst zeitaufwendig. Das Programmsystem stellt daher in dieser Form wohl ein brauchbares Anwendungsprogramm für Bibliothekare dar, für den Laien ist die Benutzung allerdings nur eingeschränkt sinnvoll. Einfacher als der Zugriff auf österreichische Bibliotheksdaten ist allerdings die Benutzung von Literaturdatenbanken ausländischer Universitäten. Durch die Anbindung an das internationale Netzwerk Internet ist es z.B. möglich, von jedem Arbeitsplatz aus Literaturrecherchen an US–amerikanischen Universitäten durchzuführen.

Nutzung externer Rechnerressourcen: Diese sehr allgemeine Bezeichnung faßt unterschiedliche Aufgaben zusammen, für die Rechner häufig herangezogen werden. Bereits mehrfach wurden internationale Rechnernetze erwähnt, die den Austausch elektronischer Nachrichten oder den Zugriff auf elektronische Zeitschriften bzw. Datenbanken ermöglichen. Zusätzlich bestehen an vielen Universitäten und anderen Institutionen Software–Server, von denen Interessenten Programme beziehen können. Diese Programme sind teilweise kostenpflichtig (Shareware), teilweise werden sie auch kostenlos zur Verfügung gestellt (Public domain–Software). Die Einsatzgebiete reichen von Spielprogrammen bis zu Tabellenkalkulation, Textverarbeitungssoftware, diversen Hilfsprogrammen etc. für alle verbreiteten Betriebssysteme.[51]

Leistungsfähige Rechnernetze bilden auch die Voraussetzung für die Verwendung von Ressourcen, die nicht lokal zur Verfügung stehen. Aufwendige Berechnungen oder selten anfallende Spezialanwendungen können auf diese Weise auf geeignete Rechner, z.B. Supercomputer, verlagert werden, was eine bessere Auslastung der vorhandenen Ressourcen ermöglicht. Die Möglichkeit, über Datenleitungen auf räumlich entfernten Rechnern zu arbeiten, ermöglicht es dem Benutzer beispielsweise auch bei Auslandsaufenthalten, seine Post wie gewohnt

[51] Um den Bezug derartiger Software zu erleichtern, haben v.a. in Europa einige Universitäten Software–Server installiert, bei denen der Benutzer die gewünschte Software „bestellt". Für die Erledigung des Auftrags sorgt in der Folge der Server, der sie von der nächstgelegenen Datenbank bezieht und an den Benutzer schickt.

zu bearbeiten oder Arbeiten von zu Hause aus durchzuführen, sofern dort die geeigneten Kommunikationseinrichtungen vorhanden sind.

Vor- und Nachteile des Einsatzes von Rechnern als Kommunikations- bzw. Informationsmedien

Der Zugang zu Information verschiedenster Art sowie die Diskussion mit Kollegen bzw. Fachexperten sind wesentliche Bestandteile der universitären Ausbildung; beide können durch geeigneten Rechnereinsatz ausgeweitet und vereinfacht werden. Dabei ist zu beachten, daß die rasche Verfügbarkeit der benötigten Information für die Akzeptanz der Benutzer von großer Bedeutung ist.[52] Neben diesem qualitativen Aspekt wird in Zukunft auch die räumliche Flexibilität eine wesentliche Rolle spielen. In Österreich wohnen die Studierenden zwar nicht am Campus, langsam an Bedeutung gewinnende Kommunikationsformen wie ISDN werden aber auch bei uns die Nutzung des Informations- und Kommunikationspotentials außerhalb der Universitätsräumlichkeiten beträchtlich erhöhen.

Die internationale Zusammensetzung von Diskussionsgruppen trägt weiters dazu bei, das Weltbild der Studierenden zu erweitern. Durch den unterschiedlichen kulturellen Hintergrund der Teilnehmer ist i.d.R. die Meinungsvielfalt größer als bei lokalen Diskussionen, die Qualität der Themenbehandlung kann durch die Teilnahme von Experten aus aller Welt wesentlich verbessert werden. Nicht zuletzt können die Teilnehmer an internationalen Diskussionsgruppen auf diese Weise ihre Sprachkenntnisse pflegen oder erweitern.

Neben den vielen positiven Faktoren einer teilweisen Verlagerung der Informationsgewinnung und der Kommunikation auf Rechner, sind damit aber ebenso potentielle Gefahren verbunden, denen in geeigneter Form entgegengewirkt werden muß. Eines der größten Probleme, besonders für Benutzer von elektronischer Post oder elektronischen Zeitschriften, stellt die Informationsflut dar, aus der die benötigte oder interessante Information gefiltert werden muß. Zahlreiche Arbeiten (z.B. [Mackay88]) befassen sich mit Methoden, wie man dieser Gefahr durch geeignete Softwareunterstützung entgegenwirken kann. Sicher ist es auch richtig, daß durch elektronische Kommunikationsformen leicht die „Zwischentöne" der persönlichen Kommunikation verloren gehen. Die Befürchtung allerdings, daß die Nutzung von

[52] Experimente der Texas A&M–University haben gezeigt, daß Studenten, die selbst Datenbankabfragen im Zuge ihrer Recherchen durchführten und die Ergebnisse ihrer Abfrage sofort erhielten, dieses Angebot intensiver und erfolgreicher nutzten als eine Kontrollgruppe, deren Recherchen von Bibliotheksmitarbeitern durchgeführt wurden und die auch die Ergebnisse erst nach einer Woche Wartezeit erhielten (vgl. [Heer88], S. 74).

Rechnern eine Verstärkung der sozialen Isolation bewirkt, ist wohl nur in Ausnahmefällen richtig. Viele Universitätslehrer beobachten im Gegenteil, daß die Studierenden durch die gemeinschaftliche Problemlösung am Rechner und die gegenseitige Hilfestellung intensiver zusammenarbeiten.

Das Ziel dieser Arbeit ist die gewinnbringende Einbeziehung der Datenverarbeitung in die universitäre Lehre und dabei sind selbstverständlich neben den positiven Seiten auch mögliche negative Konsequenzen zu beachten. Mit Ausnahme der kurz angerissenen Probleme soll aber nicht näher auf die Pro- und Kontrastimmen eingegangen werden, da eine einigermaßen seriöse Betrachtung den Rahmen sprengen würde.

Kapitel 4

EDV–Ressourcenlage und Ausbildungskonzepte von Universitäten in den USA und Europa

Nach der vorangegangenen, allgemeinen Einführung in verschiedene Einsatzformen der EDV in der universitären Lehre stellt dieses Kapitel nun einige bekannte Modelle zur EDV–gestützten Ausbildung und insbesondere der EDV–Grundausbildung vor. Die US–amerikanischen Konzepte, v.a. des Massachusetts Institute of Technology und der Carnegie Mellon University, sind in vielerlei Hinsicht vorbildhaft: etwa in Hinblick auf die zur Verfügung stehenden Rechnerressourcen, die universitätsintern akkordierte langfristige Planung des Ausbildungskonzepts, die positive Einstellung der Lehrenden zur Integration der EDV in die Ausbildung, den intensiven inner- und interuniversitären Know how–Austausch, das hervorragende Betreuungsverhältnis zwischen Studierenden und Universitätslehrern etc. Aufgrund derselben Faktoren sind diese Konzepte jedoch nur teilweise auf österreichische Verhältnisse übertragbar. Daher werden in der Folge auch Initiativen europäischer Universitäten präsentiert, deren finanzieller Einsatz zwar bedeutend geringer ist, die aber ebenfalls interessante Ausbildungskonzepte erarbeitet haben.

4.1 Die EDV-Ressourcenlage US–amerikanischer Business Schools

US–amerikanische Business Schools führen bereits seit mehreren Jahren regelmäßig Untersuchungen über den Stand des EDV–Einsatzes in Lehre und Forschung durch. In die Befragungen werden alle Mitglieder der American Assembly of Collegiate Schools of Business (AACSB) einbezogen (derzeit etwa 260) sowie einige kanadische Business Schools. Das in der Folge erwähnte Datenmaterial wurde den Untersuchungen [Frand88], [Frand89] sowie [Frand89a] entnommen.[1]

4.1.1 Budget

Die Budgets der US–amerikanischen Business Schools für den Betrieb ihrer EDV–Anlagen schwanken beträchtlich. Durchschnittlich betrug der Budgetposten „EDV–Betrieb" 1989 etwa 4% des Gesamtbudgets einer Business School; das sind zwischen 2.000 und 4,500.000 US–Dollar, der Median liegt bei 150.000 US–Dollar.[2] Die Budgets der Business Schools schwanken also beträchtlich. Ein Vergleich der Daten mit den Werten von 1985 und 1987 zeigt deutlich, daß sich in den USA die Abstände zwischen den budgetstarken und budgetschwachen Universitäten erheblich vergrößerten. Andererseits kann aber ein genereller Trend zu höheren EDV–Ausgaben festgestellt werden.

Die auf Studentenbasis umgerechneten Budgetzahlen des Jahres 1989 liegen zwischen 14 und 484 US–Dollar, an der WU liegt dieser nur mit Einschränkungen vergleichbare Wert bei öS 833 (bei 18.000 Hörern).

4.1.2 Personal

Große Unterschiede bestehen an den untersuchten Universitäten auch im Personalstand der EDV–Zentren. Gut ausgestattete Universitäten weisen eine Betreuungsrate von einem Mitarbeiter für 98 Studenten auf, in personalschwachen Business Schools liegt dieser Wert bei 1.993 Hörern. In diesem

[1] Die aktuellsten verfügbaren Daten, die in der Folge ohne weitere Quellenangabe genannt werden, wurden der Untersuchung des Jahres 1989 ([Frand89a]) entnommen.

[2] Diese Budgetdaten enthalten im wesentlichen Betriebsmittel, Wartungsgebühren und Mitarbeitergehälter, aber beispielsweise keine größeren Investitionen. Im Vergleich zu den oben genannten Werten betrug das Budget des EDV–Zentrums der WU im Jahr 1990 ca. öS 15 Mio. In diesem Betrag sind Wartungsgebühren, Leasingraten, kleinere Anschaffungen, Betriebsmittel, Schulungsaufwand u.ä., aber keine Gehälter inkludiert.

Zusammenhang ist auch bemerkenswert, daß sich das Betreuungsverhältnis generell verschlechtert hat. Während 1985 im Schnitt ein Mitarbeiter für 1.820 Studenten zur Verfügung stand, sind es 1989 bereits fast 2.000 Hörer.[3] Weniger überrascht die Tatsache, daß für die Benutzerbetreuung (in Lehre und Forschung) etwa doppelt so viele Mitarbeiter zur Verfügung stehen wie für die technische Betreuung. Auch an der WU ist diese Tendenz zu beobachten: im Bereich Benutzerbetreuung ist zwar nur die Hälfte der ständigen Mitarbeiter beschäftigt, das Team wird jedoch durch Tutoren und Studienassistenten verstärkt.

Die EDV–Zentren der befragten Business Schools bieten mit steigender Tendenz Serviceleistungen an. Am häufigsten sind darunter zu finden:

- Installation von Arbeitsplatzrechnern (70%),
- Unterstützung bei der Auswahl von Software und Hardware (ca. 70%),
- Durchführung von Schulungen, Workshops und Einzelbetreuung (65%),
- Unterstützung der Universitätsverwaltung bei EDV-Problemen (60%),
- Programmierung und Erstellung von statistischen Auswertungen für Fakultätsmitglieder (ca. 60%),
- Hilfestellung bei der Entwicklung von computergestützten Kursen (50%),
- Programmieren und statistische Auswertungen für Studierende (40%).

4.1.3 Hardware

Alle untersuchten Business Schools haben Zugang zu Rechnern mehrerer Leistungsklassen. Während im Großrechnerbereich mehrheitlich die gesamtuniversitären Zentralrechner genutzt werden, verfügen immer mehr Business Schools über Minirechner, die eigenverantwortlich betrieben werden. Bei den zwölf als Hardwarelieferanten genannten Firmen führt Digital Equipment Corporation (DEC) mit 36% der installierten Rechner (VAX 11/7xx) vor IBM mit 13% (43xx) und Hewlett Packard (HP) mit 11% (HP 3000–Serie).

[3]Während in klassischen Mainframe–Modellen ein Systemprogrammierer für einen Rechner zuständig ist, verändert sich dieses Verhältnis, wenn vorzugsweise Workstations eingesetzt werden. Im Projekt Athena des MIT liegt die Zielvorstellung bei 1.000 Workstations pro Systembetreuer (vgl. [ChGeRu90], S.42), gegenüber dem derzeitigen Wert von 1:200. Diese Rationalisierungsmöglichkeit in der Systembetreuung hat natürlich Auswirkungen auf das Gesamtbetreuungsverhältnis.

Mikrorechner

1989 wurden an allen US–amerikanischen Business Schools Mikrorechner eingesetzt, wobei die Gesamtzahl der Mikrorechner pro Business School je nach Ausstattung zwischen 10 und 800 Stück, die Mediane der Quartile bei 54, 114, 194 und 314 liegen. Im Vergleich dazu befindet sich die WU mit ihrer Ausstattung an Mikrorechnern im obersten Quartil. Betrachtet man jedoch die Zahl der Studenten oder Mitarbeiter pro Rechner, so relativiert sich diese günstige Position wieder, da weniger als ein Viertel der Business Schools mehr als 3.000 Hörer hat. Insgesamt sind an den befragten 161 Business Schools über 30.000 Mikrorechner installiert.

Die Zahl der PC ist, wie in den Jahren davor, weiter gestiegen, die Zuwachsraten haben sich aber beträchtlich verringert: der Zuwachs von 1988 auf 1989 betrug 13%, im Jahr davor waren es noch 62%, von 1985 auf 1987 75%. Bei näherer Betrachtung der Leistungsklassen fällt weiters auf, daß 8- bzw. 16–Bit–Rechner noch sehr verbreitet sind.[4]

Mit der großen Zahl installierter Rechner steigt auch der Bedarf nach Betreuung dieser Systeme durch die EDV–Zentren. 1987 unterstützten lediglich 24% der Business Schools mindestens drei unterschiedliche Mikrorechnermodelle, 1989 waren es bereits 93%.

Eine sehr positive Entwicklung nimmt die Versorgung der Studenten mit Mikrorechnern. Teilten sich 1985 noch 16 Studenten einen Rechner (im ersten Quartil) bzw. 162 (im vierten Quartil), so sind dies 1989 im schlechtesten Fall 65 Studenten, gut dotierte Business Schools erreichen sogar einen Wert von 10 Studenten pro Rechner. An der WU liegt dieser Wert bei rund 90 Studenten.

Noch erfreulicher ist die Versorgung der Universitätslehrer mit Mikrorechnern: die Zahl der Universitätslehrer, die sich einen Mikrorechner teilen müssen, liegt zwischen 0,8 und 2,6. Da darin keine privat beschafften Rechner enthalten sind, dürften die tatsächlichen Werte sogar noch niedriger sein.

Ein starkes Wachstumsgebiet der letzten Jahre waren tragbare Mikrorechner, deren durchschnittliche Zahl pro Business School sich zwischen 1987 (17,2) und 1988 (34,8) etwa verdoppelt hat. Die höchsten Installationszahlen weist in diesem Bereich die Firma HP mit 69% aller installierten Systeme auf.

[4] 86% der Business Schools verwendeten 1989 Mikrorechner der Klasse PC-1 oder PC-XT von IBM, 49% IBM PS/2–Rechner und 35% IBM PC-AT. Es folgen die Firmen Apple (Macintosh Plus und SE) mit 35%, Zenith (29% der Business Schools) sowie HP (HP 150 und Vectra). In dieser Auswertung sind allerdings nur jene Rechner berücksichtigt, von denen an einer Business School zumindest vier Stück installiert sind.

Workstations

Große Zuwachsraten weisen die zwischen Mini- und Mikrorechnern angesiedelten Workstations (32–Bit–Rechner mit dem Betriebssystem Unix) auf. Von 1988 auf 1989 stieg die Zahl der Rechner in dieser Größenklasse auf das Doppelte (316 Stück). Die meistvertretene Firma ist in dieser Rechnerklasse Sun, wogegen DEC die höchsten Installationszahlen mit 153 Vaxstations- erreicht. Trotz der Verdopplung der installierten Workstations ist die Zahl der Business Schools (33), die Workstations einsetzen, im selben Zeitraum beinahe unverändert geblieben.

Mikrorechner–Pools

Mikrorechner, die in sog. „Pools", also in Schulungsräumen, zusammengefaßt sind, stellen eine wichtige Arbeitsmöglichkeit v.a. für Studenten dar. Dementsprechend waren 1989 etwa 40% aller Mikrorechner in derartigen Pools untergebracht. Die Anzahl der Pools variiert von einem (an ca. 20% der Business Schools) bis zu 5 – 7 Pools (ebenfalls an etwa 20% der Business Schools) pro Business School. Etwa zur Hälfte werden die Pools für Lehrveranstaltungen verwendet, ein kleiner Teil der Rechnerräume steht exklusiv Universitätslehrern zur Verfügung.

Die Hälfte der Pools ist mit vernetzten Mikrorechnern ausgestattet, fast ebensoviele Pools (48%) verfügen über Verbindungen zu Großrechnern oder Minirechnern.

4.1.4 Kommunikation

Mit der zunehmenden Verwendung von Mikrorechnern anstelle von Zentralrechnern mit „dummer" Terminalperipherie nimmt i.d.R. auch der Bedarf an Hard- und Software für Kommunikationszwecke zu. Während 1985 erst 39% der Business Schools über lokale Netze verfügten, waren es 1987 bereits 66% und 1989 80%.

1989 wurde fast die Hälfte aller installierten Mikrorechner im Stand alone–Betrieb verwendet, 20% waren in lokale Netze eingebunden und auch mit Großrechnern verbunden, 10% waren nur lokal vernetzt, rund 20% verfügten nur über einen Großrechneranschluß.

Bei den lokalen Netzen dominiert Novell (Arcnet, Netware) mit 47% aller Installationen vor Ethernet (TCP/IP), Apple Talk, IBM Token Ring, IBM PCnet und DECnet. Damit haben in den vergangenen zwei Jahren Novell–Netzwerke TCP/IP vom ersten Platz verdrängt. Auch die DECnet–Installationen sind gegenüber 1987 hinter IBM–Netzwerke zurückgefallen.

Im Bereich der Netzwerkapplikationen zeigen sich starke Differenzen in der Benutzung der angebotenen Software durch unterschiedliche Benutzergruppen. Die Benutzung aller nachstehend genannten Dienste ist generell bei Universitätslehrern am höchsten, danach folgen die Inanspruchnahme durch EDV–Personal, administratives Personal und zuletzt MBA- und Undergraduate–Studenten.

Im Durchschnitt über alle Benutzergruppen weisen die Anwendungen folgenden Benutzungsgrad auf:

Elektronische Post	52%
Dateitransfer	47%
BITNET	47%
Datenbankabfragen	42%
Datei–Server	42%
Datensicherung	30%
CompuServe	14%
Elektronische Konferenzen	10%
Internet	9%

Unter den externen Netzwerken, an die Business Schools angeschlossen sind, nimmt BITNET mit 90% Durchdringung eine überragende Stellung ein. Mit wesentlich geringerer Verbreitung folgen ARPANET, UUCP und CS-NET. 45% der Business Schools haben Zugang zu einem dieser Netze, 24% verwenden zwei Netzwerke.[5]

4.1.5 Software

Information über die wesentlichsten Nutzungsgebiete der Rechner enthält eine Aufstellung der auf Groß- oder Minirechnern bzw. Mikrorechnern verfügbaren Softwareprodukte. Die Anwendungsgebiete wurden im Rahmen der Befragung in 15 Gruppen (vgl. Tabelle 4.1) geteilt und bezüglich ihrer Verfügbarkeit auf Zentral- und Minirechnern bzw. Mikrorechnern ausgewertet. Hinsichtlich der Verwendung auf unterschiedlichen Rechnerklassen kann festgestellt werden, daß statistische Auswertungen, Softwareentwicklung, Kommunikation, Optimierungsrechnungen sowie Simulationen etwa zu gleichen Teilen

[5] Diese Angaben stammen noch aus dem Jahr 1987. Auch die WU hatte bis 1990 lediglich Zugang zu EARN/BITNET; erst 1990 konnte auch der Anschluß an das Internet realisiert werden.

auf Zentral- oder Minirechnern sowie auf Mikrorechnern durchgeführt werden. Als klassische Anwendungsgebiete für Mikrorechner können weiterhin Textverarbeitung, Tabellenkalkulation und Dateiverwaltung gelten. Aber auch in anderen, in der Folge detaillierter erläuterten Anwendungsgebieten werden Softwarepakete vornehmlich auf Mikrorechnern eingesetzt.

	Mini/mainframes			**Microcomputer**		
		# of Packages			# of Packages	
	# Schools	Instr.	Research	# Schools	Instr.	Research
Spreadsheets	12	7	6	156	17	16
Word Processing	31	13	22	155	28	29
Database Mgmt Sys	84	32	34	148	28	23
Communications	102	22	26	126	35	39
Statistical	139	14	11	119	34	34
Prog Languages	117	19	17	115	18	16
Graphics	35	13	19	97	60	56
Modeling/Opt	85	26	27	94	38	29
Desktop Pub	20	8	7	85	13	13
Dev Tools	9	11	9	75	22	13
Business Games	37	28	4	71	52	9
AI/Expert Systems	20	10	11	69	28	24
Simulation	62	8	10	54	20	14
Integrated				51	17	12
Project Management	3	2	2	48	17	10

Tabelle 4.1: Softwareeinsatz an US-amerikanischen Business Schools (Quelle: [Frand89a], S. 19)

Gegenüber früheren Untersuchungen fällt auf, daß die Zahl unterschiedlicher Softwarepakete in den letzten zwei Jahren stark zugenommen hat. Für einige Anwendungsgebiete wurden bis zu 30 Pakete genannt, bei den Grafikpaketen für Mikrorechner waren es sogar 60 verschiedene Nennungen. Die Ursachen dieser Softwarevielfalt liegen sicher einerseits in der starken Verbreitung von Mikrorechnern an Business Schools, andererseits in der sich ständig vergrößernden Softwareauswahl.

Tabellenkalkulation ist als typisches Mikrorechner-Anwendungsgebiet eng mit dem Namen Lotus 1-2-3 verknüft. Das Programm wurde von mehr als zwei Dritteln der Business Schools genannt und weist damit die bei weitem größte Verbreitung auf. MS-Excel hat weitaus geringere Einsatzzahlen, danach folgen Ovation, VP-Planner und SuperCalc. Auf Großrechnern ist lediglich das Produkt 20/20 von einiger Bedeutung.

In der **Textverarbeitung** nimmt das Programm WordPerfect eine dominierende Rolle ein. Danach folgt MS-Word, das 1989 Wordstar in der Verbreitung überholt hat. Im Großrechnerbereich dominiert Script.

Datenbankverwaltungssysteme werden in Business Schools wesentlich häufiger auf Mikrorechnern als am Großrechner eingesetzt. Auf Groß- und Minirechnern dominieren Ingres, Oracle und SQL, am PC-Sektor führt dBase vor R:Base, Oracle, Focus und Ingres.

Kommunikationssoftware wird an Business Schools auf allen Rechnern eingesetzt, die Verteilung auf die Bereiche Lehre und Forschung weist kaum Unterschiede auf. Die wichtigsten Softwarepakete in allen Rechnerkategorien sind KERMIT, YTERM und Procomm. Alle anderen Produkte wurden von weniger als fünf Universitäten genannt.

Auf Großrechnern und PC werden vorwiegend die **Statistikpakete** SPSS und SAS eingesetzt, wobei die Verwendung am Großrechner derzeit noch überwiegt. Bei dieser Gruppe von Anwendungspaketen ist bemerkenswert, daß sich im PC–Bereich Produkte durchgesetzt haben, die vorher bereits auf Großrechnern erfolgreich eingesetzt wurden.

Die Verteilung von **Programmiersprachen** auf Groß- und Minirechner sowie PC ist etwa gleich stark. Während in der Lehre auf Großrechnern COBOL, BASIC, FORTRAN, Pascal und C eingesetzt werden, führt im Forschungsbereich FORTRAN vor BASIC, COBOL, Pascal und C. Auf Mikrorechnern wird in der Lehre hauptsächlich BASIC verwendet. 84 von 115 Business Schools, die für diese Softwarekategorie Angaben machten, setzen diese Programmiersprache heute noch ein. Mit einigem Abstand (30 Nennungen) folgen Pascal, C, COBOL und FORTRAN. Auch in der Forschung liegt BASIC (58) noch vor FORTRAN (38), C (31) und Pascal (29).

Bei **Grafikprogrammen** auf Mikrorechnern sind kaum Trends feststellbar. Sowohl in der Lehre als auch in der Forschung wird Harvard Graphics am häufigsten verwendet, danach folgen Lotus 1–2–3, Freelance und MacDraw. Auf Groß- und Minirechnern dominiert SAS Graph vor SPSS.

Mathematische Modelle und Optimierungsrechnungen werden in allen Rechnerkategorien vorwiegend mit den Paketen LINDO und IFPS durchgeführt. Auf PC wird außerdem das Programm What's Best! eingesetzt.

Desktop Publishing als relativ junges Anwendungsgebiet ist hauptsächlich am Mikrorechner–Sektor vertreten. Auf Groß- und Minirechnern dominiert $\TeX$, andere Softwareprodukte sind nicht nennenswert vertreten. Auf Mikrorechnern werden insbesondere die Programme PageMaker, Ventura Publisher und $\TeX$ eingesetzt.

Softwareentwicklungswerkzeuge (CASE Tools) spielen in der universitären Lehre eine immer wichtigere Rolle; hier wurde Excelerator, ein Anwendungsprogramm für Mikrorechner, am häufigsten (62 von 75 Nennungen) genannt.

Unternehmensplanspiele nehmen in der Lehre ebenfalls einen immer bedeutsameren Platz ein. Auf Großrechnern und auch im PC–Bereich dominiert seit einigen Jahren Markstrat, insgesamt werden im PC–Bereich aber 52 verschiedene Pakete in der Lehre verwendet.

Eine 1989 erstmals untersuchte Softwarekategorie bilden **Expertensysteme und Programmiersprachen der Künstlichen Intelligenz**. Software für dieses Anwendungsgebiet verwenden im Groß- und Minirechnerbereich nur zwanzig Business Schools. Den größten Anteil besitzt LISP, alle anderen Sprachen der fünften Generation wurden von weniger als fünf Business Schools genannt. Auf Mikrorechnern weisen Prolog, VP–Expert, Exsys und LISP die höchsten Einsatzzahlen auf.

Simulationssoftware wird auf Groß- und Minirechnern sowie auf Arbeitsplatzrechnern in gleichem Maße verwendet. In allen Rechnerkategorien dominiert GPSS; SLAM und Simscript folgen in der Beliebtheitsskala.

Die geringste Verbreitung in Lehre und Forschung weisen derzeit Programmpakete auf, die das **Projektmanagement** unterstützen. Diese Softwarekategorie ist hauptsächlich auf PC vertreten. Es dominieren die Programme Harvard Project Manager, MacProject und Time Line.

Integrierte Pakete werden lediglich im Mikrorechnerbereich verwendet; hier sind Symphony, Framework, Works und Enable ähnlich stark vertreten.

4.1.6 EDV–Einsatz in Forschung und Lehre

Die weitreichende Verfügbarkeit von Rechnern für Studenten und Universitätslehrer an den untersuchten Business Schools läßt neben der Nutzung für die individuelle Arbeit auch eine intensive Nutzung in Lehrveranstaltungen erwarten. Tatsächlich werden sowohl in der Undergraduate- als auch in der Graduate–Ausbildung Rechner in allen Pflichtlehrveranstaltungen in großem Maß eingesetzt. Die Ausbildung findet zu etwa 80% auf Mikrorechnern und lediglich zu etwa 20% auf Groß- oder Minirechnern statt.[6]

Trotz des in der Folge erläuterten hohen EDV–Einsatzes in der Lehre erwarten 81% der Business Schools keine EDV–Kenntnisse der Undergraduate–Studenten beim Eintritt in die Universität. In der MBA–Ausbildung werden EDV–Kenntnisse (Endbenutzerwerkzeuge, generelle „Computer literacy") an ca. 35% der Business Schools von den Studierenden vorausgesetzt.

[6]Diese Verteilung von 80:20 gilt fast identisch für die Undergraduate- und MBA–Ausbildung.

EDV–Einsatz im Curriculum

Der EDV–Einsatz in Lehrveranstaltungen ist, zumindest für Teile des Lehrstoffs, bereits eine Selbstverständlichkeit. Mehr als zwei Drittel aller Business Schools setzen Rechner in folgenden Pflichtveranstaltungen (sowohl der Undergraduate- als auch der Graduate–Ausbildung) ein:

- Computer und Informationssysteme
- Rechnungswesen
- Management
- Statistik
- Finanzierung[7]
- Produktion
- Marketing (in der Graduate Ausbildung nur etwa 45%)

In den Pflichtfächern Unternehmenspolitik, Volkswirtschaft und Soziologie verwendet mehr als ein Drittel aller Business Schools Rechner zumindest in Teilbereichen des Unterrichts. Gegenüber einer ersten Befragung 1985 ist der EDV–Einsatz in der Undergraduate–Ausbildung durchschnittlich um 12%, in der Graduate–Ausbildung um ca. 10% gestiegen. Einige Fächer weisen hohe Steigerungsraten auf (Rechnungswesen, Finanzierung, Produktion), in anderen Fächern sind fast keine Veränderungen eingetreten.

Die in der Lehre verwendete Software stammt aus unterschiedlichen Quellen. In etwa einem Drittel aller Undergraduate–Kurse wird eigenentwickelte Software eingesetzt, der geringste Anteil (rund 6%) entfällt auf Softwarezukäufe von anderen Universitäten. In 50–80% der Kurse werden kommerzielle Softwarepakete eingesetzt (hier wurde z.B. Lotus 1–2–3 genannt), eine weitere wesentliche Quelle sind Lehrbücher, denen Programmdisketten beiliegen. Im Graduate–Bereich geht der Anteil der Software, die gemeinsam mit Büchern vertrieben wird, leicht zurück, der Anteil eigenentwickelter Programme liegt hier etwas höher.

Um Rechner in Lehrveranstaltungen erfolgreich einsetzen zu können, sind geeignete Räumlichkeiten erforderlich, in denen Datendisplays, Videoprojektoren und ähnliche Hilfsmittel zur Verfügung stehen. Über solche Einrichtungen verfügen 83% der untersuchten Business Schools, 36% haben ständige Übertragungseinrichtungen in mindestens 10% aller Hörsäle installiert. Neben fix installierten Geräten nimmt aber auch der Anteil an portablen

[7] Die Übersetzung der Finance–Kurse mit Finanzierung ist problematisch, da die Lehrinhalte mit den in Österreich üblichen nicht übereinstimmen.

Displays für Overheadprojektoren (v.a. LC–Displays) ständig zu.[8]

Für die Schulung von Studenten und Universitätslehrern in der Anwendung von Hard- und Software werden mehrere Alternativen angeboten: für Studenten dominieren Lehrveranstaltungen und Merkblätter, immer mehr Business Schools bieten aber auch Workshops an. Selbststudienkurse und Videos als Schulungshilfsmittel werden lediglich von einem Viertel der Business Schools angeführt. Universitätsangehörige eignen sich ihre Softwarekenntnisse eher über Handouts, Handbücher und individuelles Training an.

Exkurs: EDV–Grundausbildung

Das Fach „Computer und Informationssysteme" ist in der Undergraduate–Ausbildung an 95% der Business Schools ein verpflichtender Bestandteil des Studiums, in der Graduate–Ausbildung immerhin noch an 80% aller Business Schools. Dies bedeutet einen leichten Anstieg gegenüber den Werten von 1985 in beiden Bereichen. Stärkere Veränderungen ergaben sich in den Lehrinhalten dieser Kurse, insbesondere in den Anforderungen an die Programmiersprachenausbildung. 1987 wurde in 70% aller EDV–Pflichtveranstaltungen eine Programmiersprache unterrichtet (gegenüber 54% im Jahr 1985), für 1989 liegen leider keine Daten hierzu vor. Bemerkenswert ist dabei, daß 66% aller Business Schools BASIC als Pflichtsprache unterrichten und nur jeweils 15% COBOL oder Pascal.

Diese Lehrinhalte stehen im Gegensatz zu den derzeitigen Lehrzielen für die EDV–Grundausbildung an der WU. Während sich die Entwicklungstrends der US–Studie am Hard- und Softwaresektor für die WU zumeist nachvollziehen lassen, findet in der Beurteilung der erforderlichen EDV–Kenntnisse eine in Teilbereichen gegenläufige Entwicklung statt. Ein Grund hierfür kann die ältere „Tradition" in der EDV–Grundausbildung sein, die zumeist in Jahre zurückreicht, als Mikrorechner mit leistungsfähigen Endbenutzerwerkzeugen noch nicht verfügbar waren. An der WU, wo die EDV–Grundausbildung erst 1986 als Pflichtfach eingeführt wurde und seit jeher in Mikrorechner–Schulungsräumen stattfand, wurde ein von Grund auf neues Lehrprogramm entwickelt, das v.a. die persönliche Effizienzsteigerung und die Werkzeugfunktion des Rechners in den Vordergrund stellt.

---

[8] An der WU hingegen ist die Ausstattung v.a. der Großhörsäle völlig unzureichend. Die Möglichkeit des EDV–Einsatzes ist zwar durch die Einbeziehung der Hörsäle in das WU–LAN gegeben, Großbildprojektoren sind aber derzeit überhaupt nicht vorhanden (mit Ausnahme der PC–Schulungsräume), LC–Displays reichen nur in kleineren Seminarräumen als Projektionsmedien aus.

4.1.7 Vergleichende Betrachtung der Ressourcenlage mit der WU

Vergleicht man nun die EDV–Entwicklung an der WU mit den eben genannten Kenndaten US–amerikanischer Business Schools, so verläuft diese durchaus parallel und es werden größtenteils dieselben Prioritäten gesetzt. Einige Zahlen, wie z.B. die Budgetdaten, sind nicht unmittelbar vergleichbar, da die WU eine selbständige Universität bildet, die erwähnten Business Schools aber in einen größeren Universitätsverband integriert sind, auf dessen EDV–Ressourcen zumindest teilweise zurückgegriffen wird. Dies erklärt das vergleichsweise hohe EDV–Budget der WU, das aber bei der Umlegung auf Studenten oder Universitätspersonal wieder aus den oberen Rängen ausscheidet.

In der Personalausstattung liegt die WU etwa im Mittelfeld. Auch hier kommt aber zum Tragen, daß die Business Schools in vielen Angelegenheiten Leistungen der gesamtuniversitären EDV–Zentren nutzen (beispielsweise führen sie i.d.R. keine eigenständige Netzwerkadministration durch). Daher können die Mitarbeiter stärker in der Benutzerbetreuung eingesetzt werden als dies an der WU möglich ist, was sich natürlich auf die Art und Intensität der Beratungsleistungen auswirkt: Programmierleistungen oder die statistische Auswertung von Daten kann das EDV–Zentrum der WU mit dem derzeitigen Personalstand ebensowenig anbieten wie eine Unterstützung bei der Entwicklung von CUU–Kursen.

Der geschilderte Hardwaretrend ist an der WU in ähnlicher Form zu beobachten, wobei die Zuwachsraten der letzten Jahre aufgrund des großen Nachholbedarfs an der WU deutlich höher sind. Vergleichbar sind die Herstellervielfalt (siehe Abschnitt 2.2), die Tendenz, Arbeitsplatzrechner in allgemein zugänglichen Rechnerpools aufzustellen, die schrittweise Einführung von Hochleistungsworkstations und die Aktivitäten im Bereich der Vernetzung aller Systeme.

Den Studenten und Universitätslehrern der WU stehen mit den installierten 32–Bit–Rechnern modernste Geräte zur Verfügung, allerdings ist die Zahl der Rechner in keiner Weise zufriedenstellend. In den kommenden Jahren werden daher hohe Investitionen erforderlich sein, um ein dem internationalen Standard entsprechendes Verhältnis zwischen Benutzern und verfügbaren Rechnern zu schaffen.

Die in Forschung und Lehre an der WU eingesetzte Software weist in einigen Bereichen erhebliche Defizite auf. Natürlich erwerben einzelne Universitätsangehörige Spezialsoftware für ihr Arbeitsgebiet, das zentrale, auch für Studenten zugängliche Softwareangebot beschränkt sich aber, v.a. für Mikrorechner, auf wenige Pakete. So sind in allen PC–Schulungsräumen Tabellenkalkulations- und Textverarbeitungsprogramme installiert, Datenbank- und Desktop Publishing Software sowie Grafikpakete sind jedoch nicht generell verfügbar. Statistische Auswertungen sind auf einigen Mikrorechnern mit SPSS möglich, Compiler und Interpreter für die Programmiersprachenausbildung wurden für Arbeitsplatzrechner aufgrund der hohen Kosten bisher nicht angeschafft.

Für größere Softwareentwicklungsprojekte, Datenbankapplikationen oder umfangreiche statistische Berechnungen werden i.d.R. die Großrechner (vorrangig der IBM–Zentralrechner) herangezogen. Allerdings sind auf keiner Rechnerplattform derzeit CASE Tools, Projektmanagementsoftware oder Simulationsprogramme installiert. Die Wahlmöglichkeiten der Benutzer sind aufgrund dieses relativ kleinen Softwareangebots, insbesondere auf Arbeitsplatzrechnern, stark eingeschränkt.

Der EDV–Einsatz in der Lehre an der WU wurde bereits in Kapitel 2 dargestellt. Der Vergleich mit den USA zeigt, daß dort die Informationsverarbeitung in den Kernlehrveranstaltungen ungleich stärker verankert ist. Fast in allen Lehrveranstaltungen benötigen die Studenten Rechner zur Unterstützung ihrer Arbeit, während an der WU die EDV–Grundausbildung oft die einzige Begegnung mit EDV im 1. Studienabschnitt darstellt. Auf die teilweise unterschiedliche Schwerpunktsetzung (Programmiersprachen vs. Endbenutzerwerkzeuge) wurde bereits hingewiesen.

4.2 Integration des EDV–Einsatzes in die Lehre ausgewählter Universitäten

Die innovativsten Konzepte, den EDV–Einsatz in das Universitätsleben zu integrieren, stammen von zwei der bekanntesten Universitäten in den USA, der Carnegie Mellon University (CMU) und dem Massachusetts Institute of Technology (MIT). Beide Universitäten haben mit größtem finanziellen und personellem Einsatz und in Zusammenarbeit mit namhaften EDV–Herstellern eine Vorreiterrolle übernommen und mehrjährige Projekte ins Leben gerufen (*Andrew* an der CMU sowie *Athena* am MIT), die dem vorrangigen Ziel der qualitativen Verbesserung der Lehre dienen. Auch in Europa unternehmen immer mehr Universitäten Anstrengungen, ihr Lehrangebot durch EDV–Einsatz attraktiver zu gestalten sowie qualitativ zu verbessern. Zwei Universitäten, von denen die Universität Karlsruhe das umfassendste der Autorin bekannte Projekt im europäischen Raum durchgeführt hat, werden hier näher betrachtet. Die Ziele und Ergebnisse dieses Projekts namens *Hector*, das ebenfalls in Kooperation mit einem namhaften Hardwareproduzenten entstanden ist, sind Gegenstand des Abschnitts 4.2.4.

4.2.1 Carnegie Mellon University (CMU)

Die Carnegie Mellon University (CMU) wird mit Stanford und dem MIT zu den in der Informatikausbildung führenden Universitäten der USA gerechnet. Die forschungsorientierte Privatuniversität zählt mit etwa 6.000 Studenten (davon 4.500 Undergraduates und 1.500 Graduates) zu den kleineren, aber finanzkräftigen Universitäten der USA. Mit 550 vollbeschäftigten und 130 teilzeitbeschäftigten Universitätsmitgliedern wird ein Betreuungsverhältnis von etwa 11:1 erreicht.

An der CMU wurde bereits zu Beginn der 80er Jahre damit begonnen, ein campusweites Netzwerk zu installieren, das den Verbund hochwertiger Arbeitsplatzrechner mit Abteilungs- und Zentralrechnern erlaubt und dadurch die Vorteile der verschiedenartigen Rechner vereint.

Die Rechnerumgebung besteht im wesentlichen aus folgenden Komponenten:[9]

1. **Arbeitsplatzrechner** verschiedener Hersteller sollen allen Universitätsangehörigen ein breites Angebot an Arbeitsmöglichkeiten bieten. Zielsetzung der CMU ist es, jedem Hochschulangehörigen einen Rechner am Arbeitsplatz zur Verfügung zu stellen. Wo dies nicht möglich ist, werden Rechner in öffentlich zugänglichen Bereichen mit den notwendigen Peripheriegeräten (Laserdrucker) installiert. Dadurch wird sichergestellt, daß jeder Benutzer (Student, Universitätslehrer oder Verwaltungsmitarbeiter) einen eigenen Rechner besitzt oder zumindest unbeschränkten Rechnerzugang hat. Diese Zielformulierung bedeutet, daß etwa 7.000 Arbeitsplatzrechner am Campus der CMU installiert und vernetzt werden müssen.

2. **Lokale Netze** mit hoher Übertragungsgeschwindigkeit verbinden die Arbeitsplatzrechner mit Datei–Servern und Druck–Servern. Dadurch können einerseits die Kosten für Massenspeicher gesenkt werden, andererseits die Wartung von Programmen und Daten vereinfacht werden.

3. Ein **Backbone–Netz** verbindet die lokalen Netze untereinander und mit den Zentralrechnern, um allen Teilnehmern Kommunikation über das universitätsweite Netzwerk und die Nutzung der Großrechnerprogramme und -daten zu ermöglichen. Weiters können so teure Peripheriegeräte gemeinsam genutzt werden, wodurch ebenfalls eine Kostensenkung eintritt.

[9] vgl. [CMU86a], S. 1f und [CMU86b], S. 3

4. Zusätzlich stehen **Zentralrechner** an der CMU zur Verfügung, die teilweise vom Computation Center betreut werden. Einige Fachbereiche verfügen auch über eigene Zentralrechnerressourcen.

Die Dezentralisierung und die universitätsweite Vernetzung sollen der CMU folgende Vorteile bringen:[10]

- Intensivierung und Vereinfachung der Kommunikation mit Hilfe von Electronic Mail und Bulletin Boards,
- keine (oder minimale) Beeinträchtigung der Benutzer und des Netzwerks durch den Ausfall eines Rechners,
- kostengünstige Rechnerkapazität für viele Benutzer durch den Einsatz billiger Arbeitsplatzrechner,
- Entlastung der Zentralrechner durch die Verlagerung der meisten Tätigkeiten auf den Arbeitsplatzrechner,
- einfache Verwendung der vorhandenen Rechner auch ohne detaillierte Systemkenntnisse mit Hilfe einer einheitlichen Benutzeroberfläche.

An der Realisierung dieser Ziele sind drei Einrichtungen der CMU maßgeblich beteiligt:

Computation Center: Es betreut bereits über 3.000 Rechner unterschiedlicher Leistungsklassen, die in Lehre und Forschung eingesetzt werden.

Information Technology Center (ITC): Diese Abteilung, 1982 von CMU und IBM ins Leben gerufen, ist mit der Realisierung des Campus–Netzwerks im Rahmen des Projekts *Andrew* befaßt.[11] Hauptaufgabe der Abteilung ist die Entwicklung systemnaher Programme, die die Integration des Computers in die Lehr- und Forschungstätigkeit der Universität ermöglichen. Als Betriebssystem wurde Unix gewählt, da es aufgrund seiner hohen Portabilität, des wohldefinierten Standards und anderer wichtiger Eigenschaften (Multiprocessing, virtuelle Adressierung) v.a. für Softwareentwickler viele Vorzüge gegenüber MS/DOS besitzt.

Durch diesen Schritt distanzierte sich CMU zwar zunächst von einem großen Teil der Mikrorechnerwelt, die seinerzeitigen Erwartungen — ein

[10] vgl. [CMU86a], S. 4ff

[11] Die Ziele der verteilten Rechnerumgebung *Andrew* und einige wesentliche Entwicklungen werden in [MSCHRS86] beschrieben.

Zusammenwachsen des Marktes für Mikrorechner und Hochleistungsworkstations — treffen aber aus heutiger Sicht zu.

Eine der wesentlichsten Aufgaben des Information Technology Center im Rahmen des Projekts *Andrew* war und ist die Gestaltung einer im Netzwerk einheitlichen Benutzerschnittstelle. Die eigenentwickelte Benutzeroberfläche wurde zwar inzwischen von dem am MIT entstandenen grafischen X-Window-System abgelöst,[12] einige leistungsfähige, einfach bedienbare Endbenutzerwerkzeuge wurden wiederum vom MIT übernommen. Dazu gehören der Texteditor *EZ* sowie das Autorensystem *cT*.[13] Ein Datenbankpaket (*Grits*), das sich besonders in der Verwaltung schlecht strukturierter Daten bewährt hat, Grafikeditoren sowie Werkzeuge zur Verwaltung von Electronic Mail und Bulletins stehen den Benutzern ebenfalls zur Verfügung.[14]

Center for Design of Educational Computing (CDEC): Diese Abteilung ist die dritte Institution an der CMU, die sich mit dem EDV-Einsatz in der Lehre befaßt.

Zielsetzung der Abteilung ist die Förderung der Entwicklung hochqualitativer Unterrichtssoftware durch Universitätsangehörige. Im Rahmen dieser Aufgabenstellung werden Richtlinien zur Gestaltung von Unterrichtssoftware entwickelt, Kontakte zwischen Kollegen hergestellt, die sich mit ähnlichen Projekten befassen, Programmierunterstützung angeboten und Distributionswege für Unterrichtssoftware erschlossen.

Das Center for Design of Educational Computing nimmt folgende Aktivitäten wahr:[15]

- In zweimonatigen Intervallen erscheinende Newsletters informieren über Neuigkeiten am Gebiet der Unterrichtssoftware.

  Das Center for Design of Educational Computing nimmt laufend qualitativ hochwertige Unterrichtssoftware aus unterschiedlichsten Quellen in eine Datenbank auf, die allen Interessenten zur Verfügung steht. In halbjährlichen Abständen wird die gesamte Unterrichtssoftware, die an der CMU entwickelt wurde oder noch in Arbeit ist, in der Reihe „Educational Computing Projects" nach mehreren Kriterien erfaßt: Programmbeschreibung und Lehrziele des Softwarepakets, Anwendungsbereiche, Stand des Projekts und Verfügbarkeit. Diese Veröffentlichung stellt eine wichtige Informationsquelle für Interessenten innerhalb und außerhalb der

[12] vgl. [ChGeRu90], S. 43

[13] Die Autorensprache *cT* basiert auf *Tutor*, der im Rahmen des bereits erwähnten Projekts *PLATO* an der University of Illinois entwickelten Autorensprache.

[14] vgl. [Trow85a], S. 1

[15] vgl. [CMU86c], S. 5ff

Universität dar. Unter den bisher fertiggestellten oder bearbeiteten Projekten sind besonders die School of Humanities and Social Sciences und das Carnegie Institute of Technology stark vertreten.[16] Die Unterrichtssoftware umspannt unterschiedlichste Themenkreise: Expertensysteme zur Komposition von Chorälen, Simulationsprogramme für den Betrieb von Atomreaktoren, Programme zur Geschichte des Mittelalters in Europa, Selbststudienkurse über die Grundlagen aus Operations Research, Projektmanagement im Baugewerbe etc.

- Die Mitgliedschaft im Apple University Consortium eröffnet der CMU den Zugang zur Unterrichtssoftware anderer im Consortium vertretener Universitäten.
- Gemeinsam mit McGraw-Hill, Inc. entwickeln und vermarkten Universitätslehrer Unterrichtssoftware und Lehrbücher für verschiedenste Sachgebiete.
- Regelmäßige Seminarveranstaltungen dienen dem Informationsaustausch über aktuelle Softwareprojekte innerhalb und außerhalb der Universität.

Das Inter–University Consortium for Educational Computing (ICEC),[17] dem derzeit rund 20 US–Universitäten angehören, hat seinen Sitz an der CMU, was einen intensiven Erfahrungsaustausch mit den Mitgliedern des Konsortiums ermöglicht. Das Konsortium richtet seine Aktivitäten v.a. auf die Integration der Informationsverarbeitung in die universitäre Ausbildung. Hauptziel ist die Entwicklung qualitativ hochwertiger Unterrichtssoftware für Arbeitsplatzrechner, die an den Universitäten in großer Zahl für Ausbildungszwecke zur Verfügung stehen. Gleichzeitig bemühen sich die Mitgliedsuniversitäten, gemeinsam mit Hardwareherstellern und Softwarehäusern Standards für Hochleistungsworkstations im universitären Bereich zu entwickeln.

Rechnereinsatz in der Lehre

Mit der oben geschilderten Rechnerausstattung hat die CMU eine richtungweisende Rechnerumgebung für den Lehr- und Forschungsbetrieb geschaffen.

Um allen Studenten die Nutzung der Rechnerressourcen zu ermöglichen, ist im Ausbildungsprogramm aller Studienrichtungen der „*Computer Skills Workshop*“, eine Pflichtlehrveranstaltung mit obligatorischer Prüfung vorgesehen.

[16] vgl. [Zas85] und [Trow85b]

[17] vgl. [CMU86d]

Er wird von etwa 1.500 Studienanfängern jährlich besucht. Der Kurs wird in jedem Semester angeboten und kann im Wintersemester nur von neu inskribierenden Studenten, im Sommersemester auch von anderen Interessenten besucht werden.

Der Lehrstoff umfaßt vier Bereiche, die in Blöcken zu je drei Unterrichtseinheiten zusammengefaßt sind. Ein Block bietet eine Einführung in die Benutzung des Apple Macintosh (v.a. MacWrite und MacDraw), ein zweiter befaßt sich mit der Benutzung der *Andrew*–Arbeitsstationen (Editor, Grafikfunktionen, Datenbanksystem). Weiters lernen die Studenten das Betriebssystem MS/DOS kennen, das auf etwa 1.500 IBM–PC am Campus zur Verfügung steht. Im vierten Teil des Workshops wird das Betriebssystem TOPS erläutert.

Der Unterricht wird in Schulungsräumen abgehalten, in denen jeder Student einen eigenen Mikrorechner oder ein Terminal zur Verfügung hat. Jede Unterrichtseinheit dauert 90 Minuten, wobei die ersten 20 Minuten zur Vermittlung neuen Lehrstoffs mit Hilfe einer Ton-/Diaschau dienen. In der anschließenden Übungszeit werden die neuen Lehrinhalte am Rechner erprobt, wobei studentische Hilfskräfte als Auskunftspersonen zur Verfügung stehen. Schriftliche Hausübungen müssen spätestens in der folgenden Unterrichtseinheit abgegeben werden. Am Ende jedes der vier Unterrichtsblöcke findet eine Prüfung über den Stoff statt. In jeden Kurs werden etwa 25 Teilnehmer aufgenommen. Durch die alternierenden Blöcke, die in unterschiedlichen Räumen stattfinden, können vier Veranstaltungen parallel abgehalten werden.

Mikrorechnereinsatz an der Graduate School of Industrial Administration (GSIA)

Die Graduate School of Industrial Administration betreut das Bachelor's Degree Program für Industrial Management und das Master's Degree Program für Industrial Administration. Die Schwerpunkte liegen in den betrieblichen Funktionsbereichen Rechnungswesen, Finanzierung, Produktion und Marketing. Voraussetzung für das M.S.–Studium an dieser Business School sind gute Kenntnisse aus Mathematik, Statistik, Psychologie, Volkswirtschaft und Informatik. Spezialisierungen im Rahmen eines Doktoratsstudiums sind in den bereits genannten und einigen weiteren Fächern (Finanzwissenschaft, Operations Research, Information and Management Systems u.a.) nach dem Erwerb des Master's Degrees möglich.

Im Gegensatz zu den anderen Fakultäten der CMU verwendet die Business School hauptsächlich MS/DOS–Rechner. Den wesentlichsten Grund dafür stellt die starke Verbreitung von MS/DOS–Rechnern im kommerziellen Bereich dar. Daraus ergibt sich die Notwendigkeit, die Studenten mit jenen Hardwarestandards und Softwareprodukten zu schulen, die sie auch nach dem Studium am Arbeitsplatz verwenden müssen. Außerdem sind zahlreiche Softwareprodukte, die im Unterricht und auch kommerziell verwendet werden, nur unter MS/DOS verfügbar. Eine verstärkte Nutzung des Rechnernetzes der CMU ist erst bei Fertigstellung der Schnittstelle zwischen *Andrew* und MS/DOS geplant, obwohl das Gebäude der GSIA bereits in die campusweite Verkabelung einbezogen wurde.

Die Verwendung von Mikrorechnern ist bereits sehr stark in das Lehrprogramm integriert. So werden Kenntnisse über Kalkulationsprogramme oder Statistikpakete (SAS/PC, SPSS/PC) in den Lehrveranstaltungen als selbstverständlich vorausgesetzt. Um alle Studienanfänger entsprechend vorzubereiten, werden pro Jahr etwa 150 Studienanfänger in einem einwöchigen, kostenpflichtigen Kurs in der Verwendung des Betriebssystems MS/DOS und der wichtigsten Softwarepakete für MS/DOS–Rechner und Apple Macintosh geschult. Neben kommerzieller Software werden auch eigenentwickelte Programme eingesetzt, wie etwa das Unternehmensplanspiel „Management Game“. Es bildet die Grundlage für einen einjährigen Kurs, in dem die Studierenden mit komplexen unternehmerischen Entscheidungs- und Planungsprozessen konfrontiert werden.

4.2.2 Massachusetts Institute of Technology (MIT)

Das Projekt *Athena* wurde 1983 am MIT mit großer finanzieller Unterstützung der Firmen DEC und IBM mit dem Ziel ins Leben gerufen, die Ausbildungsqualität der Universität durch eine EDV–basierte Lernumgebung zu heben. Neue Wege des Lernens mit innovativer Computerunterstützung sollen Mitarbeiter und Studenten bestmöglich in ihrer Arbeit unterstützen.[18] Die Projektdauer von *Athena* wurde 1983 auf fünf Jahre festgelegt, im Jahr 1988 jedoch um weitere drei Jahre verlängert.

1990 hat *Athena* eine Größe von rund 1.000 Workstations erreicht, die den Benutzern rund um die Uhr zur Verfügung stehen.[19] Generell steigt die Rechnerauslastung pro Jahr um etwa 15%, wobei 90% der Undergraduate–Studenten am Rechner arbeiten, bei den Graduate–Studenten liegt die Quote

[18] vgl. [Oliva88], S.6f

[19] Von den 10.000 aktiven Benutzern auf diesen Workstations verwenden täglich etwa 4.000 einen Rechner und versenden dabei 9.000 Nachrichten. Durchschnittlich arbeitet jeder Student acht Stunden pro Woche an einem Rechner. Pro Semester stellen die Benutzer der *Athena*–Workstations 12.000 Fragen an die Online–Benutzerberatung und drucken ca. 3 Mio Seiten.

bei rund 50%.

Um Inkompatibilitäten zu vermeiden, unterstützt Projekt *Athena* lediglich Workstations von DEC (Vaxstation) und IBM (RT/PC), derzeit wird die Palette dieser Systeme aber durch die noch „jungen" RISC–Rechner der beiden Hersteller erweitert. Zusätzlich ist die Unterstützung der immer leistungsstärkeren MS/DOS–Rechner geplant. Neben individuellen Arbeitsmöglichkeiten stellt *Athena* auch Unterrichtsräume, Raum- und Rechnerressourcen zur Erstellung von Unterrichtssoftware und weitreichende personelle Betreuungskapazität zur Verfügung.

Das campusweite Netzwerk umfaßt neben den Workstations zehn NFS Datei–Server, zwei AFS (*Andrew* File System) Datei–Server, ca. 80 Postscript–Drucker, drei Name–Server, drei Post Office–Server und zwei Authentifizierungs–Server (siehe Abbildung 4.1).

Um alle Ressourcen möglichst effizient verwalten zu können und das Zusammenwirken unterschiedlicher Hardware zu gewährleisten, wurden folgende Standards definiert:

- Durch den Einsatz von Berkeley Unix (BSD 4.3) als Betriebssystem sind 85–90% des Quellencodes auf den unterstützten Hardware–Plattformen identisch und müssen lediglich separat kompiliert werden. Als Kommunikationsprotokoll wird auf allen Rechnern TCP/IP eingesetzt.
- Die Applikationskohärenz soll durch eine kleine Anzahl unterstützter Programmiersprachen (derzeit C, LISP und FORTRAN) zumindest teilweise sichergestellt werden. Zum einem anderen Teil konnte das Problem auch durch die Verwendung des X–Window–Systems gelöst werden, das eine transparente, herstellerunabhängige grafische Benutzeroberfläche zur Verfügung stellt.
- Die Verwendung von X–Window und Motif (eine Entwicklung der Open Software Foundation) soll eine möglichst einheitliche Benutzerschnittstelle auf unterschiedlichen Workstations erlauben.

Um den Rechnereinsatz im Curriculum zu fördern und hochwertige Software für Lehrzwecke entwickeln zu können, gibt es für Universitätslehrer zahlreiche attraktive Förderungsmodelle, die von der Befreiung von der Lehrverpflichtung bis zu finanziellen Beihilfen reichen. Das MIT selbst hat in den vergangenen Jahren 20 Mio. Dollar für das Projekt *Athena* aufgewendet. Ein Großteil davon floß in die Finanzierung förderungswürdiger Projekte, die von zwei dafür eingerichteten Kommitees (*Athena* Resource Allocation Committee), bestehend aus Studenten und Universitätslehrern, ausgewählt werden.

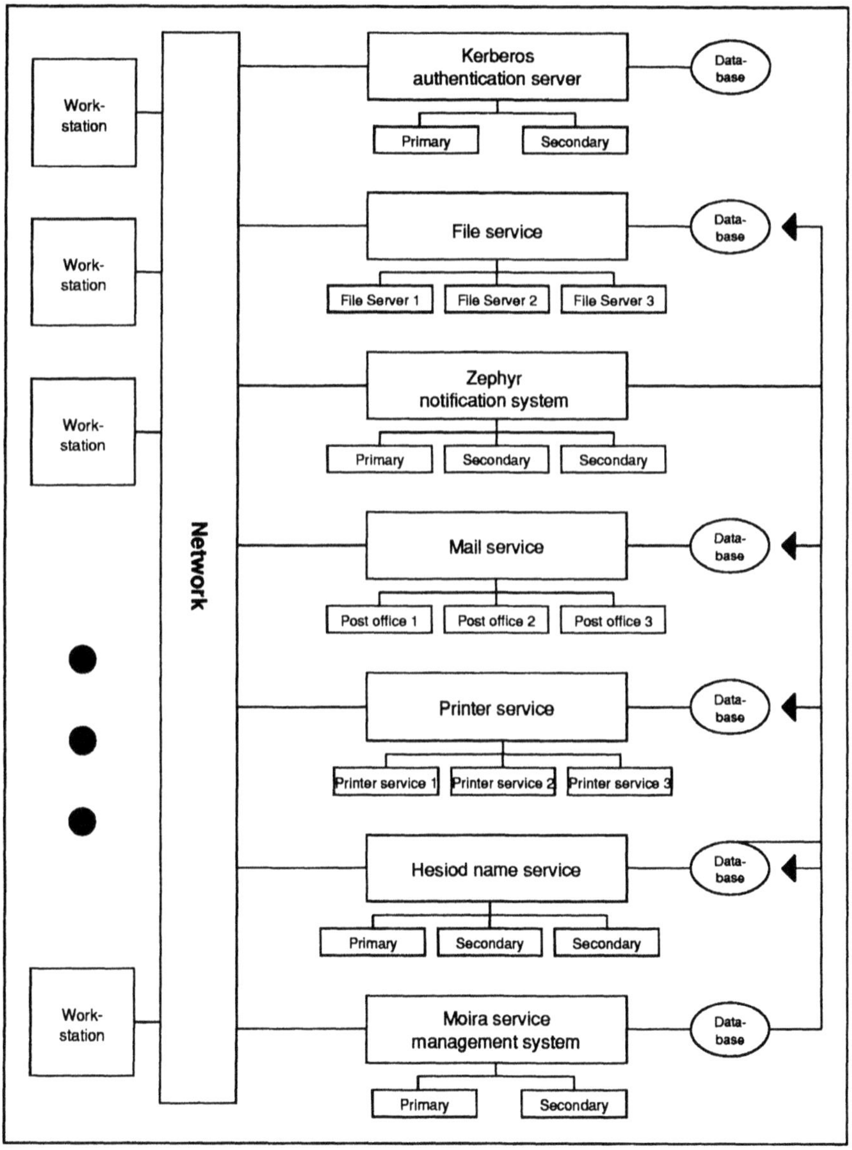

Abbildung 4.1: Rechnerkonfiguration des *Athena*-Projekts (Quelle: [ChGeRu90], S. 46)

In den ersten drei Jahren des Projekts wurden über hundert Lernprogramme vom Lehrkörper des MIT entwickelt, von kleineren Ein–Mann–Projekten bis zu fakultätsweiten oder -übergreifenden mehrjährigen Vorhaben.[20] Die Palette reicht dabei von der Neugestaltung des gesamten Ausbildungsprogramms (z.B. für das Fachgebiet Stadtplanung) bis zu innovativen, multimedialen Sprachkursen.[21]

Als gelungenes Beispiel dafür, Software zur Unterstützung der Lehrziele und zur Verbesserung des Lernerfolgs einzusetzen, kann ein Projekt des Fachbereichs Aeronautik und Astronautik des MIT angesehen werden.[22] Die dort auf dem Gebiet der Strömungslehre tätigen Mitarbeiter setzten sich das Ziel, im Rahmen eines vierjährigen Projekts die Ausbildung der Undergraduate–Studenten zu verbessern. Explizites Ziel war es auch, Lehrveranstaltungen nicht durch Lernprogramme zu ersetzen, sondern schwierige, für das Fach aber unbedingt nötige Themen durch Visualisierung, Simulation und rechnergestützte Experimente zu verdeutlichen.

Im Rahmen des Projekts wurden zahlreiche Programme zu unterschiedlichen wissenschaftlichen Problemstellungen entwickelt, die entweder im Hörsaal zur Erläuterung des behandelten Themas eingesetzt werden können (z.B. zur Darstellung von Bewegungen über einen Großbildprojektor) oder zur individuellen Bearbeitung in Form von Hausaufgaben dienen. Einige Module können in einem „elektronischen Labor" eingesetzt werden, in dem aufwendige Experimente am Rechner durchgeführt und ausgewertet werden können.

Die neuen Möglichkeiten, die sich durch den Rechnereinsatz in der Lehre ergaben, wurden von den beteiligten Lehrern und Studenten sehr positiv beurteilt. Die hohe Rechenleistung, die Animationsmöglichkeiten, die Interaktivität der entwickelten Programme, die Möglichkeit, Information über unterschiedliche Medien zu transportieren, konnten den Unterricht bereichern und in den Augen der Lehrer wesentlich effektiver gestalten. Beklagt wurde hingegen der hohe Entwicklungsaufwand (ca. 20.000 Dollar pro Programmmodul) und die zum damaligen Zeitpunkt noch unzuverlässige Hard- und Software. Für weitere Projekte wurde daher der Einsatz bedienerfreundlicher und leistungsfähiger Autorensysteme für Workstations (z.B. *CMU–Tutor*) und die Einbindung zusätzlicher Medien (interaktive Bildplatten) gefordert.

---

[20] An der Entwicklung eines Französisch–Sprachkurses („Direction Paris") wirkten beispielsweise Programmierer, Mitarbeiter des MIT Artificial Intelligence Labors und Linguisten mit.

[21] vgl. [Oliva88], S. 17 sowie [MIT85]

[22] Eine detaillierte Projektbeschreibung befindet sich in [MuLaEl88].

Sloan School of Management

An der Sloan School of Management, der wirtschaftswissenschaftlichen „Fakultät" des MIT, studieren pro Jahr etwa 100 Undergraduates, 400 Teilnehmer am Master's Program und etwa 100 Doktoranden. Diese geringe Teilnehmerzahl wird von rund 90 Professoren betreut. Das zweijährige Master's Program fordert von den Studenten fundierte ökonomische und verhaltenswissenschaftliche Kenntnisse sowie analytische Fähigkeiten, die sie im wesentlichen in 13 Grundkursen über Volkswirtschaftslehre, Rechnungswesen, Unternehmenspolitik, strategisches Management, Statistik, Informationssysteme, Produktion und Marketing erwerben. Auf diesen Grundlagen basiert das praxisorientierte, weiterführende Studium, in dessen Rahmen Spezialisierungen in unterschiedlichen Fachrichtungen möglich sind.

In den Basislehrveranstaltungen fällt die starke EDV-Orientierung und die intensive Nutzung der Rechnerressourcen auf. So beschäftigt sich die Lehrveranstaltung *„Decision Support Systems I (Information Systems)"* mit allgemeinen Grundlagen der EDV und macht die Studenten speziell mit den EDV-Ressourcen des MIT für Forschung und Lehre bekannt. Während „EDV-Laien" v.a. im Umgang mit Werkzeugen (wie z.B. Lotus 1-2-3) geschult werden, lernen Studenten mit EDV-Vorkenntnissen Programmiersprachen wie LISP kennen. Als Grund hierfür nennt Tom Malone, der Leiter dieser Lehrveranstaltung: *„... because we believe that in order to be a sophisticated consumer of software development one needs to have at least once in one's lifetime experienced the pain and joy of writing a computer program"*.[23]

„Decision Support Systems II (Statistics)" befaßt sich mit den Grundlagen der Statistik unter sehr starker Einbeziehung der verfügbaren Statistiksoftware. Der Gefahr, daß die Studenten durch die Vereinfachung der Rechenarbeit die Aussagekraft der verwendeten statistischen Methoden nicht mehr beurteilen können, wird v.a. durch den Einsatz von realem statistischen Datenmaterial entgegengewirkt, bei dem die Argumentation und Interpretation der Ergebnisse im Gegensatz zu reinen Übungsdaten stärker hinterfragt werden kann.

Auch im Kurs *„Decision Support Systems III (Decision Models)"* spielen rechnerunterstützte Simulationsmodelle eine wesentliche Rolle im Lernprozeß.

In *„Accounting and Finance I"* führen die Studenten mit Hilfe von Lotus 1-2-3 umfangreiche Planungsrechnungen für beinahe beliebig große Zeiträume am Rechner durch. Die ersparte Zeit kann für die detaillierte Betrachtung der Ergebnisse und für „What if"-Analysen genutzt werden.

Ähnliche Vorteile bieten Arbeitsplatzrechner auch im Kurs *„Introduction to Marketing"*, in dem eigenentwickelte Programme des MIT eingesetzt werden.

[23] Quelle: [MIT87], S. 30

Durch die Simulation unterschiedlicher Wettbewerbsstrategien und die Analyse ihrer Auswirkungen auf das Unternehmen wird nach Ansicht der Universitätslehrer ein besseres Verständnis komplexer Zusammenhänge erreicht.

Im weiterführenden Kurs *„Competitive Marketing Strategy"* werden Unternehmensspiele am PC durchgeführt, in denen studentische Teams Marketingstrategien für fiktive Firmen entwickeln, deren Erfolg oder Mißerfolg einerseits von den Maßnahmen der übrigen Marktteilnehmer (= gegnerische Teams), aber auch von den durch das Programm simulierten Umweltbedingungen abhängt.

Allgemein wird der Rechnereinsatz in der Lehre an der Sloan School of Management als besonders wichtig für eine praxisorientierte Ausbildung erachtet. Diese Meinung vertritt auch Roy Welsch, Vorsitzender des Personal Computer Committee, das über die Vergabe von Mitteln zur Förderung der Erstellung von Unterrichtssoftware entscheidet: *„We are just starting. Business has adopted the idea that productivity can be increased by putting computer power in the hands of a individual employee. We want our students to be at the leading edge of this development"*.[24]

4.2.3 Stanford University

Die starke Repräsentanz naturwissenschaftlicher Fachgebiete an der Stanford University in Kalifornien und die vielfältigen Forschungsinteressen der Universitätslehrer bieten gute Voraussetzungen für einen intensiven Rechnereinsatz. Die auf diese Weise im Laufe der Jahre entstandene EDV-Infrastruktur erfordert einen sehr großen Verwaltungsapparat, der aus Praktikabilitätsgründen in zwei Abteilungen gegliedert wurde, die für den Rechnereinsatz an der Stanford University verantwortlich sind.

Information Technology Services unterstützt alle Verwaltungsbereiche der Universität sowie des angeschlossenen Spitals. Die Servicefunktionen wurden in folgende Bereiche gegliedert:[25]

- **Administrative Information Services** versorgt die administrativen und akademischen Einheiten mit zentralen Rechnerressourcen und berät die Benutzer auch beim Einsatz von Bürosystemen und Mikrorechnern für administrative Belange.
- **Communications Services** ist u.a. für die Wartung des Rechnernetzes, Fragen der Datenkommunikation, das Telefonsystem der Universität und die Bereitstellung der zur Datenkommunikation benötigten Rechnerausstattung verantwortlich.

[24] Quelle: [MIT87], S. 31
[25] vgl. [SU86a], S. 78ff

- Beratung und Unterstützung der Benutzer am und außerhalb des Campus sowie der Vertrieb von Hardware und Software erfolgt durch die Abteilung **Community Information Resources**.

- Der Betrieb der Zentralrechner und die technische Unterstützung der Benutzer des Rechenzentrums werden von der Gruppe **Computer Operations** durchgeführt.

- Die **Data Resources Group** arbeitet in Gemeinschaft mit anderen Einheiten (z.B. den Bibliotheken) an strategischen Plänen zum Design zentraler Datenbanken sowie an der Implementierung solcher Systeme. So konnte durch die Bibliotheksdatenbank SOKRATES die Nutzung der Bibliothek wesentlich intensiviert werden. SPIRES (Stanford Public Information Retrieval System), ein Datenbankmanagementsystem v.a. zur Verwaltung administrativer Daten, befindet sich seit 1960 in ständiger Weiterentwicklung. Es stellt neben den Bibliotheksdaten (1 Mio. Bücher in 18 Bibliotheken am Campus) auch Electronic Mail–Funktionen zur Verfügung. Die Data Resources Group verwaltet jedoch auch das Research Libraries Information Network, das von 30 Institutionen in den USA und Europa im Rahmen eines Consortiums genutzt wird.

- **Graphics and Computer Systems** stellt Hardware und Dienstleistungen (Erstellung von Grafiken, Satzarbeiten) zur Gestaltung von Publikationen aller Art zur Verfügung.

Für alle akademischen Belange des Rechnereinsatzes (in Lehre und Forschung) ist die Abteilung **Academic Computing and Information Systems** (ACIS) eingerichtet. Aufgabe dieser Gruppe ist die Analyse neuer Technologien auf ihre universitäre Anwendbarkeit sowie die Erarbeitung und Überprüfung neuer Lehr- und Forschungsansätze mit EDV–Unterstützung. Zusätzlich stellt die Abteilung Rechnerkapazität und Kommunikationsdienste (LAN, Video) zur Verfügung.

- **Instruction and Research Information Systems (IRIS)** berät Studenten und Universitätsangehörige in allen EDV–Belangen, sowohl beim Einsatz von Mikrorechnern als auch bei der Bedienung der Zentralrechner der Stanford University. Die Abteilung übernimmt beispielsweise die Beratung beim Kauf eines Mikrorechners, stellt Testgeräte mit mannigfaltiger Peripherie und großer Auswahl an Software zur Verfügung. Tutorials, Handbücher und Zeitschriften informieren alle Interessenten der Universität über Neuigkeiten am Mikrorechnermarkt.[26]

[26][SU85a] enthält eine Aufstellung der EDV–Ressourcen und des Dienstleistungsangebots.

Wie alle bisher genannten Universitäten bemüht sich auch die Stanford University um eine verstärkte Nutzung von Mikrorechnern als Unterrichtsmedien. Einen Schritt in diese Richtung stellt das **Faculty Author Development Program (FAD)** dar, ein von IBM und Apple finanziell unterstütztes Programm, in dessen Rahmen Unterrichtssoftware für verschiedenste Sachgebiete entwickelt wird.[27] Jeweils etwa die Hälfte der Programme wird für MS/DOS–Rechner bzw. Apple Macintosh erstellt. Die Unterstützung erstreckt sich dabei sowohl auf die Bereitstellung geeigneter Hardware als auch auf Hilfestellung beim Design und der programmtechnischen Umsetzung der Ideen. Als Ergebnis dieser Bemühungen entstanden bisher sehr verschiedenartige Programme, die gemeinsam mit den unterstützenden Herstellerfirmen vertrieben werden sollen. Neben einigen Drill and Practice–Programmen wurden beispielsweise Simulationsprogramme, Vokabeltests für den Fremdsprachenunterricht oder eine Einführung in die Benutzung der Bibliotheken am Campus erstellt. Um die Software auch am Campus bekannt zu machen, organisiert die Abteilung IRIS Seminarveranstaltungen, in denen Autoren ihren Kollegen über ihre Erfahrungen mit neuer Courseware berichten.

Um interessierten Universitätslehrern die Möglichkeit zu bieten, die erstellte Software im Unterricht einzusetzen, wurden zwei Schulungsräume mit IBM–PC und Apple Macintosh ausgestattet. Die Auslastung durch Kurse ist sehr stark, in der verbleibenden Zeit werden die Räume für individuelle Übungen genutzt.

Die Abteilung Instruction and Research Information Systems verwaltet auch Apple Macintosh und IBM–PC, die im Bibliotheksbereich aufgestellt sind. Auf diesen Rechnern genießen jene Studenten Priorität, die Hausübungen am Rechner erstellen müssen.

- Der überwiegende Teil der öffentlich zugänglichen Rechner der Stanford University wird jedoch von der Gruppe **Low Overhead Time Sharing Computer Facility** betreut.

- **Networking Systems**, die dritte Teilorganisation von ACIS, bietet technische Beratung und Hilfestellung in Vernetzungsfragen im akademischen Bereich. Die Abteilung betreibt das universitäre Rechnernetz SUNet, an das fast alle Gebäude (einschließlich der Studentenwohnungen) am Campus angeschlossen sind. Networking Systems stellt Abteilungen, die eigene Rechner betreiben, Hardware und Software zum Anschluß an SUNet zur Verfügung. Neben der Datenkommunikation, die bereits seit vielen Jahren über Ethernet mit TCP/IP erfolgt,

[27] Eine Zusammenstellung zahlreicher Projekte von Universitätslehrern der Stanford University enthält z.B. [SU85b].

können seit dem Frühjahr 1986 über ein Breitbandverkabelungssystem beispielsweise Vorlesungen in die Wohnbereiche übertragen werden. Über das Stanford Instructional TV Network werden am Campus neben kommerziellen und öffentlichen Fernsehstationen auch sowjetische und kanadische Sender, NASA–Berichte oder Sitzungen des Kongresses übertragen.

Graduate School of Business

Die wirtschaftswissenschaftliche Studienrichtung der Stanford University besteht seit 1925. Die Graduate School of Business (GSB) bietet mehrere akademische Programme an: ein zweijähriges MBA–Programm mit etwa 640 Teilnehmern, ein Doktoratsstudium mit etwa 90 Teilnehmern, das Sloan Program (ein neunmonatiges Programm für das mittlere Management mit 42 Teilnehmern) und mehrere Executive Programs unterschiedlichen Inhalts. An diesen ein- bis achtwöchigen Kursen nehmen jährlich in den Sommermonaten etwa 600 Personen teil.[28]

Während sich das Grundstudium im ersten Studienjahr v.a. mit funktionalen Bereichen der Betriebswirtschaftslehre (z.B. Rechnungswesen, Marketing, Produktion), der Vermittlung quantitativer Analysetechniken (Statistik, EDV) und der Vermittlung volkswirtschaftlicher Grundkenntnisse beschäftigt, stehen im zweiten Studienjahr mehrere Spezialisierungsgebiete zur Auswahl: Accounting, Decision Sciences, Economic Analysis and Policy, Finance, Marketing, Organizational Behavior, Public Management, Strategic Management.

Zur Vorbereitung auf das MBA–Studium müssen die Studenten vor dem Beginn des ersten Studienjahrs selbständig Literatur erarbeiten. Zusätzlich werden EDV–Einführungskurse angeboten, in denen die Studenten die Rechner der Business School kennenlernen und grundlegende Kenntnisse über Kalkulations-, Statistik- und Datenbankprogramme für Mikrorechner erwerben. Bei diesen Kursen besteht Teilnahmepflicht für alle Studierenden, ohne Besuchsbestätigung können die EDV–Ressourcen nicht benutzt werden.[29]

Seit 1980 besitzt die Business School ein eigenes EDV–Zentrum, die *„Graduate School of Business Computing Facility“ (GSBCF)*. Ihre Einrichtungen stehen ausschließlich Angehörigen der Business School zur Verfügung und stammen größtenteils aus Herstellerspenden. Neben eigenen Großrechnern steht eine große Anzahl vernetzter Mikrorechner (MS/DOS–

[28] vgl. [SU86b], S. 25f
[29] vgl. [SU86b], S. 4

Rechner und Apple Macintosh), die auch als Terminals eingesetzt werden können. Tragbare Mikrorechner können von den Studierenden für maximal eine Woche entliehen werden. Auf diesen PC sind das Kalkulationsprogramm Lotus 1–2–3 und das Textverarbeitungspaket MS–Word verfügbar. Beide Programme sind auch auf den lokalen MS/DOS–Rechnern am Campus installiert, ebenso wie Kalkulationsprogramme, Datenbankpakete und Grafiksoftware.

Die Tätigkeiten des EDV–Zentrums umfassen individuelle Beratung, die Erstellung von Dokumentationen und die Durchführung von Workshops für zahlreiche Softwareprodukte.[30] Als Dokumentationen werden Online–Hilfedateien für PC und Großrechner, schriftliche Kurzinformationen zu häufig benutzten Programmen und Kursunterlagen für alle Workshops angeboten. Diese Unterlagen umfassen Material für die Vortragenden, Skripten und Übungsaufgaben für die Teilnehmer und Selbststudienmaterial. Die Softwarebibliothek ist durch ständige Herstellerkontakte aller Mitarbeiter sehr aktuell. Die Software wird an der Computing Facility selbst, aber auch von anderen Universitätsangehörigen getestet, die Testberichte dienen später als Empfehlungshilfe bei Anfragen.

Um ein optimales Service zu garantieren, werden die studentischen Betreuer sorgfältig ausgewählt und mehrere Wochen geschult. Später findet eine regelmäßige Leistungsbeurteilung und Weiterbildung statt. Um den Bedürfnissen der Betroffenen zu entsprechen, finden regelmäßige Besprechungen mit Fakultätsmitgliedern und Studentenvertretern statt, bei denen auch Marktneuheiten vorgestellt werden.

In die Lehre der Graduate School of Business ist der EDV–Einsatz sehr stark integriert. Kenntnisse im Einsatz von Statistik-, Datenbank- oder Kalkulationsprogrammen werden in allen Kursen vorausgesetzt; tiefergehende Kenntnisse auf dem Gebiet der Wirtschaftsinformatik können die Hörer im Vertiefungsgebiet **Decision Sciences** erwerben.

Der Kurs *„Central Issues in Managing Computers and Information Systems"* befaßt sich schwerpunktmäßig mit Managementaufgaben wie z.B. der Informationssystemplanung oder Kosten-/Nutzen–Analysen und auch mit den Vor- und Nachteilen der (De)Zentralisierung von Rechnerressourcen.

Informationssysteme und ihre Auswirkungen auf Planung, Kontrolle und die laufenden Tätigkeiten einer Organisation sowie Trends der Informationstechnologie sind Gegenstand des Kurses *„Management of Computers and Information Systems"*. Der Kurs *„Management Information Systems Survey"* befaßt sich in Fallstudien und Projekten mit der Gestaltung von entscheidungsunterstützenden Systemen sowie mit Systemanalysemethoden.

[30] vgl. [WaJaFo86]

4.2.4 Universität Karlsruhe

Eines der im deutschsprachigen Raum größten und bekanntesten Projekte, den EDV-Einsatz in Forschung und Lehre zu fördern, wurde 1983 von der Universität Karlsruhe gemeinsam mit IBM als Förderer ins Leben gerufen. Das Projekt *HECTOR (Heterogeneous Computers Together)* entstand aus der Notwendigkeit, die seit Beginn der 80er Jahre völlig überlasteten Zentralrechner zu entlasten und die Informatikausbildung (z.B. Programmierkurse) für Studienanfänger teilweise auf Mikrorechner zu verlagern. Gleichzeitig sollten auch Inkompatibilitäten zwischen Rechnern unterschiedlicher Hersteller überwunden werden. Dieses Ziel sollte durch ein möglichst alle Rechner umfassendes Netzwerk mit einheitlichem Netzzugang erreicht werden.[31]

Im Gegensatz zu den oben beschriebenen Projekten *Andrew* und *Athena* wollte jedoch die Universität Karlsruhe die Heterogenität ihrer Systeme weitestgehend erhalten, um die Vorteile der eingesetzten Betriebssysteme und der vorhandenen Anwendungssoftware weiter nutzen zu können.

Hector verfolgte demgemäß mehrere Zielsetzungen:

- Mehrere technologische Projekte in Zusammenarbeit mit Forschungslabors von IBM sollten die Grundlagen für das heterogene Universitätsnetz legen. Die Rechner verschiedener Hersteller wurden durch ein campusweites Hochgeschwindigkeitsnetzwerk verbunden, das außerdem den Zugang zu internationalen Netzwerken erlaubt.[32] Die experimentelle Netzwerksoftware, die in Zusammenarbeit mit IBM entwickelt wurde, erhielt die Bezeichnung DAC–NOS (Distributed Academic Computing — Network Operating System). Um auch gelegentlichen Benutzern die Arbeit mit diesem Netzwerk zu erleichtern, wurde eine wissensbasierte Benutzerführung implementiert, die die Benutzer über vorhandene Hard- und Software, empfohlene Literatur u.ä. informiert.[33]

- Die Verwendung von PC–Arbeitsplätzen für die fachspezifische Ausbildung sowie für Programmierkurse sollte erprobt werden. Für diesen Zweck richtete die Universität Computerräume ein, die nach einem festen Zeitplan an verschiedene Fakultäten vergeben wurden, denen auch die fachliche Betreuung ihrer Studenten oblag. Für die technische Betreuung sorgen studentische Tutoren, die vom Rechenzentrum ausgebildet wurden.

  Bis zum Ende des *Hector*–Projekts wurden auf diese Weise 450 zentrale Arbeitsplätze geschaffen, die in Räumen mit je 20–30 Rechnern

---

[31] vgl. [Krueger87], S. 11f
[32] vgl. [IBM87], S. 3
[33] Die Architektur des intelligenten Hilfesystems ist in [IBM88] beschrieben.

untergebracht sind. Die Zahl der zentral installierten Rechner wurde auf 600 begrenzt, da die Probleme des Massenbetriebs (Klima, Lärm oder ständige Störungen durch andere Benutzer) die Qualität der Arbeit negativ beeinflussen würden.

- Um das fachspezifische EDV–Know how zu vertiefen und die o.g. negativen Einflußfaktoren auszuschließen, entschloß sich die Universität Karlsruhe, für fortgeschrittene Hörer fakultätsinterne Rechnerpools zu installieren. Einerseits besteht in der Ausbildung fortgeschrittener Hörer u.U. Bedarf an leistungsfähigerer Hard- und Software sowie an Spezialgeräten (z.B. Anbindung an Laborgeräte etc.), andererseits sollte durch die Dezentralisierung die Identifikation der Lehrenden mit den verfügbaren Ressourcen gefördert werden.

  Ein wesentliches Projektziel, nämlich die Entwicklung neuer Anwendungen für alle Fachdisziplinen sowohl am Mikrorechner als auch im Netzverbund, konnte auf diese Weise ebenfalls forciert werden. Durch die Vergabe von mehr als 100 Mikrorechnern an Forschungsgruppen, die vom *Hector*–Projektteam v.a. in der Einarbeitungsphase intensiv unterstützt wurden, konnten die Universitätsmitarbeiter ca. 75 fachspezifische Softwareprojekte realisieren. Der größte Teil der Projekte entfällt auf die wirtschaftswissenschaftliche Fakultät, gefolgt von Projekten im Bereich Elektrotechnik und Informatik.[34]

Hector führte zu einer weitreichenden Akzeptanz des EDV–Einsatzes auch in Fachbereichen, mit deren Interesse bei Projektbeginn nicht gerechnet wurde. Zusätzlich konnte die Universitätsbibliothek erfolgreich in die gemeinschaftlichen EDV–Aktivitäten eingebunden werden. Das einfach zu administrierende System der Buchleihe wurde auf die Softwareleihe übertragen. Dadurch können Studenten sich auch außerhalb von Lehrveranstaltungen individuell mit Softwarepaketen oder Selbststudienmaterial beschäftigen, die sie auf Rechnern im Bibliotheksbereich installieren. Dies führt zu einer beträchtlichen Angebotserweiterung und einer Verstärkung der eigenverantwortlichen Arbeit, die als besonders förderungswürdig angesehen wird.[35]

4.2.5 Hochschule St. Gallen (HSG)

Das Informatiklehrprogramm der Hochschule St. Gallen orientiert sich an fünf Grundsätzen: wie das gesamte Ausbildungskonzept befaßt sich auch die Informatikausbildung schwerpunktmäßig mit den *Aufgaben des Managements* und

[34] vgl. [Krueger87], S. 15 und [IBM86], S. 26ff
[35] vgl. [Krueger87], S. 18f

damit mit der Frage, wie ein Unternehmen das Potential der Informationsverarbeitung am besten nutzen kann.[36] Das *technologische und methodische Basiswissen* der Informatik wird als wesentliche Voraussetzung für das Verständnis des Fachgebiets erachtet, bei der Erarbeitung theoretischer Konzepte steht aber die *Anwendungsorientierung* immer im Vordergrund. Die genannten Grundsätze stehen in engem Zusammenhang mit der Forderung nach der *Vermittlung von Langfristwissen*, dem unter Berücksichtigung des raschen technologischen Wandels in der Informatik Vorrang vor kurzfristigem Know how gegeben wird, das einen raschen Praxiseinstieg ermöglicht. Schließlich spielt auch die *ganzheitliche Betrachtung* der Informatik im unternehmensweiten Kontext, mit ihren Auswirkungen auf die Unternehmensorganisation oder auf Märkte, in der Ausbildung eine wesentliche Rolle.

Alle Studenten der Hochschule St. Gallen erhalten eine zweistufige Informatikausbildung, eine Spezialisierung ist im Rahmen des betriebswirtschaftlichen Lehrgangs (sechs Semesterwochenstunden) oder des Lehrgangs für Informationsmanagement (insgesamt 87 Semesterwochenstunden) vorgesehen.

Die Grundausbildung im ersten Studienjahr besteht aus einer zweisemestrigen Vorlesung mit Übungen im Umfang von drei Semesterwochenstunden. Dabei lernen die Studierenden vielfältige EDV–Einsatzgebiete kennen (Endbenutzerwerkzeuge, Konferenzsysteme, Electronic Mail), die sie im Rahmen des Studiums und in der späteren beruflichen Tätigkeit nutzen können.[37]

Der Einfluß der Informationstechnik auf den einzelnen Betrieb und die Wirtschaft im allgemeinen, die Zusammenhänge zwischen Informationsmanagement und anderen betrieblichen Managementaufgaben, die Aufgaben der Abteilung für Informationsverarbeitung in Unternehmen und die organisatorische Eingliederung dieser Abteilung sind Themen der allgemeinen betriebswirtschaftlichen Ausbildung.

Im zweiten Studienjahr ist eine dreistündige Einführung in die grundlegenden Konzepte und Begriffe der Informatik vorgesehen, die auf den praktischen Erfahrungen aufsetzt und die dahinter stehenden Hard- und Softwarekonzepte beleuchtet. Dadurch sollen Absolventen Verständnis für betriebliche Informationssysteme sowie die Arbeit des Softwareentwicklers gewinnen und in der Lage sein, künftige Neuerungen am Sektor der Informationsverarbeitung richtig einzuschätzen. Die Themen dieser Lehrveranstaltung umfassen u.a. Inferenzmechanismen, Grundlagen der Wissensrepräsentation und Grundlagen der Systementwicklung sowie der Datenkom-

[36] vgl. [NNOS91], S. 64ff
[37] vgl. [JLNOS88], S. 25ff

munikation.[38]

4.2.6 Resümee

Die Beispiele der ausgewählten Universitäten zeigen, daß die sorgfältig geplante, intensive Integration der EDV in das Ausbildungsprogramm durchaus erfolgversprechend sein kann. Vor allem die positiven Ergebnisse der CMU und des MIT werden international immer wieder hervorgehoben und als Vorbilder herangezogen. Welche Anregungen können nun solche Projekte finanzkräftiger Universitäten, die zudem als Informatikhochburgen bekannt sind und jeweils mehr als hundert Millionen Dollar an Herstellerunterstützung erhielten, geben und welche Konsequenzen kann die WU daraus ziehen?

Die ausgewählten Projekte (im wesentlichen *Andrew*, *Athena* und *Hector*) weisen einige Gemeinsamkeiten auf, die für den Erfolg von großer Bedeutung sein können:

- Einer der wesentlichsten Erfolgsfaktoren ist sicher die Tatsache, daß die Projekte nicht von einzelnen Fakultäten, Abteilungen oder Personen durchgeführt wurden, sondern von allen Universitätsangehörigen getragen und von der Führungsspitze der Universität wesentlich gefördert wurden.
- Weiters liegt allen Projekten eine exakte Planung zugrunde, an der die Ergebnisse kritisch überprüft werden können. Trotz dieser Vorgangsweise traten auch in den geschilderten Projekten Probleme auf, die den Fortschritt bzw. Projektabschluß verzögerten: *Athena* wurde z.B. nach Ablauf der ursprünglich vorgesehenen fünf Jahre verlängert, einerseits um die Arbeit fortsetzen zu können und weitere Ideen zu verwirklichen, u.a. aber auch deswegen, weil Teilprojekte nicht rechtzeitig abgeschlossen wurden.
- Keines der genannten Projekte hätte ohne die substanzielle finanzielle Unterstützung namhafter EDV–Hersteller durchgeführt werden bzw. ähnliche Ergebnisse erzielen können. Der große finanzielle Einsatz dieser Unternehmen führte zu entsprechend lebhaftem Interesse an den Forschungsergebnissen und hat sicher die Entwicklungsarbeit vorangetrieben. In einigen Fällen bestand auch seitens der Sponsoren die Absicht, die Projektergebnisse nach ihrer Fertigstellung zu vermarkten. Zusätzlichen Erfolgsdruck erzeugten in allen drei Projekten die ebenfalls hohen finanziellen Aufwendungen der Universität. Über die Vergabe dieser Mittel entschied zumeist eine Kommission, die sich bei-

[38]vgl. [JLNOS88], S. 9

spielsweise aus Universitätslehrern, Studenten und externen Experten zusammensetzte.

- Die Bestellung eines hauptberuflichen Projektmanagers, der die universitätsinterne Projektverantwortung trägt, die Koordination mit den Sponsoren wahrnimmt und die Öffentlichkeitsarbeit durchführt, ist bei Projekten dieser Größenordnung unerläßlich. Problematisch ist hingegen die übliche Vorgangsweise vieler Universitäten anzusehen, wissenschaftliche Mitarbeiter mit zusätzlichen Leitungsaufgaben dieser Größenordnung zu betrauen. Das Ergebnis, speziell wenn der Projektleiter keine ausreichenden Kompetenzen erhält, entspricht häufig nicht den Erwartungen.

- Alle Projekte verfügten über Stammpersonal, das ausschließlich im jeweiligen Projekt tätig war und dort Entwicklungs-, Betreuungs- oder administrative Aufgaben übernahm. Daneben wurden selbstverständlich Experten (Informatiker, Pädagogen, Psychologen, Medienspezialisten etc.) dort einbezogen, wo deren fachliche Kompetenz erforderlich war. Durch diese Kooperation von Fachleuten in einigen Projekten konnten zusätzliche Synergieeffekte erzielt werden.

- Um möglichst viele Universitätslehrer in ein derartiges Projekt einzubeziehen, ist es notwendig, entsprechende Anreize zu schaffen. Bei manchen Universitätsangehörigen muß zunächst durch Informationsveranstaltungen das Interesse geweckt werden. Besteht Interesse, so steht oft noch die starke Arbeitsbelastung einer Teilnahme am Projekt entgegen: hier kann die Universität für die Dauer der Projektmitarbeit zurückgelegte Lehraufträge finanziell abgelten, herausragende Projektergebnisse auszeichnen o.ä. Außerdem sollten die zuständigen Universitätsgremien in diesem Zusammenhang überlegen, der Softwareentwicklung einen größeren Stellenwert bei der Beurteilung der wissenschaftlichen Arbeit eines Universitätslehrers zuzumessen.

- Viele Universitätslehrer haben zwar außergewöhnliche Ideen für einen verstärkten EDV–Einsatz in ihren Lehrveranstaltungen, sind aber ohne Unterstützung durch Experten nicht in der Lage, diese Ideen auch umzusetzen. Eine weitreichende Betreuung, z.B. durch ein Team, das gemeinsam an der Realisierung des Vorschlags arbeitet, ermöglicht auch diesem Personenkreis die erfolgreiche Projektteilnahme.

- Um nicht nur Projektergebnisse vorzeigen zu können, sondern tatsächlich Veränderungen in der universitären Lehre zu bewirken, ist eine entsprechende Rechnerausstattung erforderlich. Hierzu tragen meist die Sponsoren durch Sachspenden bei, wobei allerdings darauf geachtet werden muß, nicht die „Wunschausstattung“ des Spenders einzusetzen, sondern die geeignete Hard- und Software für die Studierenden

zu erhalten. Neben der Eignung der Geräte für den vorgesehenen Einsatzzweck ist natürlich auch eine ausreichende Zahl von Rechnern wichtig, um übermäßige Wartezeiten zu vermeiden.
Als sehr praktisch erweist sich hierbei natürlich die Strategie des MIT, nur bestimmte Rechner und Betriebssysteme zu unterstützen. An den meisten Universitäten ist die Rechnerlandschaft aber bereits so heterogen, daß eine derartige Maßnahme zu hohe Kosten verursachen würde und auch mit erheblichen Widerständen der Benutzer zu rechnen wäre.

Kapitel 5

Konzept zur EDV–Integration in die universitäre Lehre

5.1 Globale Lehrziele der WU

Die universitären Ziele für die Lehre an der WU sind in einem strategischen Entwicklungsplan namens „WU–2000“ festgehalten. Dieser Plan wurde 1987 vom derzeitigen Rektor H.R. Hansen anhand von Diskussionspapieren der an der WU vertretenen Gruppen (Professoren, Assistenten, Studenten, Verwaltungskräfte) erstellt. Er formuliert für die Lehre folgendes Oberziel:

„Beste Berufschancen für Absolventen durch hochqualifizierte Ausbildung“.[1]

Dieses Oberziel soll durch

- *„Standardisierung und Erweiterung des Lehrprogramms,*
- *Modernisierung der Lehr- und Lernverfahren,*
- *sowie durch Verbesserung der Infrastruktur“*

erreicht werden.

Als Maßnahmen schlägt „WU–2000“ die Bereinigung und Standardisierung der Lehrinhalte des ersten Studienabschnitts und weitgehendes Selbst- bzw. Fernstudium vor. Des weiteren wird eine zweisemestrige Orientierungsphase am Studienbeginn erwogen, die die Drop out–Rate an den Anfang des Studiums verlagern soll. Für eine praxisgerechte Berufsvorbildung der Absolventen soll die verstärkte Zusammenarbeit mit der Wirtschaft (u.U. in Form eines Praktikerbeirats) in Erwägung gezogen werden. Zusätzlich soll

[1] Quelle: [Hansen87], S. 82ff

die Ausbildung durch Praxiserfahrung der Universitätslehrer und (verpflichtende) Praktika der Studenten in Betrieben praxisnäher gestaltet werden.[2] Die fachliche Ausbildung, die breite wirtschaftswissenschaftliche Kenntnisse vermittelt, soll durch die Vermittlung nichtkognitiver Fähigkeiten ergänzt werden. Darunter sind Persönlichkeitsmerkmale wie Teamgeist, rhetorische Fähigkeiten, Zielstrebigkeit, Leistungsbereitschaft, Flexibilität etc. zu verstehen, denen nach Ansicht aller Interessengruppen bislang zuwenig Aufmerksamkeit gewidmet wurde.[3]

5.2 Reformvorschläge für die Lehre an der WU

Als langfristiger Entwicklungsplan enthält „WU–2000" keine eingehende Spezifikation der genannten Ziele und Maßnahmen. Die Ausarbeitung wird vielmehr an nachgelagerte Projekte oder Studien übertragen. Bislang wurden bereits rund zwanzig Detailstudien für Teilbereiche des Entwicklungsplans durchgeführt.

Für die Lehre existieren nur wenige veröffentlichte Arbeiten; einen ausführlichen Vorschlag für ein viersemestriges Basiscurriculum enthält der Projektbericht von [Schneid87]. Darin erarbeiten mehrere Autoren nach einheitlichen Richtlinien ein Konzept zur Gestaltung der betriebswirtschaftlichen Lehre, die EDV–Ausbildung wird allerdings mit folgender Begründung als Sonderproblem ausgeklammert: *„Nach unseren Erfahrungen ist der EDV–Bereich so motivierend, daß ein Angebot als Ergänzungskurs ausreicht."*[4] Aus diesem Grund verzichten die Autoren auch auf die Ausarbeitung eines WU–spezifischen Teilcurriculums, sondern schlagen die Verwendung der Unterlagen vor, die an der Fernuniversität Hagen verwendet werden.

So existieren zwar nur wenig detaillierte Planungsunterlagen für die Lehrinhalte an der WU, allerdings werden im Zusammenhang mit Studienreformdiskussionen von verschiedenen Gruppen immer wieder Reformvorschläge mit Grobkonzepten für die Lehre vorgelegt. Aus jüngster Zeit stammen zwei derartige Konzepte:

- ein Konzept des Rektoratskollegiums zur Reform der betriebswirtschaftlichen und handelswissenschaftlichen Studienrichtung und
- ein Konzept der Hochschülerschaft an der WU zur Studienreform.

[2] vgl. [Hansen87], S. 92ff
[3] vgl. [Hansen87], S. 77f
[4] siehe [Schneid87], S. 8

Das erstgenannte **Konzept des Rektoratskollegiums**[5] sieht eine Dreiteilung des Studiums vor. Der erste Abschnitt (2 Semester) soll zur Ressourcenentlastung nur wenige Lehrveranstaltungen mit prüfungsimmanentem Charakter enthalten und im wesentlichen der Orientierung dienen. Insgesamt sind 36 Semesterwochenstunden in diesem Abschnitt vorgesehen:

Fach	Std.
Grundlagen der Betriebswirtschaftslehre	12
Grundlagen des Rechnungswesens	8
Forschungsmethoden der Wirtschaftswissenschaften	8
Sprachkolloquium	4
EDV, Vorlesung und Praktikum	4

Ziel des Konzepts ist es, in diesem ersten Studienabschnitt möglichst wenig Ressourcen zu binden, da 40–50% der Studierenden ihr Studium bereits in den ersten Semestern abbrechen. Der Besuch von „scheinpflichtigen“ Lehrveranstaltungen des zweiten Abschnitts soll daher auch erst nach Abschluß des ersten Abschnitts möglich sein. Die frei werdenden Ressourcen können dann der Lehre in den folgenden beiden Studienabschnitten zufließen, in denen weitere Spezialisierungen erfolgen.

Das **Konzept der Hochschülerschaft zur Studienreform**[6] gliedert den ersten Studienabschnitt in eine Orientierungs- und eine Aufbauphase. In der Orientierungsphase sind neben einem Einführungstutorium und einem Fachtutorium aus ABWL freiwillige Ausgleichskurse für verschiedene Fächer (Deutsch, Mathematik, Fremdsprachen, EDV–Einführung, Buchhaltung und Bilanzierung, Kostenrechnung) vorgesehen, deren Inhalte in weiterführenden Lehrveranstaltungen als bekannt vorausgesetzt werden.

Die Aufbauphase des ersten Studienabschnitts soll u.a. die Kenntnisse aus Allgemeiner Betriebswirtschaftslehre vertiefen, Grundfertigkeiten aus dem Bereich der Instrumentalwissenschaften vermitteln, Fremdsprachenkenntnisse ausbauen und die Studierenden zu Generalisten ausbilden. Die Instrumentalwissenschaften sind in einer Fächergruppe zusammengefaßt, die Proseminare aus EDV, Mathematik/Statistik, Privatrecht, Öffentlichem Recht, Buchhaltung und Bilanzierung II sowie Kostenrechnung II enthält. Aus dieser Gruppe hätten die Studierenden einen Teil im Ausmaß von neun Wochenstunden zu absolvieren.

Beide Konzepte liefern einige Anregungen für die Neuordnung des Studiums, haben aber sehr generellen Charakter. Im Hinblick auf die EDV–Einbindung in das Studium geht der erstgenannte Ansatz von einer Beibehaltung der derzeitigen Situation aus und übernimmt deren Vor- und Nachteile.

[5]Quelle: [EMHMSS91], S. 1ff

[6]Quelle: [OEHWU91], S. 6ff

Das Konzept der Hochschülerschaft hingegen stellt ausschließlich auf den instrumentellen Charakter der EDV ab und schlägt zwei EDV–Lehrveranstaltungen im ersten Studienabschnitt vor: den freiwilligen Ausgleichskurs am Studienbeginn und das Proseminar aus der Instrumentalfächergruppe. Beide Fälle sehen keine verpflichtende Teilnahme vor, vielmehr besteht die Wahlmöglichkeit zwischen mehreren Fächern. Eine derartige Freistellung des Besuchs würde jedoch zu einem weiteren Auseinanderklaffen des Wissensstandes der Studierenden führen und die Sicherstellung von EDV–Grundkenntnissen nicht ermöglichen. Seine Verwirklichung wäre daher mit zunehmendem Betreuungsaufwand seitens der Lehrveranstaltungsleiter, die Lehrveranstaltungen mit EDV–Unterstützung durchführen, sowie des EDV–Zentrums verbunden. Es stellt somit keine gangbare Alternative dar.

5.3 Ziele für die EDV–Integration in die Grundausbildung an der WU

Der nachstehende Zielkatalog enthält globale Zielsetzungen für die EDV–Integration in die Lehre an der WU. Er beschränkt sich auf das Grundstudium, da in diesem Bereich die größten Potentiale für Verbesserungsmaßnahmen und Rationalisierungen liegen. Er beinhaltet sowohl Ziele, die im Rahmen der EDV–Grundausbildung kurzfristig realisierbar sind, als auch allgemeine Ziele für das Grundstudium. Die zur Erreichung dieser Ziele erforderlichen Maßnahmen sind wahrscheinlich erst im Rahmen einer größeren Reform durchsetzbar und auch realisierbar.

- Schaffen einer breiten Wissensbasis auf dem Gebiet der Informationsverarbeitung und deren Anwendungsmöglichkeiten im Studium und im Beruf:
  - Förderung der „Computer literacy“,
  - praktische Kenntnisse in der Anwendung moderner, im Studium benötigter Endbenutzerwerkzeuge für Arbeitsplatzrechner,
  - praktische Erfahrung in der Nutzung der Informations- und Kommunikationsfunktion von Rechnern,
  - Kompetenz bei der Gestaltung der EDV–Unterstützung für den persönlichen Arbeitsplatz,
  - Überblick über die Einsatzmöglichkeiten und den Funktionsumfang betrieblicher Informationssysteme,
  - Urteilsvermögen für die Chancen und Risken des EDV–Einsatzes.

- Förderung der Persönlichkeitsbildung im Rahmen der universitären Ausbildung:
  - Erhöhung der Problemlösungskompetenz,
  - Erlernen professioneller Arbeitsmethoden,
  - Förderung der Kreativität und Flexibilität,
  - Förderung der Teamfähigkeit,
  - Entwicklung des kritischen Denkvermögens,
  - Trainieren der rhetorischen Fähigkeiten und der Präsentationstechnik,
  - Förderung der analytischen Fähigkeiten,
  - stärkere Einbeziehung verhaltensorientierter Ausbildungsziele (Verhandlungstaktik, Motivation),
  - Sensibilität gegenüber moralischen Wertvorstellungen,
  - Vorbereitung auf lebenslanges Lernen und Antizipation von Veränderungen.
- Förderung breiter betriebswirtschaftlicher Fachkenntnisse im ersten Studienabschnitt an der WU durch moderne Lehrmethoden und geeignete EDV–Unterstützung:
  - Nutzung des Potentials von Arbeitsplatzrechnern als Ressource im Ausbildungsprozeß,
  - Diversifizierung des Lehr- und Lernangebots für Teilnehmer mit unterschiedlichen Lernstilen,
  - Förderung der Entwicklung von EDV–gestützten Selbststudienmaterialien zur Entlastung der Lehre im ersten Studienabschnitt,
  - Bereicherung des Studiums durch neue Lehrinhalte,
  - Verbesserung der didaktischen Aufbereitung der Lehrinhalte,
  - rechnergestützte Bearbeitung realitätsnaher, komplexer Probleme,
  - Reduzierung bzw. Unterstützung zeitaufwendiger Tätigkeiten durch EDV–Einsatz (z.B. bei der Auswertung empirischer Erhebungen oder der Literatursuche),
  - Förderung der Kommunikation mit und unter den Studierenden durch den verstärkten Einsatz von elektronischer Post,
  - Verstärkung der externen Kontakte durch Zugang zu internationalen Netzwerken,

- Verbesserung des Zugriffs auf Literatur- und andere Datenbanken,
- Durchführung von Pflichtpraktika bzw. obligatorischen Fallstudien für alle Studierenden,
- Nutzung der EDV als Katalysator für eine tiefergehende Änderung des Curriculums.

- Globale Ziele:

  - Erreichen eines günstigen Kosten-/Nutzenverhältnisses in der Grundausbildung bei hohem Qualitätsniveau,
  - Schaffung einer jederzeit verfügbaren EDV–Infrastruktur sowohl für die Anbieter EDV–unterstützter Kurse als auch für die teilnehmenden Studierenden,
  - Aufbau von qualifiziertem Betreuungspersonal zur Beratung der Universitätslehrer und auch zur Betreuung der Studierenden,
  - Verringerung des mit Lehrveranstaltungen verbundenen organisatorischen Aufwands,
  - Erlangen einer Vorbildstellung für andere Ausbildungsinstitutionen.

5.4 Maßnahmen im Bereich der EDV–Grundausbildung

Die Neukonzipierung der EDV–Grundausbildung wirft zahlreiche Fragen inhaltlicher, organisatorischer und auch finanzieller Natur auf, denen dieser Abschnitt gewidmet ist. Dazu zählen insbesondere folgende Überlegungen:

1. Welche Fachkenntnisse soll die EDV–Grundausbildung vermitteln?
2. Welche persönlichkeitsbezogenen Faktoren sollen in das Lehrprogramm integriert werden?
3. Welche Unterrichtsform kann die gewählten Lehrinhalte bestmöglich transportieren?
4. Welche organisatorischen Veränderungen sind mit der gewählten Veranstaltungsform verbunden?
5. Welche Infrastruktur wird für die Lehrveranstaltung benötigt?

6. Welche personellen Erfordernisse entstehen dabei?
7. Wie hoch sind die erforderlichen Mittel für die Realisierung?
8. Welcher Nutzen ist bei Durchführung des Konzepts zu erwarten?

5.4.1 Welche Fachkenntnisse soll die EDV–Grundausbildung vermitteln?

In der Informatik erfolgt die Zunahme des Wissens derart schnell, daß Lehrbücher in immer kürzeren Abständen überarbeitet werden müssen, um den aktuellen Stand des Wissens und insbesondere der technischen Entwicklung zu repräsentieren. Genauso sind die Inhalte der Lehrveranstaltungen ständig neuen Gegebenheiten anzupassen, wenn sie – wie im wirtschaftswissenschaftlichen Studium – die Studierenden mit EDV–unterstützten Arbeitsmethoden vertraut machen oder neben theoretischen Kenntnissen auch einen Marktüberblick vermitteln sollen.

Eine detaillierte Konzipierung der Lehrinhalte ist unter diesem Aspekt meines Erachtens lediglich kurzfristig von Nutzen. Viel wesentlicher ist es, ein flexibles Gerüst zu erarbeiten, das Anpassungen ermöglicht und leicht in mehreren Parallelveranstaltungen eingesetzt werden kann. Der aktuelle zeitliche Rahmen der EDV–Grundausbildung mit einer zweistündigen Vorlesung, dem abschließenden Kolloquium sowie einem zweistündigen Rechnerpraktikum zuzüglich der ebenfalls zweistündigen Übungszeit ist dabei zunächst als Faktum zu betrachten. Damit ist der Spielraum für Veränderungen stark eingeengt, kurzfristige Erweiterungen des Stundenkontingents sind nicht zu erwarten. In einem ersten Schritt können daher insbesondere inhaltliche Schwerpunkte gesetzt, Veränderungen unter Beachtung des Stundenkontingents vorgenommen oder freiwillige Zusatzangebote geschaffen werden, deren Attraktivität einen hohen Nutzungsgrad erwarten läßt.

Abschnitt 5.3 nennt eine breite Wissensbasis auf dem Gebiet der Informationsverarbeitung und Kenntnisse über deren Anwendungsmöglichkeiten im Studium und im Beruf als oberstes Ziel der EDV–Grundausbildung. Dies entspricht der allgemeinen Forderung nach einer **EDV–Grundbildung**, die auch im deutschsprachigen Raum häufig mit dem Begriff **„Computer literacy"** bezeichnet wird. Die Meinungen über den Umfang und Inhalt dieses Begriffs sind zwar divergent, allgemein hat sich jedoch die Ansicht durchgesetzt, daß EDV–Wissen ein immer wichtigerer Bestandteil der Allgemeinbildung wird. Häufig wird EDV bereits als vierte Kulturtechnik bezeichnet, die selbstverständlicher Bestandteil des Bildungssystems sein muß.[7]

[7] vgl. [Duden88], S. 127f

Die Frage, ob für Wirtschaftsakademiker Informatikgrundlagen ein wesentlicher Bestandteil der Ausbildung sein sollen, ob die Studierenden lediglich einige Endbenutzerwerkzeuge für Arbeitsplatzrechner erlernen sollen oder eher einen Überblick über verschiedene Rechnerklassen und deren aktuelle Leistungsmerkmale erhalten sollten, ist sicher nicht endgültig zu klären. Hinzu kommt, daß die Freiheit der Lehre jedem Fachvertreter die Möglichkeit einräumt, selbst zu entscheiden, welche Kenntnisse er als vordringlich erachtet. Beurteilt man diese Frage nach den Anforderungen der Wirtschaft (siehe dazu auch Abschnitt 1.3), so wäre lediglich Anwenderwissen (also v.a. Fertigkeiten im Umgang mit diversen Softwarepaketen) erforderlich. Betrachtet man als Ziel der universitären Ausbildung hingegen auch die Heranbildung junger Wissenschaftler, so sollten die theoretischen Grundlagen des Fachs im Vordergrund stehen. Eine dritte Betrachtungsvariante könnte die EDV–Grundausbildung als Einführung in das Fach Wirtschaftsinformatik oder Informationswirtschaft im zweiten Studienabschnitt ansehen und die Grundlagen für dieses Spezialisierungsgebiet legen. Für bzw. gegen die genannten und viele andere Ansichten lassen sich jeweils gute Gründe finden.

Ich werde in der Folge eine pragmatische Vorgehensweise präsentieren, die den Studierenden wesentliches Faktenwissen und einige notwendige theoretische Grundlagen vermitteln soll, sie aber insbesondere darauf vorbereitet, Rechner als Hilfsmittel bei der Durchführung ihrer universitären Aufgaben einzusetzen. Die letztgenannte Fähigkeit ist auch in engem Zusammenhang mit jenen Fertigkeiten zu sehen, die die Praxis von Wirtschaftsakademikern erwartet.

Dabei muß die EDV–Grundausbildung ein wesentliches Hemmnis ausgleichen, das in diesem jungen Fachgebiet besonders deutlich zutage tritt. Die großen Unterschiede in der schulischen Ausbildung bewirken heute, daß Studenten mit guten Vorkenntnissen die einführende Vorlesung oft nicht besuchen, da sie das entsprechende Fachwissen bereits aus individueller Beschäftigung mit dem Fach oder aus dem Unterricht in der Schule mitbringen. Für Studierende mit geringen oder keinen Vorkenntnissen sind die Themen der Vorlesung oft zu umfangreich und teilweise schwer verständlich. Die Lehrinhalte und ihre Präsentation sollen daher so gewählt sein, daß beide Gruppen vom Besuch der Lehrveranstaltung profitieren.

Ähnlich ist die Situation in den Proseminaren: während ein Großteil der Studierenden Schwierigkeiten mit der Bedienung der Rechner hat (z.B. beim Erfassen eines Textes) und damit das allgemeine Lerntempo bestimmt, wird ein kleinerer Teil der Studenten in der Lehrveranstaltung zu wenig gefordert. Der Anreiz, sich mit neuen Themen auseinanderzusetzen, die in Lehrveranstaltungen für Fortgeschrittene unterrichtet werden, ist jedoch aufgrund des damit verbundenen höheren Arbeitsaufwands und der Spezialthemen, die in den Lehrveranstaltungen behandelt werden, klein. Viele Studenten scheuen diesen Arbeitsaufwand und ziehen es vor, bereits bekannte Themen nochmals zu hören und die Lehrveranstaltung ohne großen Arbeitsaufwand zu absolvieren. Auch hier kann ein verbessertes Anreizsystem die Studierenden dazu motivieren, sich neue Wissensgebiete zu erschließen und nicht den Weg des geringsten Aufwands zu wählen.

Das allgemeine EDV–Grundwissen sollte folgende Themengebiete umfassen:

1. Erster Überblick über die Funktionsweise von Rechnern
   - Speicherung von Information (Bit, Byte, Datei etc.)
   - Verarbeitung von Information im Rechner
2. Baueinheiten von Rechnern
   - Hardwareausstattung eines typischen Arbeitsplatzes für Studierende
   - Zentraleinheit: Prozessor(en), Zentralspeicher
   - periphere Einheiten: Eingabegeräte, Ausgabegeräte, Speichergeräte
   - Überblick über die an der WU eingesetzten Rechner
   - Leistungsklassen von Rechnern und ihre Einsatzgebiete
   - Entwicklungspfade von Arbeitsplatzrechnern
3. Datenspeicherung und Datenübertragung
   - Abstraktion und Datenmodellierung
   - rechnerinterne Datendarstellung
   - Datenträger
   - Datenerfassung
   - Datenspeicherung (Datenorganisation, Datenbanken)
   - Datensicherheit und Datenschutz
   - Datenübertragung (LAN, WAN)
   - Kommunikations- und Informationsdienste in Netzwerken
4. Software
   - Klassifizierung von Software (System- und Anwendungssoftware)
   - Aufgaben der Systemsoftware und systemnaher Software
   - Bedienung eines einfachen Betriebssystems (DOS oder Mac OS)
   - grafische Benutzeroberflächen
   - Programmiersprachen

- Einsatzgebiete anwendungsunabhängiger Endbenutzerwerkzeuge
- Textverarbeitung, Desktop Publishing
- Tabellenkalkulation
- Präsentationsgrafik
- Datenanalyse
- Datenbanken
- Funktionsumfang branchenneutraler Anwendungssoftware (z.B. für Rechnungswesen, Marketing, Personalwesen, Unternehmensplanung, Produktion, Materialwirtschaft)

Die oben lediglich namentlich aufgezählten Wissensgebiete, denen sich die EDV–Grundausbildung in den nächsten zwei Jahren weiterhin widmen soll, weisen auf den ersten Blick, abgesehen von der Hinzunahme von Informationssystemen für einige wichtige betriebliche Funktionen, keine wesentliche Veränderung zur gegenwärtigen Situation auf. Die Themen sind aber derart umfassend, daß eine Gewichtung einzelner Teilbereiche vorgenommen werden muß. Diese Schwerpunkte sollten möglichst so gesetzt werden, daß die Studierenden durch direkte Arbeit oder Erprobung am Rechner praktische Erfahrung sammeln können. Außerdem ist bei der Bearbeitung von Themen darauf zu achten, daß die Wissensvermittlung nicht alleine in Vortragsform erfolgt, sondern daß den Studenten verschiedene Möglichkeiten geboten werden, sich mit dem Lehrstoff auseinanderzusetzen.

Anhand eines einheitlichen Beschreibungsrasters soll nun eine eingehendere Darstellung der einzelnen Wissensgebiete erfolgen. Dabei wird für jedes Themengebiet festgelegt, welche Kenntnisse die Studierenden erwerben sollen (Übersichtswissen, Anwendungskenntnisse etc.), in welcher Form diese Kenntnisse am besten vermittelt werden können (z.B. Vortrag, praktische Arbeit am Rechner) und an welchen Adressatenkreis sich das Wissensgebiet vorrangig richtet.

Erster Überblick über die Funktionsweise von Rechnern

- Speicherung von Information (Bit, Byte, Datei etc.)
- Verarbeitung von Information im Rechner

Dieser Themenblock soll den Studierenden einen ersten Einblick in die rechnerinterne Darstellung und Verarbeitung von Daten geben. Daneben sollen sie einen groben Überblick über die Hard- und Software eines Rechners sowie das Zusammenwirken und die Aufgaben der einzelnen Komponenten erhalten. Ziel dieser Einführung ist es, den Studierenden die vielfach noch vorhandene Scheu vor der „mystischen“ Maschine zu nehmen und bessere Eingangsvoraussetzungen für das Praktikum zu schaffen.

Adressaten: Eine solche Einführung richtet sich an Anfänger, die wenig technisches Wissen besitzen und Berührungsängste im Umgang mit Rechnern aufweisen.

Unterrichtsform: Die Teilnahme an dieser Einführung erfolgt freiwillig. Um die knapp bemessene Vorlesungszeit nicht weiter zu schmälern, sollten Einführungskurse in den ersten beiden Semesterwochen oder bei Bedarf auch in Ferienzeiten stattfinden und nur geringen Personaleinsatz erfordern. Gedacht ist dabei insbesondere an Einführungen durch höhersemestrige Studenten (z.B. Wirtschaftsinformatik–Studenten, die dadurch Vortragspraxis erwerben) und an Kurzvorträge, die durch Videos und Selbststudienkurse am Rechner unterstützt werden bzw. Informationsveranstaltungen des EDV–Zentrums.

Baueinheiten von Rechnern

- Hardwareausstattung eines typischen Arbeitsplatzes für Studierende
- Zentraleinheit: Prozessor(en), Zentralspeicher
- periphere Einheiten: Eingabegeräte, Ausgabegeräte, Speichergeräte
- Überblick über die an der WU eingesetzten Rechner
- Leistungsklassen von Rechnern und ihre Einsatzgebiete
- Entwicklungspfade von Arbeitsplatzrechnern

Ein Schwerpunktthema der EDV–Grundausbildung stellen heute die **Baueinheiten von Rechnern** dar. Die Studierenden lernen mit relativ hohem Detaillierungsgrad die Bestandteile der Zentraleinheit von Großrechnern kennen und erwerben Kenntnisse über Ein- und Ausgabegeräte, Speichergeräte etc.

Ein Überblick über Rechner aller Leistungsklassen soll selbstverständlich im Lehrprogramm erhalten bleiben. Allerdings sollte der Schwerpunkt und v.a. das Erklärungsmodell besonders auf jene Rechnerkategorien abgestimmt sein, mit denen die Studierenden an der Universität und auch in ihrer beruflichen Tätigkeit vorrangig aktiv arbeiten und an deren Gestaltung sie mitwirken können. Neben der größeren Komplexität von Zentralrechnern, z.B. durch Spezialprozessoren für Ein-/Ausgabeoperationen oder die kompliziertere Ansteuerung peripherer Einheiten und den damit verbundenen höheren Erklärungsbedarf, hat der Großteil der Studenten keinerlei Möglichkeit, direkt in die Konfiguration dieser Systeme einzugreifen und durch Arbeit am Gerät entsprechende praktische Erfahrung zu sammeln. Sowohl während des Studiums als auch im Beruf sind die Benutzer zentraler Systeme daher mehrheitlich Konsumenten eines Angebots, das ihnen von einem Rechenzentrum zur Verfügung gestellt wird.

Auf Arbeitsplatzrechnerebene sind gute Systemkenntnisse allerdings von großem Nutzen. Beispielsweise bei der Anschaffung eines privaten Rechners oder Entscheidungen hinsichtlich der Rechnerausstattung des Arbeitsplatzes sind die Benutzer immer stärker auf ihr Fachwissen angewiesen, um die vielfältigen Angebote beurteilen zu können. Aber auch jene Studenten, die keinen eigenen Rechner besitzen, sollen die wichtigsten Klassen von Arbeitsplatzrechnern und Peripheriegeräten kennen, die Vor- und Nachteile der Alternativen abwägen können und mündige Benutzer oder Gestalter dieser Systeme werden.

Ziel der Lehreinheiten über Hardware sollte es daher sein, den Studierenden wesentliche Fakten über die Komponenten eines Rechners zu vermitteln und sie mit der Hardware soweit vertraut zu machen, daß sie die Rechnerausstattung für einen Arbeitsplatz selbständig planen können. Dazu zählen die Funktionsweise der Zentraleinheit und ein Überblick über die wichtigsten Peripheriegeräte für Arbeitsplatzrechner: Bildschirmtypen, Eingabegeräte wie Tastatur und Maus, Lesegeräte für Belege etc., sowie externe Speichergeräte und die dazugehörigen Datenträger (Disketten, Festplatten, Magnetbandkassetteneinheiten, ein- oder mehrfach beschreibbare optische Datenträger und elektronische Datenträger wie Chipkarten).

Die Studenten sollen diese Komponenten kennenlernen und einen globalen Überblick über das aktuelle Marktangebot und die wichtigsten Anbieter erhalten. Dazu müssen auch wesentliche Kenndaten bekannt und ihre Aussagekraft durch die Studenten interpretierbar sein, wie z.B. die bekanntesten Prozessorklassen und Maßzahlen zur Prozessorleistung oder die Hauptspeicherausstattung von Arbeitsplatzrechnern, Speicherkapazitäten und mittlere Zugriffszeiten von Festplattenlaufwerken, gängige Druckerbeschreibungssprachen und andere Auswahlkriterien für Drucker. Ein solcher Überblick über kleine Systeme stellt eine gute Ausgangsbasis für die Darstellung von Rechnern höherer Leistungsklassen dar und ermöglicht das grobe Abstecken von Einsatzgebieten für Rechner unterschiedlicher Preis- und Leistungsgruppen. Da die WU über Rechner verschiedener Leistungsklassen verfügt, kann dieses Themengebiet durch einen Überblick über die an der Universität eingesetzten Rechner und ihre Anwendungsbereiche ausgezeichnet veranschaulicht werden. Schließlich sollen Entwicklungspfade und Markttrends für Arbeitsplatzrechner aufgezeigt werden, die zum Zeitpunkt der Lehrveranstaltung abzusehen sind.

Adressaten: Da der Großteil der Studierenden nur sehr rudimentäre Kenntnisse über Hardwarekomponenten hat, stellt dieser Abschnitt noch einige Jahre lang einen Schwerpunkt des Ausbildungsprogramms dar. Allerdings kann mit zunehmendem Know how der Studierenden auf diesem Sektor die Gewichtung auf die nachfolgenden Themengebiete verlagert werden und zur Vervollständigung des Wissens vermehrt auf Selbststudienangebote zurückgegriffen werden.

Unterrichtsform: Hardwarekomponenten sind für viele Studierende ein schwer verständliches Themengebiet, das durch einen Vortrag, Bücher oder Skripten nur unzureichend veranschaulicht werden kann. Die ausschließliche Präsentation der Lehrinhalte in dieser Form hat häufig zur Folge, daß Studierende wesentliche Eigenschaften und Merkmale nicht von unwichtigen Details unterscheiden können.[8] Die Vergessensrate ist in diesem Bereich entsprechend groß.

Als Unterrichtsmethode für dieses Themengebiet ist eine Mischform aus Demonstration von Hardwareteilen, Vortrag mit geeigneter Medienunterstützung und Diskussion von Marktentwicklungen zu empfehlen, die durch Selbststudienunterlagen unterstützt wird. Die Funktionsweise und die Charakteristika mancher Bauteile (wie Ein- und Ausgabegeräte) können real an vorhandenen Rechnern demonstriert werden, andere Komponenten (z.B. die Zentraleinheit) entziehen sich allerdings der Betrachtung des Benutzers; ihre Arbeitsweise kann daher nur simuliert werden.

Zur Förderung des Verständnisses bietet es sich an, von der Konfiguration eines „typischen" Arbeitsplatzrechners auszugehen. Ein in der Lehrveranstaltung demonstriertes Gerät oder Erläuterungen mit entsprechender visueller Unterstützung tragen wesentlich zur Veranschaulichung bei. Über die Funktionsweise von Rechnern existieren auch Selbststudienkurse zahlreicher Unternehmen (z.B. von Hardwareproduzenten aber insbesondere von spezialisierten Schulungsanbietern), die zugekauft werden können. Schließlich könnten Hypermedia-Systeme über Hardwarekomponenten beispielsweise in Wirtschaftsinformatikseminaren erstellt werden, anhand derer sich

[8] Dies ist in den Rechnerpraktika häufig festzustellen, wenn Studenten beispielsweise noch das Material nennen können, aus dem Disketten gefertigt werden, aber die wesentlichen Unterschiede zu Festplatten nicht erkennen.

Studenten über Hardwarekomponenten informieren können.

Neben der Darstellung des Lehrstoffs am Beispiel der verfügbaren Arbeitplatzrechner, kann auch die Besichtigung der Einrichtungen des EDV-Zentrums zu einem realistischeren Bild beitragen. Durch die starke Einbeziehung von begleitenden Materialien kann die Vorlesung in erster Linie der Beantwortung von Fragen und der Diskussion von Markttrends dienen.

Datenspeicherung und Datenübertragung

- Abstraktion und Datenmodellierung
- rechnerinterne Datendarstellung
- Datenerfassung
- Datenträger
- Datenspeicherung (Datenorganisation, Datenbanken)
- Datensicherheit und Datenschutz
- Datenübertragung (LAN, WAN)
- Kommunikations- und Informationsdienste in Netzwerken

Der Abstraktionsprozeß, der von Realweltobjekten zur Repräsentation der Information in einer für Rechner bearbeitbaren Form führt, stellt den Ausgangspunkt für den Themenbereich „Daten" dar. Anhand von Beispielen aus ihrem täglichen Umfeld sollen die Studierenden die Bedeutung des konzeptionellen Datenmodells als Ausgangspunkt für die interne Darstellung von Daten erkennen und den schrittweisen Abstraktionsprozeß anhand einfacher Beispiele nachvollziehen können. Weiters sollen sie einen Überblick erhalten, in welcher Form Daten auf unterschiedlichen Datenträgern gespeichert werden und abschätzen lernen, welche Speicherkapazitäten für verschiedene Datenmengen oder Darstellungsformen von Daten (Schrift, (Bewegt-)Bild, Ton) benötigt werden und welche Datenträger hierfür geeignet sind.

Nach einem Überblick über verschiedene Methoden der Datenerfassung werden Datenorganisation und Sortiermethoden behandelt. Dabei ist das Hauptaugenmerk nicht auf die Beherrschung verschiedener Sortierverfahren zu legen, sondern die Studierenden sollen die Auswirkungen unterschiedlicher Organisationsformen auf die Verarbeitungsmöglichkeiten von Daten verstehen.

Ein großer zeitlicher Anteil dieses Themenblocks ist Datenbanken gewidmet. Die Studenten sollen dabei einerseits erkennen, welche Vorteile

Datenbanken gegenüber der herkömmlichen Dateiverarbeitung aufweisen und auch das auf Arbeitsplatzrechnern verbreitete relationale Datenmodell anhand direkter Erfahrung am Rechner kennenlernen. Das wesentlichste Lehrziel ist dabei die Durchführung von Abfragen auf bestehende Datenbanken mit verbreiteten Abfragemethoden (Structured Query Language, Query by Example) und erst in zweiter Linie die Erstellung eigener Datenbankanwendungen.

Datenübertragung und die damit verbundenen Möglichkeiten der internen und externen Kommunikation stellen einen weiteren Themenschwerpunkt dar. Neben einer Darstellung der Charakteristika der bekanntesten Netzwerktopologien und Übertragungsmedien sollen vor allem die Nutzungsmöglichkeiten von lokalen Netzen und Fernnetzen erörtert werden. Jene Nutzungsmöglichkeiten, auf die bereits in Abschnitt 3.2.3 hingewiesen wurde und die meines Erachtens für die universitäre Arbeit besonders wichtig sind, sind in diesem Zusammenhang besonders herauszustreichen.

Adressaten: Insbesondere die beiden zuletzt genannten Themenkreise, Datenbanken und Datenübertragung, sind fast allen Studienanfängern unbekannt. Während an Schulen mit intensivem EDV–Unterricht Datenorganisation in der EDV–Ausbildung behandelt wird und einfache Dateiverwaltungsprogramme wie dBase eingesetzt werden, sind Informationsdienste oder die Benutzung von Literaturdatenbanken, die weltweiten Kommunikationsmöglichkeiten und die Nutzung von Fernnetzen den meisten Studenten unbekannt. Diese Schwerpunke sollen daher in das allgemein verpflichtende Lehrprogramm aufgenommen werden. Um Wissensdefizite auf dem Gebiet der Datenorganisation auszugleichen, kann vermehrt auf existierende Tutorenprogramme zurückgegriffen werden.

Unterrichtsform: Für das Lernziel Datenmodellierung sollen hauptsächlich praktische Übungen herangezogen werden, in denen die Studenten in Gruppen zu einer konkreter Aufgabenstellung ein konzeptionelles Modell entwickeln. Dieses Modell kann Ausgangspunkt für die Entwicklung einer relationalen Datenbank sein oder als Grundlage für die Durchführung von Datenbankrecherchen dienen.

Die Erläuterung verschiedender Dateiorganisationsformen kann, wie bereits erwähnt, vermehrt auf Tutorensysteme verlagert werden. Dagegen soll die Verwendung von Informations- und Kommunikationsdiensten über lokale Netze und Fernnetze möglichst so in die Lehre eingebunden werden, daß auch ihre spätere Nutzung für die Studierenden zur Selbstverständlichkeit wird. Eine Integrationsmöglichkeit besteht beispielsweise darin, verstärkt elektronische Post zur Kommunikation mit den Studenten einzusetzen (z.B. zur Vereinbarung von Beratungsterminen, zur Abgabe von Hausübungen oder zur Verteilung von Unterlagen durch den Lehrveranstaltungsleiter) und generell allen Neuinskribenten für diesen Zweck Benutzerkennungen einzurichten, die sie während ihrer gesamten Studienzeit behalten. Die Benutzung von Informationsdiensten oder elektronischen Zeitschriften kann z.B. Voraussetzung für eine schriftliche Arbeit sein, die mit Endbenutzerwerkzeugen, auf die in der Folge noch einzugehen ist, erstellt wird.

Neben den universitären Nutzungsmöglichkeiten der Telekommunikation sollen aber auch betriebliche Anwendungsgebiete behandelt werden. Dafür können „Musterunternehmen" (z.B. Filialbetriebe oder multinationale Unternehmen) herangezogen werden, die unterschiedliche Formen der Datenübertragung realisiert haben. Solche Fallbeispiele, die von Praktikern vorgestellt werden, oder die Simulation der Kommunikationssysteme und darüber abgewickelten Informationsflüsse eines Unternehmens am Rechner, machen die Studierenden mit den realen Gegebenheiten besser vertraut als eine umfassende Präsentation verschiedenster Netzwerktopologien und Übertragungswege.

Software

- Klassifizierung von Software (System- und Anwendungssoftware)
- Aufgaben der Systemsoftware und systemnaher Software
- Bedienung eines einfachen Betriebssystems (DOS oder Mac OS)
- grafische Benutzeroberflächen
- Programmiersprachen
- Einsatzgebiete anwendungsunabhängiger Endbenutzerwerkzeuge
- Textverarbeitung, Desktop Publishing
- Tabellenkalkulation, Präsentationsgrafik
- Datenanalyse
- Datenbanken
- Funktionsumfang branchenneutraler Anwendungssoftware (z.B. für Rechnungswesen, Marketing, Personalwesen, Unternehmensplanung, Produktion, Materialwirtschaft)

Neben Hardwarekenntnissen und dem Wissen über Datenspeicherung und Datenübertragung soll das Hauptaugenmerk der Beschäftigung mit EDV in der wirtschaftswissenschaftlichen Ausbildung einerseits auf die Werkzeugfunktion von Rechnern im Rahmen der universitären Ausbildung und zunehmend auch auf den betrieblichen Einsatz der Informationsverarbeitung und seine Auswirkungen auf das Unternehmen gerichtet werden.

Zunächst sollen die Studierenden die Aufgaben der **Systemsoftware** durch die beispielhafte Anwendung eines verbreiteten Einbenutzer–Betriebssystems kennenlernen. Dabei können die Studierenden vom Laden der verschiedenen Komponenten des Betriebssystems bis zum Einsatz unterschiedlicher Kommandointerpreter bzw. grafischer Benutzeroberflächen selbst alle notwendigen Schritte durchführen, um einen Rechner in Betrieb zu nehmen. Zusätzlich können sie die wesentlichsten Kommandos und den Aufbau eines Dateisystems in einer einfachen Systemwelt kennenlernen.

Kenntnisse über die Verwendung spezieller **Softwarewerkzeuge**, die im Rahmen der universitären Ausbildung benötigt werden, sollen das Kerngebiet der EDV–Ausbildung im Grundstudium darstellen. Das Training im Umgang mit ausgewählten Endbenutzerwerkzeugen bestimmt auch derzeit den Großteil der praktischen Ausbildung am Rechner. Dieser Ausbildungsbestandteil soll erweitert und, aufbauend auf einen Grundstock von Softwaretools, den alle Studenten beherrschen müssen, mit Wahlmöglichkeiten versehen werden.

Zu den wichtigsten im Studium benötigten Werkzeugen zählen **Textverarbeitungsprogramme**, deren Spektrum um leistungsfähige Desktop Publishing–Systeme erweitert werden soll. Im Rahmen des Textverarbeitungstrainings sollen die Studenten allerdings nicht nur lernen, wie ein spezielles Programm zu bedienen ist. Diese Funktion kann verstärkt auf Selbststudienkurse verlagert werden, die bei fast allen Softwarepaketen im Lieferumfang enthalten sind.[9] Durch die teilweise Verlagerung der aktuellen Lehrinhalte in das Selbststudium kann anhand des Werkzeugs Textverarbeitung verstärkt auf die Erstellung wissenschaftlicher Arbeiten, vor allem die Unterstützung der Konzipierungsphase mit Outline–Funktionen, die Einbindung von Daten oder Grafiken aus anderen Anwendungsprogrammen, die Erstellung von Gliederung, Inhaltsverzeichnis oder Index, die korrekte Erstellung eines Literaturverzeichnisses u.ä. eingegangen werden. Die Anleitung zum wissenschaftlichen Arbeiten durch Universitätslehrer sollte für die Studierenden von größerem Nutzen sein als die kurzfristige Hilfestellung beim Erlernen eines unbekannten Softwarepakets. Für interessierte Studenten, die bereits Erfahrung im Einsatz von Textverarbeitungssoftware haben, könnten als Alternative Einführungen in Desktop Publishing–Systeme oder Textsatzprogramme

[9]Durch dieses Selbststudium können die Teilnehmer anhand eines einfachen Softwarepakets bei der eigenständigen Erarbeitung von Kenntnissen mit Handbüchern angeleitet werden.

wie $\TeX$ angeboten werden.

Einen weiteren Themenschwerpunkt bilden **Tabellenkalkulationsprogramme**, für die ähnliche Aussagen gelten wie zuvor für Textverarbeitungssoftware. Auch hier ist die praktische Arbeit am Rechner derzeit sehr stark in der Vermittlung von Basiskenntnissen verhaftet, für die konkrete Umsetzung betriebswirtschaftlicher Problemstellungen bleibt meist wenig Gelegenheit. Abschnitt 3.2.1 hat bereits aufgezeigt, wie Kalkulationssoftware nutzbringend eingesetzt werden kann und insbesondere zur Förderung nichtfachspezifischer Fähigkeiten, wie etwa der Problemlösungskompetenz der Studierenden, beitragen kann. Die Anleitung des Universitätslehrers bei der Bearbeitung von Fallbeispielen, die die Entwicklung von Lösungen bei schlecht strukturierten Aufgabenstellungen zum Ziel haben, kann eine ausgezeichnete Basis für das Studium darstellen. Weiters können Studierende in diesem Zusammenhang mit Unterstützung des Lehrveranstaltungsleiters üben, auf welche Weise die erzielten Arbeitsergebnisse grafisch aufbereitet und dem Publikum wirkungsvoll präsentiert werden können.

Um das Ausbildungsangebot an Endbenutzerwerkzeugen zu erweitern und trotzdem eine gemeinsame Wissensbasis aller Studierenden sicherzustellen, sollen die genannten Themenblöcke Textverarbeitung und Kalkulation in allen Lehrveranstaltungen verpflichtend enthalten sein. Zusätzlich soll jedoch das Lehrangebot um Wahlmöglichkeiten für die Studierenden bereichert werden. Hier ist insbesondere an folgende Bereiche gedacht:

- Erstellung von druckreifen Publikationen mit Desktop Publishing–Software,
- Gestaltung von Präsentationen mit Grafik- und Zeichenprogrammen,
- Unterstützung des Projektmanagements mit geeigneter Software,
- Datenanalyse mit Hilfe von Statistikprogrammen,
- die Rolle entscheidungsunterstützender Systeme in der Unternehmensführung,
- Erstellung von Anwendungsprogrammen auf der Basis relationaler Datenbanken für Arbeitsplatzrechner,
- Gestaltungsmöglichkeiten von Hypermedia–Systemen.

Auf diese Weise kann neben dem gemeinsamen Grundwissen durch ein breit gestreutes Zusatzangebot den Interessen und Vorkenntnissen der Studenten verstärkt entsprochen werden. Wie derartige Wahlblöcke organisatorisch zu bewältigen sind, ist Gegenstand der Abschnitte 5.4.3 und 5.4.4.

Eine Programmierausbildung ist an der WU (mit Ausnahme der Lehrveranstaltungen für Volkswirte) nicht im Lehrprogramm der Grundausbildung enthalten und diese generelle Richtung soll auch weiterhin nicht verändert werden. Zusätzlich zu dem in allen Lehrbüchern üblichen Überblick über die wichtigsten Programmiersprachen, ihre Verbreitung und ihre Haupteinsatzgebiete können allerdings Vergleiche zwischen Problemlösungen mit konventionellen Programmiersprachen der dritten Generation, 4.–Generationssprachen und Endbenutzerwerkzeugen gezeigt werden.

Der Einsatz oder die Vorstellung von Anwendungssoftware zur Unterstützung betrieblicher Funktionsbereiche ist im heutigen Ausbildungsprogramm nicht vorgesehen. Die EDV–Einführung bietet für diesen Zweck auch nicht den geeigneten Rahmen, da die Studenten zum Zeitpunkt des Proseminarbesuchs sehr unterschiedliche oder noch keine betriebswirtschaftlichen Fächer absolviert haben. Daher wäre eine eingehende praktische Arbeit mit Standardsoftware zu diesem Zeitpunkt wenig effektiv. Die Studenten sollten jedoch über die Breite des Standardsoftwareangebots für viele Aufgabengebiete informiert werden und die Möglichkeit haben, einfache Softwarepakete in Eigenregie zu verwenden.

Im Rahmen der Studienreformüberlegungen könnte von den mit der BWL–Ausbildung befaßten Universitätslehrern ein fächerübergreifendes Praktikum entwickelt werden, das am Ende der Grundausbildung steht. Die Simulation der Aufgaben verschiedener Abteilungen eines realen Unternehmens mit Hilfe geeigneter Softwarepakete würde einerseits die erstmalige integrative Anwendung von Kenntnissen aus unterschiedlichen Fachgebieten erlauben, Möglichkeiten zur intensiven Teamarbeit studentischer Arbeitsgruppen bieten und andererseits Einsichten in die wechselseitige Beeinflussung zwischen betriebswirtschaftlichen Aufgaben und ihrer EDV–gestützten Durchführung ermöglichen.[10]

Adressaten: Der Einsatz unterschiedlicher Softwarepakete zur Unterstützung der universitären Aufgaben der Studierenden stellt künftig das Kerngebiet der EDV–Grundausbildung dar. Eine Teilnahme an diesen praktischen Übungen ist daher verpflichtend vorzusehen, allerdings sind entsprechend den Vorkenntnissen Spezialisierungsmöglichkeiten für die Studenten vorzusehen.

Unterrichtsform: In diesem Themenblock überwiegt die praktische Arbeit an Arbeitsplatzrechnern, die teilweise im Selbststudium anhand tutorieller Software und teilweise mit Unterstützung durch Instruktoren bzw. Universitätslehrer erfolgen soll. Während die Bedienung des Betriebssystems

[10] Zur wechselseitigen Beeinflussung zwischen Informationstechnologie und Betriebswirtschaftslehre siehe insbesondere [Scheer90].

je nach Rechnertyp unterschiedlich erklärungsbedürftig ist und beispielsweise auf Macintosh–Rechnern kaum einer Erläuterung bedarf, sollten die grundsätzlichen Aufgaben des Betriebssystems und seine Brückenfunktion zwischen der Hardware einerseits und Anwendungsprogrammen andererseits vom Universitätslehrer erklärt werden. Dadurch kann dem „Black box–Denken" entgegengewirkt werden, das dazu führt, daß die Benutzer auch bei kleinen Bedienungproblemen die Hilfe von geschultem Personal benötigen, weil ihnen jedes Verständnis für die Funktionsweise der Software und mögliche Fehlerquellen fehlt.[11]

Für Endbenutzerwerkzeuge sind zahlreiche Selbststudienkurse verfügbar, allerdings werden sie erfahrungsgemäß ohne zusätzliche schriftliche Unterlagen von Anfängern nicht angenommen. Zudem ist die Gestaltung der an der WU verfügbaren Materialien wenig motivierend, sodaß entsprechende Versuche, Lehrinhalte in das Selbststudium zu verlagern, bisher wenig Erfolg hatten. Um trotzdem die Relevanz von Endbenutzerwerkzeugen für das weitere Studium stärker in den Vordergrund stellen zu können, sollen für Studierende, die die Grundlagen nicht im Selbststudium erarbeiten wollen, (kostenpflichtige) Zusatzkurse angeboten werden, die von höhersemestrigen Studenten (Tutoren) oder von Mitarbeitern des EDV–Zentrums abgehalten werden. Das Schwergewicht bei der Arbeit mit Endbenutzerwerkzeugen im Praktikum soll auf die praktische Anwendung der Konzepte gelegt werden, wobei eine intensive Beratung und Betreuung durch den Lehrveranstaltungsleiter bzw. Tutor vorzusehen ist.

5.4.2 Wie kann die Persönlichkeitsbildung in der EDV-Grundausbildung gefördert werden?

Ein wesentliches Manko der derzeitigen universitären Ausbildung stellt meines Erachtens die geringe Berücksichtigung von Lehrzielen dar, die keine Fachkenntnisse zum Inhalt haben, sondern zur Persönlichkeitsbildung der Studierenden beitragen. Durch das in den vorhergehenden Abschnitten vorgeschlagene Curriculum für die EDV–Grundausbildung können natürlich nicht alle im Zielkatalog angeführten Bildungsziele erreicht werden, allerdings

[11] Dies steht bei flüchtiger Betrachtung im Gegensatz zum Verständnis des Rechners als Werkzeug. Viele Autoren vergleichen die Benutzung eines Arbeitsplatzrechners mit der Bedienung einer Waschmaschine oder eines Autos, über deren interne Arbeitsweise man ebenfalls keine genaue Information hat. Allerdings ist fast jeder Autofahrer in der Lage, seinen Wagen selbst zu tanken, den Ölstand zu messen oder einen Reifen zu wechseln und damit sein Auto fahrbereit zu machen. Denselben Standard muß auch der Benutzer eines Arbeitsplatzrechners mit zunehmender Verbreitung der individuellen Datenverarbeitung erreichen, da eine ständig erreichbare Benutzerunterstützung nur in den seltensten Fällen zur Verfügung steht.

kann gerade die EDV–Ausbildung mit ihrem großen Anteil an praktischer Arbeit durch geeignete Unterrichtsmethoden einige der angesprochenen Fähigkeiten wesentlich fördern. Die Lehrveranstaltungsleiter müssen jedoch den persönlichkeitsbezogenen Fähigkeiten den erforderlichen hohen Stellenwert einräumen, da die Fülle des Lehrstoffs andernfalls zumeist zu einer Reduktion dieser Lehrziele führt.

Eine Betrachtung der Lehreinheiten und der vorgeschlagenen Unterrichtsmethoden zeigt, daß das EDV–Curriculum persönlichkeitsbezogene Lehrziele auf unterschiedliche Weise in die Lehre integriert bzw. die Voraussetzungen hierzu schafft:

- Die **Problemlösungskompetenz** kann insbesondere durch die Bearbeitung von Fallbeispielen geschult werden, die im vorigen Abschnitt für mehrere Themenbereiche als Unterrichtsform vorgeschlagen wurden.
- Das Erlernen **professioneller Arbeitsmethoden** ist explizites Ausbildungsziel in mehreren Teilbereichen des Curriculums, z.B. beim Thema Textverarbeitung, dessen geplanter Schwerpunkt in der Nutzung des Werkzeugs für die Erstellung wissenschaftlicher Arbeiten liegt, oder bei der Nutzung von elektronischen Kommunikationsmöglichkeiten oder Informationsquellen zur Erstellung von Berichten.
- Da **Teamfähigkeit** gerade in der EDV ein wichtiges Persönlichkeitsmerkmal darstellt (z.B. bei der Entwicklung großer Programmsysteme), hat dieses Lehrziel in EDV–orientierten Lehrveranstaltungen bereits einige Tradition. In der EDV–Grundausbildung ist Teamarbeit v.a. in den Praktika und bei der Bearbeitung von Fallbeispielen vorgesehen. Die Studierenden profitieren davon nicht nur für ihre spätere berufliche Tätigkeit, sondern auch unmittelbar durch die positiven Synergieeffekte, die die Gruppenarbeit i.d.R. auf das Arbeitsergebnis hat.
  Andere Endbenutzerwerkzeuge, wie z.B. Statistiksoftware, fördern wiederum besonders die **analytischen Fähigkeiten** der Studenten oder die **Kreativität und Präsentationstechnik** (Grafiksoftware u.ä.).
- Um nicht allzu einseitig teamorientierte Arbeitsformen zu fördern und die Individualität der Studierenden außer Betracht zu lassen, sind bei allen Themenschwerpunkten abschließende Diskussionen, Fragestunden oder Praktikergespräche vorgesehen. Diese sollen den Studierenden helfen, ihr Wissen an der Realität zu überprüfen sowie ihre **Kritikfähigkeit** zu schulen.
- Nicht zuletzt sollen vielfältige Angebote für das Selbststudium, in rechnergestützter Form oder auch auf schriftlicher Basis, den Studenten **Selbständigkeit** vermitteln und sie auf **eigenverantwortliches Arbeiten** vorbereiten.

5.4.3 Welche Unterrichtsform ist für die Umsetzung der Lehrinhalte geeignet?

Der derzeitige Lehrveranstaltungsmodus (zuerst Vorlesung, dann praktische Übung) stellt eine rationelle, aber aufgrund der großen Studentenzahlen und der geringen aktiven Beteilung der Studierenden keine optimale Form der Wissensvermittlung dar. Günstiger ist es, für die Gültigkeitsdauer des derzeitigen Studienplans eine Mischform dieser beiden Veranstaltungen zu finden, in der ein möglichst großer Teil des vermittelten theoretischen Wissens durch begleitende praktische Übungen und Selbststudium am PC unterstützt, veranschaulicht und ergänzt wird.

Aus dem oben geschilderten Lehrprogramm und den Vorschlägen zur didaktischen Vorgehensweise werden die unterschiedlichen Formen, in denen Rechner in der EDV–Grundausbildung eingesetzt werden können, bereits deutlich. In den einführenden Unterrichtseinheiten über Hardware dienen Rechner als **Anschauungsobjekt**, zur Vertiefung einzelner Wissensgebiete (Datenorganisation, Einführung in die Benutzung von Endbenutzerwerkzeugen) werden sie als **Tutor** oder als **elektronisches „Lehrbuch“** verwendet. In zunehmendem Maß (genauer, sobald geeignete Projektionsmöglichkeiten zur Verfügung stehen) sollen **rechnerbasierte Präsentationen** die herkömmlichen Folienvorträge ersetzen. Dadurch wird es möglich, Vorträge durch Bilder, Grafiken, Animationen oder Video im Hörsaal zu unterstützen oder auch direkt über das lokale Netzwerk aktuelle Arbeitssitzungen an lokalen oder entfernten Rechnern durchzuführen und so Lehrinhalte direkt im Hörsaal zu demonstrieren. Zum Vorteil der Unterstützung unterschiedlicher Lernstile durch die Einbeziehung verschiedener Medien kommt der Zusatznutzen, daß die rechnerbasierten Unterlagen (z.B. in Hypermedia–Form) den Studenten zu Selbststudienzwecken in den PC–Räumen zur Verfügung gestellt werden können. Damit bestünde für die Studierenden eine zusätzliche Alternative, sich mit dem Lehrstoff außerhalb der Vorlesung in selbstgewähltem Umfang und zu beliebigen Zeiten zu befassen, schwierige Lehrinhalte zu einem späteren Zeitpunkt zu wiederholen oder subjektiv interessante Teile zu vertiefen. Abgesehen von diesen Einsatzformen soll in Zukunft schwerpunktmäßig die **Werkzeugfunktion** des Rechners und insbesondere seine Rolle als **Informations- und Kommunikationsmedium** betont werden, deren Kenntnis durch praktische Arbeit am Rechner gefördert werden kann.

Ohne großen finanziellen Aufwand können zusätzlich von allen Lehrveranstaltungseinheiten Videomitschnitte angefertigt werden, die interessierte Studenten z.B. im Videostudio unabhängig vom Lehrveranstaltungstermin ansehen können. Gemeinsam mit geeigneten schriftlichen Unterlagen und der Einführung von „Fragestunden“ könnten auf diese Weise Massenvorlesungen in einigen Semestern ersetzt und das Potential der Universitätslehrer verstärkt auf ihre beratende und unterstützende Funktion gerichtet werden.

Eine Schätzung des zeitlichen Aufwands, der mit der Erreichung der oben genannten Lehrziele verbunden ist, sowie eine Zuordnung der jeweils geeigneten Unterrichtsmethoden zu diesen Lehrzielen enthalten die Tabellen 5.1, 5.2 und 5.3 auf den folgenden Seiten. Dabei ist der Zeitbedarf jener Lehreinheiten, deren Besuch nur bei mangelnden Vorkenntnissen notwendig ist, durch die kursive Schrift kenntlich gemacht. Die Bezeichnungen in der letzten Spalte der Tabellen kennzeichnen die Themenblöcke in den Abbildungen 5.1 bis 5.4, in denen die zeitliche Abfolge der Themen und eine mögliche wochenweise Gliederung vorgeschlagen werden.

5.4.3.1 Ablaufplan für die EDV–Grundausbildung unter Beibehaltung des zweisemestrigen Lehrveranstaltungsmodus

Die in den vorangegangenen Abschnitten als wesentlich herausgestrichenen Fachkenntnisse und sonstigen Lehrziele wurden bislang nicht unter den restriktiven Rahmenbedingungen betrachtet, denen die Lehre an der WU unterworfen ist. In diesem Abschnitt wird nun ein kurzfristig realisierbares Unterrichtskonzept dargestellt, in dem die Reihenfolge der Lehreinheiten gegenüber der tabellarischen Darstellung aus didaktischen Gründen teilweise verändert wird, das aber auch die gesetzlichen Restriktionen und Ressourcenengpässe berücksichtigt. Dies führt einerseits zur zeitlichen Trennung mancher Themengebiete, andererseits zu einer Schwerpunktbildung im zweiten Teil der EDV–Grundausbildung und zur Reduktion des Vorlesungsangebots gegenüber intensiver betreuten Arbeitsgemeinschaften. Der grobe Ablaufplan ist den Abbildungen 5.1 und 5.3 zu entnehmen, wobei die Kurzbezeichnungen der Lehreinheiten wiederum den Angaben der vorhergehenden Tabellen entsprechen. Eine detailliertere Wochenplanung wird in den beiden folgenden Abschnitten anhand der Abbildungen 5.2 und 5.4 präsentiert.

Unter Beachtung der zeitlichen Restriktionen des Studienplans soll, wie den Abbildungen zu entnehmen ist, eine auf zwei Semester verteilte Lehrveranstaltungsform beibehalten werden. Am Beginn der EDV–Grundausbildung steht die erwähnte wahlfreie Einführung, die vorzugsweise in den Ferien bzw. den ersten beiden Semesterwochen stattfinden soll (`EK`). Die Blöcke

- Baueinheiten von Rechnern,
- Daten und
- Software

Thema	**Lehrziel**	**Unterrichtsform**	**Zeit**	**Bez.**
Funktionsweise von Rechnern	globales Faktenwissen Ausgleich von Wissenslücken Abbau von Technikängsten	Kurzvortrag Selbststudium Hands on–Kurse in Gruppen	*2+3 Std.*	*EK*
Baueinheiten von Rechnern	Faktenwissen über Hardwarekomponenten	Besichtigung der PC–Schulungsräume	1,5 Std.	EX1
		Besuch des EDV–Zentrums	1,5 Std.	EX2
	Kenntnis der wichtigsten Baueinheiten von Arbeitsplatzrechnern und der Markttrends	Einführungsvortrag mit Demonstration von einigen Komponenten	4 Std.	V1
		Fallbeispiel: Analyse von Unterlagen über Hardwarekomponenten (z.B. Prospekte) in Gruppenarbeit mit anschließender Präsentation	3 Std. 2 Std.	G1 Pr1
		Selbststudienunterlagen in rechnergestützter und schriftlicher Form zur Vorbereitung und Intensivierung	*beliebig*	*CUU1*
		Fragestunde und Diskussion über Markttrends	3 Std.	D1

Tabelle 5.1: Curriculum für die EDV–Grundausbildung

Thema	Lehrziel	Unterrichtsform	Zeit	Bez.
Datenmodellierung	Faktenwissen und praktische Erfahrung mit Datenmodellierung	Vortrag Fallbeispiel: Abstraktion und Erstellung eines konzeptionellen Modells in Gruppenarbeit	2 Std. 2 Std. 2 Std.	V2 G2 Pr2
Datenerfassung, Datenträger	Faktenwissen über Datenträger und Datenerfassung	Selbststudium in schriftlicher und rechnerbasierter Form	*4 Std.*	*CUU2*
Datenspeicherung	Verständnis für verschiedene Arten der Datenorganisation	tutorielle Systeme zur Erprobung verschiedener Sortiermethoden und Methoden der Datenorganisation	*4 Std.*	*CUU2*
Datensicherheit, Datenschutz	Faktenwissen und Problembewußtsein	Praxisbeispiele aus dem persönlichen Umfeld der Studenten (z.B. Daten über Studienverlauf, Strafregister)	2 Std.	D2
Datenbanken	Faktenwissen über verschiedene Datenbankmodelle Anwendungswissen durch die Benutzung von Datenbanken	Erläuterung relationaler Datenbanken anhand des Entity-Relationship-Modells Datenbankrecherchen im Rahmen eines Kleinprojekts	3 Std. 3 Std.	V6 G6
Datenübertragung	Faktenwissen über Netzwerktopologien und Übertragungsmedien	Vortrag und Selbststudienunterlagen Präsentation von Musterunternehmen	4 Std. *beliebig*	V7 *CUU7*
Dienste in LAN und WAN	Nutzung interner oder organisationsübergreifender Informations- und Kommunikationsdienste (Literaturdatenbanken, elektronische Zeitschriften, e-mail) anhand des WU–LAN	Projektarbeit mit Voraussetzung der Nutzung verschiedener Dienste Einsatz des Rechners für wichtige Kommunikationsaufgaben in der Lehrveranstaltung	5 Std. laufend	P7
	Kenntnis des technischen Standes der Datenspeicherung und -übertragung und Verständnis für die Entwicklungstrends	Fragestunde und Diskussion	3 Std.	D7

Tabelle 5.2: Curriculum für die EDV–Grundausbildung

Thema	Lehrziel	Unterrichtsform	Zeit	Bez.
Systemsoftware	Faktenwissen über die wichtigsten Betriebssysteme und ihre Aufgaben	Vortrag	2 Std.	V3
	Anwendungskenntnisse über die Bedienung eines Einbenutzer–Betriebssystems sowie Grundlagen der Bedienung eines Mehrbenutzer–Betriebssystems	Praktikum am Arbeitsplatzrechner (DOS, Mac OS, VM/SP–CMS) Selbststudienkurse am Rechner	6 Std. 4 Std.	P3 CUU3
Benutzeroberflächen	Faktenwissen Anwendungskenntnisse über grafische Benutzeroberflächen für Arbeitsplatzrechner	Praktikum am Arbeitsplatzrechner Selbststudienkurse am Rechner	2 Std. 2 Std.	P4 CUU4
Programmiersprachen	Faktenwissen	Vortrag mit Praxisbeispiel über Problemlösung mit verschiedenen Programmiersprachen	2 Std.	V4
Endbenutzerwerkzeuge	Anwendungskenntnisse	Selbststudium zur Einführung in die Bedienung verschiedener Endbenutzerwerkzeuge	pro Block 5 Std.	CUU5
	Förderung des Problemlösungspotentials und der Teamarbeit	Praktikum mit Fallbeispielen aus dem betriebswirtschaftlichen und universitären Umfeld, tw. in Gruppenarbeit	pro Block 15+5 Std. 10+5 Std.	P5 G5
	Faktenwissen über Verbreitung und Markttrends	Diskussion Praktikergespräch	pro Block 1 Std.	D5
Standardanwendungssoftware	Faktenwissen über Funktionsumfang und Verbreitung von SASW in Betrieben	Vortrag Selbststudienangebot	6 Std. *beliebig*	V8 *CUU8*

Tabelle 5.3: Curriculum für die EDV–Grundausbildung

sind im Ablaufplan in unterschiedlicher Rasterung dargestellt. Die Kurzbezeichnung `V` steht für einen Vorlesungsblock, `G` für Gruppenarbeiten, `Pr` für die Präsentationstermine dieser Gruppenarbeiten, `P` für Hands on–Praktika am Arbeitsplatzrechner, die Bezeichnung `EX` für Exkursionen. Wesentliche Komponenten sind außerdem Diskussions- und Fragestunden (`D`) und die Möglichkeit zur ergänzenden oder intensivierenden Arbeit im Rahmen des computerunterstützten Unterrichts (`CUU`).

5.4.3.2 Erstes Semester der EDV–Grundausbildung

Am Beginn des ersten Semesters der EDV–Grundausbildung stehen Vorlesungstermine, Gruppenarbeiten, Präsentationen und Diskussionen zu den Themen Hardwarekomponenten und Daten im Vordergrund, in der zweiten Semesterhälfte ist das erste Praktikum über Betriebssysteme und Benutzeroberflächen vorgesehen. Da im Rahmen einer Vorlesung die intensive Betreuung der Gruppenarbeiten, Präsentationen und Praktika aufgrund der Hörerzahl unmöglich ist, wurde der Lehrveranstaltungsmodus teilweise geändert. Meines Erachtens sollen lediglich die Vortragseinheiten und Diskussionen im großen Forum der Vorlesung stattfinden, für Gruppenarbeiten, Exkursionen, Präsentationen sowie Praktika ist der kleinere Rahmen einer Arbeitsgemeinschaft besser geeignet.

Diese Maßnahme bedeutet eine Reduktion der Vorlesung im ersten Semester auf insgesamt 15 Semesterstunden, was einer etwa einstündigen Vorlesung entspricht, die jedoch nicht mehr im wöchentlichen Rhythmus stattfindet, sondern verzahnt mit den parallelen Arbeitsgemeinschaften abgehalten wird (siehe Abbildung 5.2). Diese Arbeitsgemeinschaften umfassen in der ersten Semesterhälfte zwei Blöcke mit Gruppenarbeiten und Präsentationen der Ergebnisse, die begleitend zur Vorlesung stattfinden. In der zweiten Semesterhälfte werden Praktika über die Bedienung der an der WU eingesetzten Betriebssysteme und Benutzeroberflächen durchgeführt, die durch Selbststudienangebote unterstützt werden.

Arbeitsgemeinschaften sind im derzeit gültigen Studienplan für die EDV–Grundausbildung nicht vorgesehen. Sie sollen künftig von Universitätslehrern gemeinsam mit studentischen Tutoren abgehalten werden und jeweils größere Gruppen von rund hundert Hörern umfassen. Um trotz dieser Gruppengröße eine hohe Ausbildungsqualität sicherzustellen, sollen die Universitätslehrer insbesondere als Auskunftspersonen mit ihrem Know how zur Verfügung stehen. Die Gruppenarbeiten selbst sind vorzugsweise im kleinen Rahmen von ca. 30 Hörern durch Tutoren zu betreuen. Um dabei eine ausreichende Betreuung sicherzustellen, soll jede einstündige Arbeitsgemeinschaft durch drei studentische Tutoren unterstützt werden. Dieses

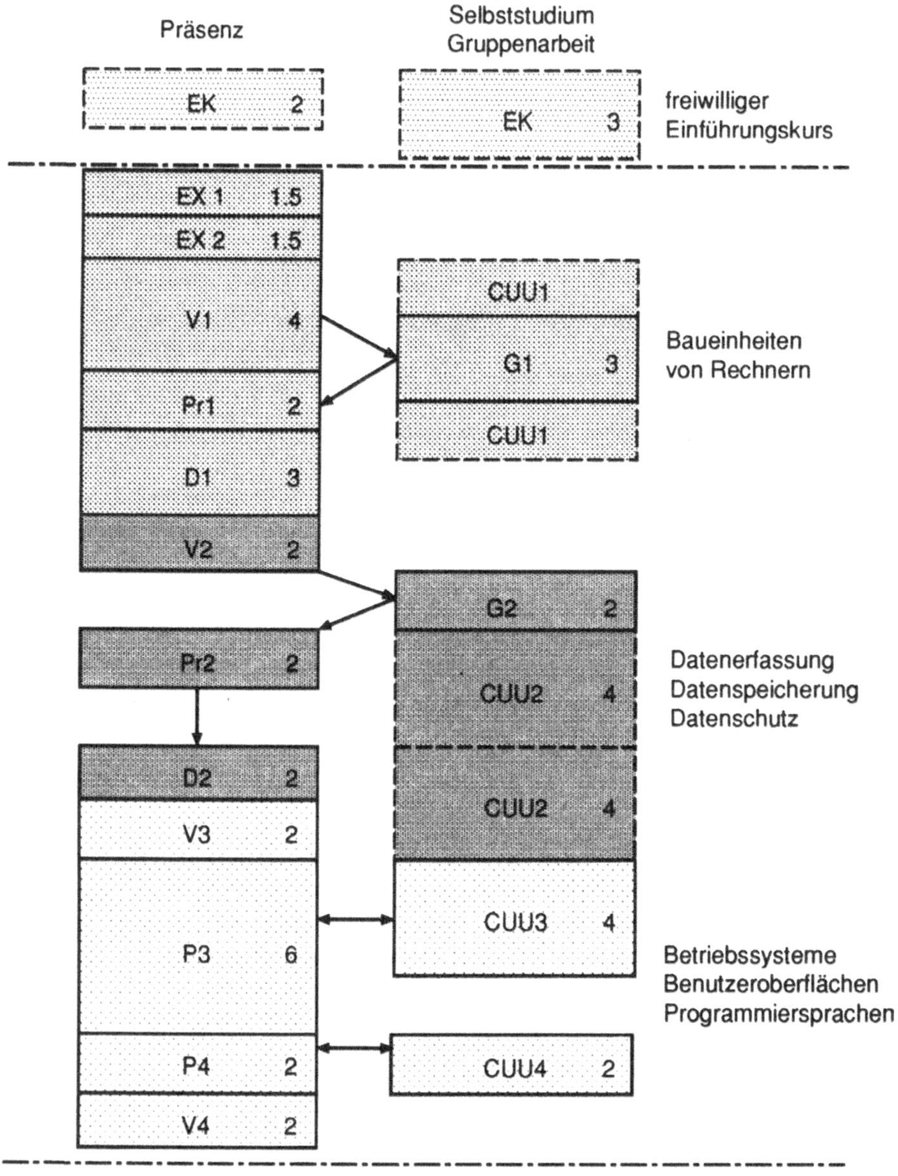

Abbildung 5.1: Curriculum für das 1. Semester der EDV–Grundausbildung

Betreuungsverhältnis soll nach Möglichkeit während beider Semester der EDV–Grundausbildung aufrechterhalten werden.

Einen Vorschlag für die wochenweise Detailplanung des eben geschilderten ersten Semesters (unter Berücksichtigung von durchschnittlich 15 Semesterwochen) enthält die Abbildung 5.2.

Woche	Vorlesung	Arbeitsgemeinschaft	Selbststudium	
1	V1 2	EX1 1.5		
2	V1 2	EX2 1.5	*CUU1 2*	**Baueinheiten von Rechnern**
3		G1 2	*CUU1 2*	
4		G1 1		
5		Pr1 2		
6	D1 3			
7	V2 2			
8		G2 2	*CUU2 2*	
9		Pr2 2	*CUU2 2*	**Datenerfassung Datenspeicherung Datenschutz**
10	D2 2		*CUU2 2*	
11	V3 2		*CUU2 2*	
12	V4 2	P3 3	CUU3 2	
13		P3 3	CUU3 2	**Betriebssysteme Benutzeroberflächen Programmiersprachen**
14		P4 2	CUU4 2	
15	Prüfung	Prüfung		

Abbildung 5.2: „Stundenplan“ für das 1. Semester

Über die Fortführung des Praktikums im folgenden Semester entscheidet wie bisher eine Beurteilung am Semesterende. Diese Beurteilung umfaßt die für alle Teilnehmer gleiche Prüfung über den Vorlesungsstoff, die mit dem derzeit abgehaltenen Kolloquium vergleichbar ist. Die Bewertung der Gruppenarbeiten, Präsentationen und der Praktikumsarbeit, die in den Arbeitsgemeinschaften von den zuständigen Betreuern vorgenommen wird, muß ebenfalls positiv sein, die notenmäßige Beurteilung findet aber erst im zweiten Semester der EDV–Grundausbildung im Rahmen des Gesamtergebnisses statt.

5.4.3.3 Zweites Semester der EDV–Grundausbildung

Jene Studierenden, die beide oben genannten Kriterien erfüllen, erhalten im folgenden Semester einen Platz in den fortführenden Intensivpraktika. Diese Praktika werden wie bisher von Universitätslehrern geleitet. Für eine intensive Betreuung der Studierenden auch im zweiten Semester ist jedoch wiederum die Unterstützung durch Tutoren erforderlich.

Begleitend zum Praktikum findet auch im zweiten Teil der Grundausbildung eine einstündige Vorlesung statt, in der die Studierenden das erforderliche theoretische Wissen erhalten und in der auch ausreichend Zeit für Diskussionen und Hintergrundinformation vorgesehen ist. Einen Vorschlag für die wochenweise Aufteilung der Lehrinhalte im zweiten Semester der EDV–Grundausbildung enthält Abbildung 5.4.

Die Intensivpraktika dienen v.a. der praktischen Arbeit am Rechner und finden weiterhin in den Schulungsräumen statt. Am Beginn des Semesters wird ein Praktikum über die Nutzung verschiedener Netzwerkdienste abgehalten, daran schließen drei Blockveranstaltungen über verschiedene Endbenutzerwerkzeuge an, den Abschluß bildet eine Gruppenarbeit zum Themenbereich Datenbanken. Der erste Block über Endbenutzerwerkzeuge dauert vier Wochen und umfaßt eine Einführung in die Textverarbeitung und Tabellenkalkulation. Wöchentlich sind vier Stunden Rechnerpraktikum vorgesehen, die der Lehrveranstaltungsleiter gemeinsam mit Tutoren abhält. Daneben erhalten die Studierenden schriftliche und rechnerbasierte Selbststudienmaterialien, anhand derer sie eventuelle Wissenslücken schließen können.

Der vorgeschlagene Terminplan ist wesentlich straffer als derzeit, dies erscheint mir jedoch aus zweierlei Gründen gerechtfertigt:

- Einerseits steigt das Wissen der Studierenden in bezug auf die Softwarekategorien Textverarbeitung und Kalkulation laufend, sodaß eine Straffung des Stoffs möglich erscheint,
- zum zweiten soll die Betreuung durch Tutoren wesentlich intensiviert und verstärkt begleitendes Selbststudienmaterial eingesetzt werden.

Nach dem Pflichtprogramm besteht für die Studierenden die Wahlmöglichkeit zwischen mehreren alternativen Praktika, aus denen sie ihr „Wunschprogramm“ zusammenstellen können. Insgesamt müssen die Studierenden zwei Themengebiete wählen und dazu jeweils dreiwöchige Praktika besuchen. Am Ende jedes Praktikums steht ein kurzer Abschlußtest, dessen

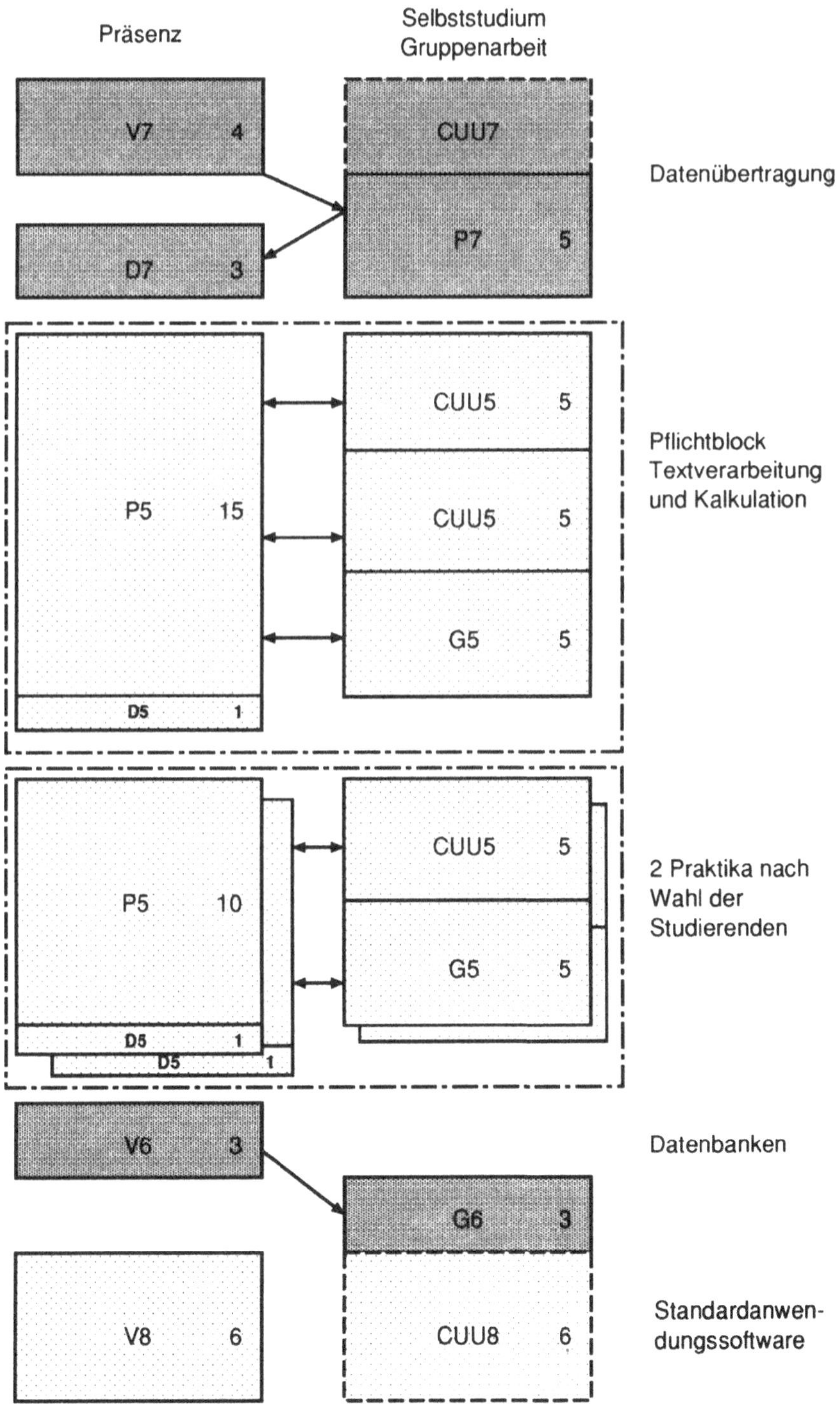

Abbildung 5.3: Curriculum für das 2. Semester der EDV–Grundausbildung

Woche	Vorlesung	Intensivpraktikum	Selbststudium	
1	V7 2	P7 3	*CUU7 2*	
2	V7 2	P7 2	*CUU7 2*	Datenübertragung
3	D7 3	P5 4	CUU5 5	
4		P5 4	CUU5 5	Pflichtblock Textverarbeitung und Kalkulation
5		P5 4	G5 5	
6	D5 1	P5 3	G5 5	
7		P5 4	CUU5 3	
8		P5 3	G5 5	1. Praktikum nach Wahl
9	D5 1	P5 3	CUU5 2	
10		P5 4	CUU5 3	
11		P5 3	G5 5	2. Praktikum nach Wahl
12	D5 1	P5 3	CUU5 2	
13		V6 3		
14	V8 3	G6 3	*CUU8 3*	Datenbanken
15	V8 3		*CUU8 3*	SASW

Abbildung 5.4: „Stundenplan“ für das 2. Semester

Note dem Hauptbetreuer des Studenten, der auch die Gesamtnote festlegt, gemeldet wird. Nach Maßgabe freier Kapazitäten können Studierende natürlich auch mehr als zwei Wahlpraktika besuchen.

Der abschließende Block zum Thema Datenbanken soll Möglichkeiten aufzeigen, Recherchen in Datenbanken mit Standardabfragesprachen durchzuführen. Mit der positiven Ablegung der Prüfungen zu den erforderlichen Pflicht- und Wahlpraktika ist die EDV–Grundausbildung abgeschlossen.

Abbildung 5.5 enthält eine zusammenfassende Darstellung des vorgeschlagenen Studienplans für die EDV–Grundausbildung. Daraus ist ersichtlich, daß die geplanten Veränderungen ohne Erweiterung des im Studienplan vorgesehenen Stundenkontingents möglich sind. Dies gilt allerdings nur für den Fall, daß in der derzeit unbetreuten Übungszeit ebenfalls Tutoren zur

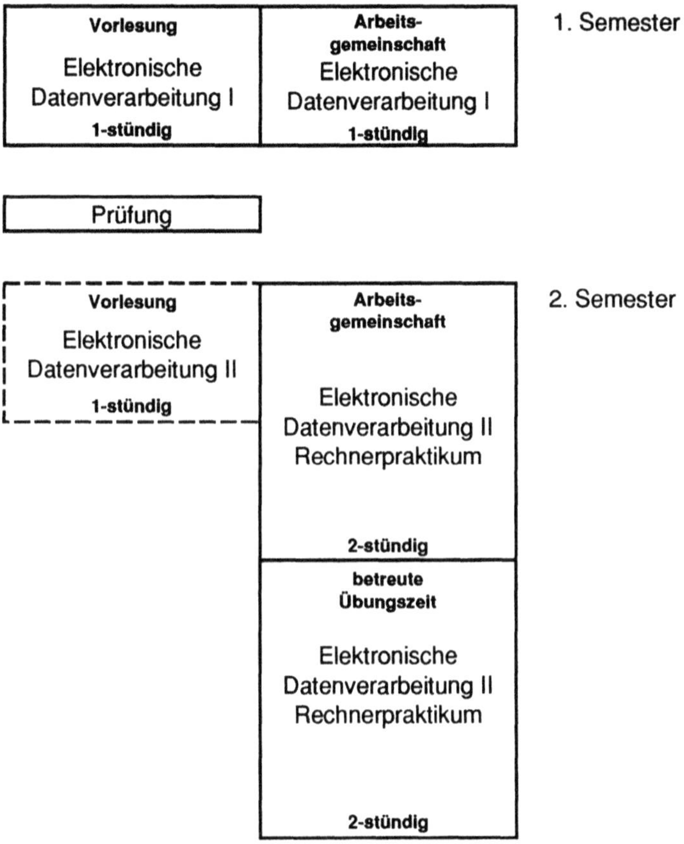

Abbildung 5.5: Studienplan für die EDV–Grundausbildung im 1. Studienabschnitt

Verfügung stehen und ein umfangreiches Selbststudienangebot bereitgestellt wird.

5.4.4 Maßnahmen zur Realisierung des Konzepts

Änderungen im schulischen Bereich, die sich wesentlich auf die „Computer literacy" der Studienanfänger auswirken, sind in naher Zukunft nicht zu erwarten. Auch rasche Veränderungen der Lehrpläne in den Schulen können sich erst mit einiger Verzögerung auf die Kenntnisse der Schulabgänger und damit auf die universitäre Ausbildung auswirken. Es ist daher nicht damit zu rechnen, daß sich das EDV–Know how der Studienanfänger in Kürze wesentlich verbessern wird. Aus diesem Grund soll der Planungshorizont für das vorgeschlagene Konzept der EDV–Grundausbildung etwa fünf Jahre betragen, wobei eine begleitende Kontrolle laufende Anpassungen ermöglicht.

Unter diesem zeitlichen Aspekt ist auch der Einsatz beträchtlicher finanzieller Ressourcen für qualitative Verbesserungen der EDV–Grundausbildung durchaus vertretbar.

An dieser Stelle erfolgt die Konkretisierung der erforderlichen Maßnahmen, sodaß der resultierende Katalog einem Projektteam als Realisierungskonzept dienen kann. Meines Erachtens sind Aktivitäten v.a. auf folgenden Gebieten erforderlich:

- Schaffung eines Projektteams und Festlegung seiner Verantwortlichkeiten,
- Akquirierung der erforderlichen finanziellen Mittel für die Projektdurchführung,
- Auswahl und Beschaffung der benötigten Hard- und Software für die Entwicklungsphase,
- Erstellung der erforderlichen Software und anderer Selbststudienunterlagen zur Unterstützung des Lehrangebots,
- Bereitstellung der räumlichen und personellen Ressourcen für die Realisierung des Ausbildungskonzepts,
- Beschaffung der erforderlichen Hard- und Software und Ausstattung der Schulungsräume,
- Einschulung der künftigen Lehrveranstaltungsleiter und Tutoren,
- begleitende Erfolgskontrolle der neukonzipierten EDV–Ausbildung.

5.4.4.1 Zeitrahmen

Als Termin für die Einführung der „neuen" EDV–Grundausbildung soll das Sommersemester 1993 herangezogen werden. Der Zeitraum für alle bis dahin notwendigen Aktivitäten reicht daher von Mitte 1991 bis Januar 1993. Damit stehen etwa eineinhalb Jahre zur Verfügung, um die benötigte Software zu entwickeln und alle Voraussetzungen personeller, finanzieller und räumlicher Art bis zur Einführung im Sommersemester 1993 zu schaffen. In der Folge werden die wesentlichen Projektschritte definiert und eine Schätzung des Finanzierungsbedarfs für das Projekt durchgeführt.

Wintersemester 1991/92: Die ersten Monate dienen der Personalsuche, der Einarbeitung der Mitarbeiter in das Projekt, der Definition wesentlicher Arbeitsrichtlinien und der Schaffung wichtiger organisatorischer und finanzieller Voraussetzungen.

- Mit der **Projektleitung** ist ein Mitarbeiter zu betrauen, der für die Projektdurchführung und den Projekterfolg verantwortlich ist. Der Projektleiter soll jedoch von mindestens zwei Fachkollegen, die im Rahmen des Projekts halbtägig beschäftigt sind, unterstützt werden und gemeinsam mit ihnen Studentengruppen betreuen, die in Lehrveranstaltungen, z.B. Wirtschaftsinformatikseminaren, Teile des Konzepts realisieren.

- Die ersten Monate dienen der **Evaluation geeigneter Hard- und Software** zur Erstellung der rechnergestützten Selbststudienunterlagen. Dabei sind nur Produkte in die engere Wahl zu ziehen, die einen Betriebssystemwechsel zu einem späteren Zeitpunkt ermöglichen, auch wenn dadurch Einschränkungen hinsichtlich der Funktionalität hingenommen werden müssen. Für den Bereich der Hypermedia–Autorensysteme ist z.B. an Produkte wie Guide, Authorware u.ä. gedacht, die auf MS/DOS–Rechnern und Apple Macintosh–Systemen gleichermaßen verfügbar sind und nur geringen Portierungsaufwand verursachen. Im Sinne einer zukunftsträchtigen Lösung sind auch RISC–Rechner in die Überlegungen einzubeziehen, deren Leistungsfähigkeit v.a. im grafischen Bereich, bei Animationen oder rechenintensiven Simulationen zum Tragen kommt und für die an zahlreichen Universitäten Public domain–Software für Hypermedia–Applikationen entwickelt wird. Um die Einarbeitungszeit der Projektmitarbeiter, insbesondere der studentischen Arbeitsgruppen, möglichst kurz zu halten, sollen als Entwicklungsmaschinen einfach bedienbare Rechner (vorzugsweise Apple Macintosh) eingesetzt werden. Eine endgültige Entscheidung über die zu verwendende Hardware kann aber erst nach einer Entscheidung über die am besten geeignete Entwicklungsumgebung fallen.

- Nach der Auswahl der benötigten Hard- und Software ist ein **Anforderungskatalog** an die Gestaltung der Selbststudienunterlagen zu erarbeiten, der den Entwicklern, i.d.R. sind dies studentische Arbeitsgruppen, als Richtlinie dient. Diesen Anforderungskatalog sollen die Projektmitarbeiter zur Erstellung einer Musterapplikation für ein bis zwei Themenbereiche der EDV–Vorlesung heranziehen, die im Folgesemester bereits in der Vorlesung getestet werden kann und Anregungen für Entwicklergruppen liefern soll.

- Im Wintersemester 1991/92 ist die **Änderung des Studienplans** von einer zweistündigen Vorlesung in eine einstündige Vorlesung und eine einstündige Arbeitsgemeinschaft bei den Studienkommissionen der betroffenen Studienrichtungen zu beantragen. Die Beantragung soll zum frühestmöglichen Zeitpunkt erfolgen, um

Verzögerungen zu vermeiden, die aus inneruniversitären Diskussionen oder durch die oft langen Bearbeitungsfristen des Bundesministeriums für Wissenschaft und Forschung (BMWF) entstehen.

- Für das Projekt sind **finanzielle Mittel** v.a. für Hard- und Softwarebeschaffungen, Personal, Literatur und Schulungen erforderlich. Für die Finanzierung können Drittmittel der WU beantragt werden, vielversprechend erscheint aber auch die Zusammenarbeit mit einem oder mehreren EDV–Anbietern, die Ressourcen für die Entwicklungsphase bereitstellen könnten. Durch das starke Engagement mehrerer Hard- und Softwareanbieter am Hypermedia–Sektor ist mit einigem Interesse der Produzenten zu rechnen. Eine andere Finanzierungsvariante stellen Forschungsmittel des BMWF oder des Fonds zur Förderung der wissenschaftlichen Forschung dar. Die Fristen zur Erledigung derartiger Anträge führen jedoch voraussichtlich zu Verzögerungen, sodaß die zuerst genannten Finanzierungsvarianten vorrangig in Betracht zu ziehen sind.

Sommersemester 1992: In diesen Projektabschnitt fallen die Erstellung von Unterlagen für die Pflicht- und Wahlpraktika des zweiten Semesters der Grundausbildung, die Einschulung von Seminarteilnehmern in die Verwendung von Hypermedia–Software, die Erstellung erster Prototypen durch Studentengruppen sowie intensive Recherchen über tutorielle Software zur Unterstützung spezieller Themenbereiche.

- Neben umfangreichen rechnerbasierten Selbststudienmaterialien, deren Erstellung in Zusammenarbeit mit Studenten während eines Zeitraums von zwei Semestern erfolgen soll, ist auch die **Vorbereitung begleitender schriftlicher Unterlagen** dringend erforderlich. Für den derzeitigen Vorlesungsstoff existieren an der Abteilung für Wirtschaftsinformatik umfangreiche Unterlagen in Form des bereits seit vielen Jahren eingesetzten Textbuchs [Hansen86]. Für die Rechnerpraktika sind seit der Umstellung auf neue Softwareprodukte keine aktuellen schriftlichen Unterlagen verfügbar, was den Studierenden zunehmend Probleme bei der Prüfungsvorbereitung oder beim „Nachlernen" versäumten Lehrstoffs bereitet.

  Im Sommersemester 1992 sollen daher für die wichtigsten Bereiche der Rechnerpraktika schriftliche Unterlagen vorbereitet werden. Dabei sind die Pflichtpraktika über Textverarbeitung und Kalkulation und auch die Betriebssystemeinschulung vordringlich zu behandeln, da hier Lehrinhalte kurzfristig in das Selbststudium verlagert werden sollen. Für diese Praktika sind auch die eingesetzten Softwareprodukte bereits bekannt, ebenso wie die Betriebssysteme MS/DOS, das Betriebssystem des Apple Macintosh und VM/SP–CMS am IBM–Zentralrechner.

- Um auch für die vorgeschlagenen Wahlpraktika (siehe Abschnitt 5.4.1) rechtzeitig die erforderliche Software zu besitzen, sind im Sommersemester 1992 Verhandlungen mit Softwareanbietern zu führen, um die erforderliche Anzahl von **Softwarelizenzen für die Grundausbildung** gratis oder kostengünstig zu erhalten. Dabei ist darauf zu achten, daß die Produkte nicht nur auf den für die EDV–Grundausbildung reservierten Rechnern installiert werden, sondern die Studierenden auch später im Studium Zugriff darauf haben. Die Finanzierung der benötigten Software muß, sollte die Beschaffung nicht aus Kooperationen mit Anbietern oder gratis möglich sein, aus Mitteln erfolgen, die vom BMWF jährlich für Studentenarbeitsplätze bereitgestellt werden. Dasselbe gilt für Hardwareerweiterungen, die durch den geplanten Hypermedia–Einsatz notwendig sind. Da diese Budgetmittel am Jahresbeginn bereitgestellt und universitätsintern verteilt werden, ist die Ermittlung des Finanzierungsbedarfs und die universitätsinterne Beantragung im Sommersemester 1992 durchzuführen.

- Das Sommersemester 1992 muß intensiv dazu genutzt werden, im Rahmen eines Wirtschaftsinformatikseminars mit Studentengruppen erste **Prototypen** für rechnerbasierte Selbststudienunterlagen zu erstellen. Diese Unterlagen sollen so beschaffen sein, daß sie einerseits die in der Vorlesung verwendeten Folien ablösen können, den Studierenden aber auch als Hilfsmittel für eigenständige Arbeit dienen. Vorrangig sind dabei jene Selbststudienmaterialien zu erstellen, die Teile der Vorlesung ergänzen oder ersetzen und sofort getestet und verwendet werden können. Dies betrifft im wesentlichen Unterlagen zu den Themenbereichen Hardwarekomponenten, Datenerfassung, Datenträger, Datenübertragung.

  Anhand der bis dahin auszuarbeitenden Richtlinien soll die Entwicklung der Teilsysteme im Seminar nach folgendem Plan erfolgen:

  – Einschulung der Seminarteilnehmer in die Verwendung von Hypermedia–Systemen und Erläuterung der Gestaltungsrichtlinien,
  – Sammeln von Unterlagen verschiedener Art (auch Bilder, Grafiken, Videomaterial) über den zu bearbeitenden Themenbereich durch die Studentengruppen,
  – Verfassen eines „Drehbuchs" für die geplante Präsentation,

  - Kritik der Drehbücher aus der Sicht der Betreuer und der anderen Seminarteilnehmer und anschließende Überarbeitung durch die Gruppen,
  - Erstellung und Präsentation der ersten Realisierungsvorschläge,
  - Kritik der Vorschläge aus der Sicht der Betreuer und der anderen Seminarteilnehmer,
  - Überarbeitung der Erstfassung durch die Entwicklergruppen,
  - Diskussion von Verbesserungsvorschlägen für die Gestaltungsrichtlinien,
  - Abschlußpräsentation der Teilsysteme.

- Für einige Wissensgebiete, zu deren Unterstützung im Abschnitt 5.4.3 ebenfalls Selbststudienmaterial vorgesehen wurde, ist der Einsatz **tutorieller Systeme** vorgesehen. Dies betrifft v.a. die Themen Datenspeicherung, Bedienung von Betriebssystemen und Benutzeroberflächen sowie den großen Bereich der Endbenutzerwerkzeuge, der ebenfalls durch geeignete Courseware ergänzt werden soll. Die Evaluation entsprechender Produkte soll im Sommersemester 1992 beginnen und kann von Studentengruppen durch Recherchen und Tests bei Anbietern vorbereitet werden. Auch geeignete Autorensysteme, die die Erstellung von intelligenten tutoriellen Systemen unterstützen, sollen in die Recherchen einbezogen werden.
- Bereits im Sommersemester 1992 müssen Anträge für zusätzliche **Lehraufträge** für die geplanten Arbeitsgemeinschaften gestellt werden. Insbesondere ist mit dem BMWF die Finanzierung von Tutoren zu klären, die in den Arbeitsgemeinschaften und Praktika unterstützend eingesetzt werden sollen.

Wintersemester 1992/93: Im Wintersemester 1992/93 sind anhand der Erfahrungen mit den bereits entwickelten Prototypen gegebenenfalls die Gestaltungsrichtlinien zu überarbeiten, einige Teilbereiche sollen wiederum im Rahmen eines Seminars neu- oder weiterentwickelt werden und einige Prototypen können an begabte Studenten aus den Seminaren zur Weiterentwicklung im Rahmen von Diplomarbeiten vergeben werden. Weiters sind die schriftlichen Unterlagen zu ergänzen, die erforderliche Hard- und Software zu beschaffen und die Tutoren zu rekrutieren und auszubilden.

- Aufgrund der Erfahrungen aus dem Seminar im Sommersemester 1992 sind die **Gestaltungrichtlinien** für die Entwicklung von Hypermedia–Applikationen von den Projektmitarbeitern in bezug auf eine eventuelle **Anpassung** kritisch zu betrachten. Gegebenenfalls sind die Seminarziele und der Seminarablauf entsprechend zu verändern.

- Im Rahmen des Wirtschaftsinformatikseminars im Wintersemester 1992/93 sollen die Teilnehmer weitere **Teilsysteme** für die rechnergestützten Selbststudienkurse entwickeln. Zusätzlich können Themengebiete, für die keine zufriedenstellenden Ergebnisse erzielt wurden, neu vergeben oder von anderen Seminargruppen weiterbearbeitet werden; die Vergabe von Diplomarbeiten für umfangreichere Themengebiete ist ebenfalls zu erwägen. Das Seminar kann entsprechend der weiter oben getroffenen Gliederung behandelt werden. Anregungen für die Weiterentwicklung soll eine Akzeptanzuntersuchung über den Einsatz der ersten Prototypen in der Einführungsvorlesung liefern.
- Anhand der im vorhergehenden Projektabschnitt erhobenen Information über tutorielle Software für spezielle Wissensgebiete (z.B. Datenspeicherung, Betriebssysteme) muß das Projektteam Programme auswählen und, sofern keine geeigneten Produkte am Markt erhältlich sind, Autorensysteme beschaffen, die für die Erstellung geeigneter Courseware eingesetzt werden.
- Spätestens im Wintersemester 1992/93 sind Entscheidungen über geeignete **Softwarepakete für die Wahlpraktika** des zweiten Semesters der EDV–Grundausbildung zu treffen. Danach sind schriftliche Unterlagen für die ausgewählten Themenbereiche vorzubereiten, z.B. für Desktop Publishing, Präsentationsgrafik, Datenanalyse u.ä., die im Abschnitt 5.4.1 erwähnt wurden. Zusätzliche Wahlblöcke können in dem vorgeschlagenen Konzept jederzeit in das Ausbildungsangebot integriert werden, eine Ausweitung aufgrund neuer Softwareangebote ist daher permanent möglich.
- Im Wintersemester 1992/93 sind jene **Hardwareanschaffungen** zu tätigen, die für den Einsatz von Hypermedia–Applikationen in Lehrveranstaltungen benötigt werden. Dazu gehören beispielsweise Videoadapter, die die Darstellung von Bewegtbildern auf den Arbeitsplatzrechnern ermöglichen, Bildplattenspieler oder CD-Laufwerke, Audio–Ein-/Ausgabegeräte u.ä. Eine Übersicht über die dafür benötigten Mittel ist dem Abschnitt 5.4.4.2 zu entnehmen. Insbesondere müssen auch die verwendeten Hörsäle mit geeigneten Projektionsanlagen ausgestattet werden.
- Um die Studierenden auf die Veränderungen vorzubereiten, muß die **Organisation der EDV–Grundausbildung** rechtzeitig bekanntgegeben werden. Weiters ist ein veränderter Anmeldemodus zu entwickeln, der bereits im ersten Semester des Besuchs der

EDV–Lehrveranstaltungen wirksam ist. Die Anmeldung der Studierenden zu den Arbeitsgemeinschaften kann dabei über das vorhandene, gesamtuniversitäre Anmeldesystem erfolgen, wobei das derzeitige Anmeldeverfahren mit Präferenzreihung angewendet werden kann. Dabei ist jedoch zu berücksichtigen, daß für jede Arbeitsgemeinschaft drei Termine angeboten werden, da die vorgesehenen hundert Teilnehmer pro Arbeitsgemeinschaft in Kleingruppen von rund 30 Personen durch Tutoren betreut werden (siehe Abschnitt 5.4.3.2).

Für die Praktika des Folgesemesters ist eine Anmeldung nur für jene Teilnehmer erforderlich, die aus Termingründen wechseln wollen bzw. den zweiten Teil der EDV–Grundausbildung nicht wie vorgesehen im Folgesemester absolvieren. Alle anderen Studenten sollen automatisch wieder denselben Lehrveranstaltungsleitern und Terminen zugeteilt werden. In der ersten Semesterhälfte ist diese terminliche Einteilung auch verpflichtend. In der zweiten Semesterhälfte, in der die Studenten je nach Interessenlage verschiedene Wahlpraktika besuchen, ist eine Anmeldung auf „First come – first serve"–Basis zielführend. Dabei müssen die Studierenden allerdings die Möglichkeit haben, die Wahlpraktika bei „ihrem" Lehrveranstaltungsleiter zu besuchen, um terminliche Schwierigkeiten zu verhindern.

- Im Wintersemester 1992/93 muß die **Ausbildung der Lehrveranstaltungsleiter und der Tutoren** für die neuen Lehrinhalte und die eingesetzten Softwareprodukte stattfinden. Alle anderen wesentlichen Entwicklungsschritte und Vorbereitungen sollten zu diesem Zeitpunkt bereits abgeschlossen sein, Teilprojekte sind u.U. noch fertigzustellen.

An dieser Stelle wurde ein knapper Zeitrahmen präsentiert, innerhalb dessen ein umfangreiches Softwareentwicklungsprojekt durchgeführt werden soll. Wenn die EDV–Grundausbildung tatsächlich ab dem Sommersemester 1993 in der vorgeschlagenen Form durchgeführt wird, ist die Einhaltung dieses Zeitplans aber unumgänglich. Eine Realisierung scheint mir innerhalb dieses Zeitrahmens nur möglich, wenn man intensiv auf vorhandene Entwicklungswerkzeuge zurückgreift und eigene Software nur in jenen Fällen entwickelt, wo die Ziele mit vorhandenen Werkzeugen nicht erreichbar sind.

Eine echte Gefährdung des Terminplans entsteht meines Erachtens aber nicht aus fachlichen Gründen, Realisierungsprobleme ergeben sich vielmehr aus den allgemeinen Ressourcenengpässen der WU (v.a. in bezug auf Raum und Personal) und der noch nicht geklärten Finanzierung des Projekts. Eine detailliertere Kritik des Konzepts hinsichtlich seiner Realisierungschancen, Vor- und Nachteile folgt aber noch im Abschnitt 5.4.5.

5.4.4.2 Erforderliche Mittel für die Umsetzung des Konzepts

Die Neugestaltung der EDV–Grundausbildung ist mit erheblichen zusätzlichen Ausgaben verbunden. Neben dem Finanzbedarf, der für die Vorbereitungsphase zu berücksichtigen ist, muß die Zahl der Rechner aufgrund des verstärkten Rechnereinsatzes generell erhöht werden; teilweise wird zusätzliche Hard- und Software für Hypermedia–Applikationen benötigt. Außerdem sind die neu anzubietenden Lehrveranstaltungen, die Bezahlung der vorgesehenen Tutoren, zusätzlich benötigter Raum und die Betreuungskapazität des EDV–Zentrums zu berücksichtigen.

In der **Entwicklungsphase** des Projekts sind folgende Mittel erforderlich:

Personal (für die Anstellung zweier zusätzlicher Mitarbeiter für ein Jahr):	öS 800.000,–
Hardware (Zusatzausstattung für vorhandene Rechner):	öS 600.000,–
Software für die Entwicklung von Hypermedia–Applikationen:	öS 100.000,–
Schulung für Projektmitarbeiter:	öS 100.000,–
Literatur, Material:	öS 50.000,–

Die Ausgaben für die Entwicklungsphase sind, soferne vorhandene Mitarbeiter und Studenten im geplanten Umfang in das Projekt einbezogen werden können, mit öS 850.000,– veranschlagt. Sollte die personelle Ressourcenlage der Abteilung für Wirtschaftsinformatik den Einsatz vorhandener Mitarbeiter nicht im erforderlichen Ausmaß ermöglichen, so werden zwei zusätzliche Mitarbeiter (ein ganztägig beschäftigter Projektleiter und zwei halbtägig beschäftigte Projektassistenten) benötigt, die Ausgaben in Höhe von öS 800.000,– für ein Jahr verursachen. Nicht berücksichtigt sind in dieser Aufstellung die Kosten für studentische Mitarbeiter, da für sie keine Ausgaben anfallen. Ebensowenig wurden anteilige Kosten einberechnet, die durch die Nutzung vorhandener universitärer Einrichtungen entstehen.

Der **zusätzliche Mittelbedarf für die EDV–Grundausbildung** hängt insbesondere von der Zahl der Hörer ab, die die erforderliche Rechnerzahl, die benötigten Raumkapazitäten und die Zahl der anzubietenden Lehrveranstaltungen bestimmen. Im ersten Kapitel wurden die Hörerzahlen der vergangenen Jahre dargestellt und auch auf einige Prognosen hinsichtlich der künftigen Entwicklung sowie deren Unsicherheit hingewiesen. Daher sind in der Folge die Ressourcenerfordernisse in mehreren Varianten dargestellt (von 2.200 bis 1.400 Studierenden pro Semester), wobei eine Untergliederung in laufende Aufwendungen für Lehrveranstaltungen und zusätzlich benötigte Hard- und Softwareressourcen erfolgt.

Zusätzliche Mittel für Lehraufträge

1. Semester:	Variante 1	Variante 2	Variante 3	Variante 4	Variante 5
Teilnehmer am Semesterbeginn	2.200	2.000	1.800	1.600	1.400
Drop out-Rate während des Semesters	20%	20%	20%	20%	20%
Teilnehmer am Semesterende	1.760	1.600	1.440	1.280	1.120
Anzahl notwendiger Arbeitsgemeinschaften	22	20	18	16	14
Anzahl AG-Stunden	22	20	18	16	14
geschätzte Kosten pro AG (1-std.)/Semester	15.000	15.000	15.000	15.000	15.000
Gesamtkosten der AG pro Semester	330.000	300.000	270.000	240.000	210.000
Anzahl Tutoren pro LV	3	3	3	3	3
Anzahl Tutoren"einheiten"	66	60	54	48	42
Kosten pro Tutoreneinheit im Semester	4.500	4.500	4.500	4.500	4.500
Gesamtkosten für Tutoren pro Semester	297.000	270.000	243.000	216.000	189.000
zusätzlich benötigte Mittel pro Semester	**627.000**	**570.000**	**513.000**	**456.000**	**399.000**

2. Semester:					
Teilnehmer am Semesterbeginn	1.408	1.280	1.152	1.024	896
(bei einer angenommenen Durchfallquote von 20%)					
Drop out-Rate	5%	5%	5%	5%	5%
Teilnehmer am Semesterende	1.338	1.216	1.094	973	851
Anzahl notwendiger PS (zweistündig)	45	41	36	32	28
Kosten pro PS im Semester	30.000	30.000	30.000	30.000	30.000
Kosten der Proseminare pro Semester	1.337.600	1.216.000	1.094.400	972.800	851.200
Anzahl Tutoren pro LV	1	1	1	1	1
Anzahl Tutoren"einheiten" (2-std.)	45	41	36	32	28
Kosten pro Tutoreneinheit und Semester	9.000	9.000	9.000	9.000	9.000
Kosten Tutoren pro Semester	401.280	364.800	328.320	291.840	255.360
Gesamtmittel für LV des 2. Semesters	1.738.880	1.580.800	1.422.720	1.264.640	1.106.560
zusätzlich benötigte Mittel für das 2. Semester	**401.280**	**364.800**	**328.320**	**291.840**	**255.360**
Zusätzliche Mittel für Lehrveranstaltungen pro Semester	**1.028.280**	**934.800**	**841.320**	**747.840**	**654.360**

Tabelle 5.4: Zusätzliche Mittel für Lehrveranstaltungen in der EDV–Grundausbildung

Das in diesem Kapitel beschriebene Konzept sieht vor, **im ersten Semester der EDV–Grundausbildung** neben einer einstündigen Vorlesung Arbeitsgemeinschaften mit Tutorenunterstützung anzubieten. Die Zahl der benötigten Lehraufträge und auch der erforderlichen Tutorenstunden ist in Tabelle 5.4 für fünf verschiedene Teilnehmervarianten (abgestuft von 2.200 Studenten bis 1.400 Studenten) dargestellt, die einstündige Vorlesung bleibt außer Ansatz. Für die Tutoren wurde eine Abrechnung auf Stundenbasis mit einem Stundenlohn von öS 300,– vorgesehen. In der Berechnung wird eine Drop out–Rate von 20% der Teilnehmer während des Semesters unterstellt, die jedoch die Anzahl der Lehrveranstaltungen nicht verändert, da zu Semesterbeginn ausreichend Platz für alle Hörer angeboten werden muß. Aufgrund der Zahl anzubietender Arbeitsgemeinschaften und der dafür benötigten Tutoren entsteht je nach Teilnehmerzahl ein zusätzlicher Finanzierungsbedarf von öS 627.000,– (bei 2.200 Studenten) bis öS 400.000,– (bei 1.400 Studenten).

Für das nachfolgende **zweite Semester der EDV–Grundausbildung** wird davon ausgegangen, daß der abschließende Multiple choice–Test im ersten Semester eine Durchfallquote von rund 20% aufweist, was eine deutliche Verbesserung gegenüber den derzeitigen Werten bedeuten würde. Anhand der Teilnehmerdaten zu Semesterbeginn werden zunächst die Zahl der insgesamt benötigten Proseminare und deren Kosten, und danach die erforderlichen Mittel für die Tutorenbetreuung berechnet. Der Mittelbedarf für das zweite Semester der EDV–Grundausbildung wird in zweierlei Hinsicht dargestellt: zunächst werden die gesamten benötigten Mittel für die Lehrveranstaltungen des zweiten Semesters ermittelt, danach lediglich die zusätzlichen Ausgaben — in diesem Fall nur für Tutoren, da die Proseminarleiter auch im aktuellen Ausbildungskonzept finanziert werden müssen und eine Erhöhung der Zahl der Proseminare auch nach dem derzeitigen Lehrveranstaltungsmodus bei höheren Teilnehmerzahlen im gleichen Umfang erfolgen muß.

Entsprechend den Teilnehmerzahlen, die sich zwischen 1.400 und 900 bewegen, entsteht durch die Beschäftigung der Tutoren pro Semester ein zusätzlicher Mittelbedarf von öS 400.000,– (im schlechtesten Fall bei ca. 1.400 Teilnehmern) bis öS 250.000,– (bei rund 900 Teilnehmern).

Geht man davon aus, daß die Studienanfänger üblicherweise im Wintersemester die Einführungsveranstaltung und im Sommersemester die Proseminare besuchen, kann keine gleichmäßige semesterweise Verteilung der Teilnehmerzahlen erwartet werden. Über das gesamte Studienjahr verteilt stellt die **Variante 3 mit 1.800 Anfängern** pro Semester jedoch — auch verglichen mit den aktuellen Teilnehmerzahlen — eine realistische Annahme dar. Nach der obigen Schätzung nehmen von den anfänglichen Teilnehmern rund 1.150 Studenten die Prüfungshürde des Multiple choice–Tests und sind damit im 2. Semester teilnahmeberechtigt. Bei einem geschätzten Drop out von 5% und der üblicherweise minimalen Durchfallquote bei der praktischen Arbeit sind rund 1.000 Absolventen der EDV-Grundausbildung pro Semester zu erwarten. Der zusätzliche, geschätzte **Finanzierungsbedarf** pro Studienjahr beträgt bei dieser Variante **etwa öS 1,7 Millionen**, im schlechtesten Fall

(Variante 1) rund öS 2 Millionen.[12]

Zusätzliche Mittel für Hard- und Software

Entsprechend den Ausführungen im Kapitel 2 stehen für die EDV–Grundausbildung einhundert Arbeitsplatzrechner zur Verfügung, von denen sechzig in zwei Schulungsräumen und vierzig in angeschlossenen Übungsräumen untergebracht sind, wobei letztere sich nicht für Lehrveranstaltungen eignen. Daher sollen nun die Mittel für die erforderliche Aufstockung der Hard- und Softwareausstattung betrachtet werden.[13]

Die benötigten Rechnerressourcen für beide Semester der Grundausbildung werden wiederum semesterweise und in den oben genannten fünf Varianten unterschiedlicher Hörerzahlen dargestellt.

Entsprechend der Berechnung in Tabelle 5.5 werden Rechner im Laufe des ersten Semesters zum überwiegenden Teil für das Selbststudium benötigt (rund 18 Stunden pro Student, abhängig von den Vorkenntnissen). Zusätzlich finden aber auch erste Betriebssystemeinführungskurse (etwa acht Stunden pro Semester) statt. Derzeit stehen für diesen ersten Teil der EDV–Grundausbildung keine Rechner zur Verfügung, der Bedarf beläuft sich daher bei der heute üblichen Verfügbarkeit von 70 Wochenstunden pro Rechner auf 35 bis 55 Rechner für das erste Semester. Bleibt man bei der Annahme, daß Variante 3 die durchschnittliche Belegung im Studienjahr repräsentiert, so benötigt die WU einen weiteren Übungsraum mit 45 Rechnern, in dem allerdings alle Rechner gemeinsam untergebracht werden können. Die Kosten eines Rechners für das Selbststudium erscheinen auf den ersten Blick hoch gegriffen. Zu den üblichen Anschaffungskosten von rund öS 80.000,– kommen weitere öS 50.000,–, um die Rechner hard- und softwareseitig mit den notwendigen Komponenten für den Hypermedia–Einsatz auszustatten. Für die Beschaffung der 45 Rechner sind daher öS 6,350.000,– erforderlich, davon werden öS 500.000,– erfahrungsgemäß für die Adaptierung der Räume benötigt.

Für das zweite Semester ist die Berechnung etwas komplizierter, da für die Praktika pro Student und Woche vier zusammenhängende Stunden in

---

[12] Die Berechnung enthält keine Raumanmietungen und keine zusätzliche Betreuungskapazität des EDV–Zentrums, falls die Rechner in einem separaten Bereich untergebracht werden müssen. Pro Mitarbeiter des EDV–Zentrums müßten Mittel von rund öS 400.000,– im Jahr vorgesehen werden, für Raummieten entsprechende Größe ist in der nahen Umgebung der WU mit öS 1 Million pro Jahr zu rechnen.

[13] In der Folge ist zu berücksichtigen, daß die Hardware etwa alle vier bis fünf Jahre ausgetauscht werden muß und bei den eingesetzten Softwareprodukten Aktualisierungen in kürzeren Abständen (etwa alle zwei Jahre) notwendig sind.

Benötigte Rechnerressourcen im 1. Semester:	Variante 1	Variante 2	Variante 3	Variante 4	Variante 5
Teilnehmer am Semesterbeginn	2200	2000	1800	1600	1400
Selbststudium pro Student und Semester in Std.	18	18	18	18	18
Kurse pro Student und Semester am Rechner	8	8	8	8	8
benötigte Rechnerstd. pro Semester	57.200	52.000	46.800	41.600	36.400
Anzahl verfügbarer Rechner	0	0	0	0	0
Wochen pro Semester	15	15	15	15	15
Öffnungszeit pro Woche in Std.	70	70	70	70	70
verfügbare Rechnerstd.	0	0	0	0	0
zusätzlich erforderliche Rechner für 1. Semester	55	50	45	40	35
freie Stunden / Fehlstunden	-57.200	-52.000	-46.800	-41.600	-36.400

Erforderlicher Rechnerausbau für das 1. Semester:

Anzahl vorhandener Rechner	0	0	0	0	0
Anzahl zusätzlicher Rechner	55	50	45	40	35
Anschaffungskosten pro Rechner	80.000	80.000	80.000	80.000	80.000
Anschaffungskosten zusätzlicher Rechner gesamt	4.400.000	4.000.000	3.600.000	3.200.000	2.800.000
benötigte Zusatzhardware pro Rechner	40.000	40.000	40.000	40.000	40.000
benötigte Software pro Rechner	10.000	10.000	10.000	10.000	10.000
Anschaffungskosten Zusatzausstattung gesamt	2.750.000	2.500.000	2.250.000	2.000.000	1.750.000
Raumadaption	500.000	500.000	500.000	500.000	500.000
Summe Rechnerkosten für das 1. Semester	**7.650.000**	**7.000.000**	**6.350.000**	**5.700.000**	**5.050.000**

Tabelle 5.5: Zusätzlich benötigte Rechner für das 1. Semester der EDV–Grundausbildung

einem Schulungsraum zur Verfügung stehen müssen. Entsprechend dem „Stundenplan" in Abbildung 5.4 benötigen die Studenten zwar nicht in jeder Woche vier Stunden Rechnerzeit, die freien Kapazitäten können allerdings lediglich für Selbststudienzwecke herangezogen werden, das Einschieben von Lehrveranstaltungen in „Löcher" des Belegungsplans ist aufgrund der Unregelmäßigkeit der freien Kapazitäten nicht möglich. Unter Beibehaltung des aktuellen Lehrveranstaltungsschemas, das drei Lehrveranstaltungen pro Tag und Schulungsraum vorsieht, werden künftig drei Schulungsräume benötigt, die je nach Hörerzahl unterschiedlich intensiv für das Selbststudium genutzt werden können. Lediglich bei Variante 5 mit rund 900 Hörern wären lt. Tabelle 5.6 zwei Schulungsräume ausreichend.

Im zweiten Semester der Grundausbildung ist weiters ein umfangreiches Selbststudienangebot von rund 50 Stunden pro Student vorgesehen, dessen Nutzung zusätzliche Rechnerressourcen erfordert. Bei etwa 1.400 Hörern (Variante 1) werden entsprechend Tabelle 5.6 neben einem zusätzlichen Schulungsraum mit 30 Rechnern noch rund 20 weitere Rechner für das Selbststudium, also in Summe beinahe 50 Rechner, benötigt. Bei der zuvor

Benötigte Rechnerressourcen im 2. Semester:	Variante 1	Variante 2	Variante 3	Variante 4	Variante 5
Teilnehmer am Semesterbeginn	1.408	1.280	1.152	1.024	896
Schulungsstd. für alle Studenten am Rechner /Woche	5.632	5.120	4.608	4.096	3.584
Anzahl verfügbarer Wochenstunden für 4-std. Lehreinheiten pro Rechner	60	60	60	60	60
Wochen pro Semester	15	15	15	15	15
Öffnungszeit pro Woche in Std.	70	70	70	70	70
Anzahl erforderlicher Rechner in Schulungsräumen	94	85	77	68	60
Anzahl benötigter Schulungsräume mit je 30 Rechnen	3	3	3	3	2
verbleibende Selbststudienzeit pro Semester in Schulungräumen	10.020	17.700	25.380	33.060	9.240
Selbststudium pro Student und Semester in Std.	50	50	50	50	50
benötigte Rechnerstd. pro Semester für Selbststudiun	70.400	64.000	57.600	51.200	44.800
abzüglich verbleibender Stunden in Schulungsräumen	60.380	46.300	32.220	18.140	35.560
Anzahl erforderlicher Rechner für das Selbststudium	58	44	31	17	34

Erforderlicher Rechnerausbau für das 2. Semester:

Anzahl vorhandener Rechner in Schulungsräumen	60	60	60	60	60
Anzahl benötigter Rechner in Schulungsräumen	90	90	90	90	60
Anzahl zusätzlicher Schulungsräume	1	1	1	1	0
Anzahl vorhandener Rechner für Selbststudium	40	40	40	40	40
Anzahl benötigter Rechner für Selbststudium	58	44	31	17	34
Anzahl zusätzlicher Rechner für das Selbststudium	18	4	0	0	0
Gesamtzahl zusätzlicher Rechner für das 2. Semeste	48	34	30	30	0
Kosten pro Rechner	80.000	80.000	80.000	80.000	80.000
Kosten zusätzlicher Rechner	3.760.000	2.720.000	2.400.000	2.400.000	0
benötigte Softwareausstattung pro Rechner	10.000	10.000	10.000	10.000	10.000
Kosten Softwareausstattung gesamt	1.470.000	1.340.000	1.300.000	1.300.000	1.000.000
Raumadaption und Videobeam für zusätzliche Schulungsräume und Selbststudienbereiche	1.500.000	1.500.000	1.000.000	1.000.000	0
benötigte Mittel für Hard- und Software	**6.730.000**	**5.560.000**	**4.700.000**	**4.700.000**	**1.000.000**

Tabelle 5.6: Zusätzlich benötigte Rechner für das 2. Semester der EDV–Grundausbildung

als wahrscheinlich angenommenen Hörerzahl der Variante 3 wird ein zusätzlicher Schulungsraum benötigt, die erforderliche Übungskapazität kann durch diesen Raum und die vorhandenen vierzig Rechner abgedeckt werden. Für die zusätzlichen Rechner, die Aktualisierung der Software für alle Rechner und die Raumausstattung des dritten Schulungsraums ist bei Variante 3 ein Finanzierungsbedarf von öS 4,7 Millionen gegeben.

Unter der Annahme, daß Variante 3 mit 1.800 Hörern pro Semester für die wahrscheinlichste ist, sind **Gesamtmittel in Höhe von öS 11 Millionen** erforderlich, um allen Studierenden für beide Semester die erforderliche Rechnerkapazität zur Verfügung stellen zu können. Diese Mittel müssen im Jahr 1992 aufgebracht werden, um die EDV–Grundausbildung plangemäß ab Sommersemester 1993 in ihrer neuen Form abwickeln zu können.

5.4.5 Kritische Betrachtung des Konzepts

Eine wesentliche Veränderung des Lehrveranstaltungskonzepts, wie sie hier für die EDV-Grundausbildung vorgestellt wurde, wird wahrscheinlich mit Akzeptanzproblemen der Studierenden, in jedem Fall aber mit organisatorischen Neuerungen verbunden sein. Soll die Umsetzung dennoch stattfinden, müssen die Vorteile des Konzepts den zu erwartenden Mehraufwand rechtfertigen. Aus diesem Grund fasse ich hier die Vor- und Nachteile aus meiner Sicht nochmals in komprimierter Form zusammen und nenne Alternativen dort, wo Realisierungsprobleme die Umsetzung erschweren könnten.

Die größten Vorteile des vorgeschlagenen Konzepts liegen in der intensiven Betreuung der Studierenden. Die Unterstützung der Universitätslehrer durch Tutoren und die Beibehaltung des „Teams" während beider Semester der Grundausbildung können die Anonymität der Lehrveranstaltungen im ersten Studienabschnitt wesentlich verringern. Die Durchführung einer Arbeitsgemeinschaft bereits im ersten Semester der Grundausbildung trägt zusätzlich zur Individualisierung der Lehre am Studienbeginn bei.

Das vorgesehene didaktische Konzept motiviert die Teilnehmer bereits am Beginn ihres Studiums zu verstärkter Zusammenarbeit, zu Selbständigkeit und Kreativität und es fördert die Persönlichkeitsbildung der Studierenden. Der Vorschlag sieht auch die weitgehende Ablösung des traditionellen Vortrags vor und setzt an seine Stelle entdeckende Lernmethoden. Der bisherige Vortrag soll jedoch nicht ersatzlos gestrichen, sondern insbesondere durch Diskussionen, Präsentationen von Gruppenarbeiten, Praktikergespräche und die Behandlung von Fallbeispielen mit neuen Inhalten versehen werden, die derzeit in der Grundausbildung generell vernachlässigt werden.

Einen weiteren Pluspunkt des Konzepts bilden die vorgesehenen Wahlmöglichkeiten des Intensivpraktikums. Dadurch können die divergierenden Vorkenntnisse der Studierenden besser berücksichtigt werden. Zusätzlich können die Studenten, ausgehend von einem allgemeinen Grundprogramm, bereits frühzeitig Spezialwissen erwerben.

Auch in organisatorischer Hinsicht bietet der Vorschlag den Studierenden einige Vorteile. Der zweisemestrige Rhythmus führt dazu, daß die Studierenden bereits zu einem frühen Zeitpunkt ihren „EDV-Stundenplan" für das Folgesemester kennen und diesen in ihrer Planung berücksichtigen können. Dadurch wird die Anlaufphase der Rechnerpraktika im zweiten Semester verringert, die heute fast zwei Wochen dauert und in der zahlreiche organisatorische Probleme gelöst werden müssen.

Natürlich sind mit der Durchführung des vorgeschlagenen Konzepts aber auch Probleme verbunden. Der Zeitaufwand für Studierende mit geringen EDV-Schulkenntnissen ist beträchtlich höher, da die Vermittlung des Faktenwissens vermehrt in das Selbststudium verlagert wird und in den Lehrveranstaltungen Diskussionen und Fallbeispielen mehr Raum gewidmet wird. Da die Lehrziele insgesamt den Forderungen der Studierenden nach einer qualitativen Verbesserung und Individualisierung der Lehre aber weitgehend entsprechen, kann dennoch mit der Akzeptanz des Konzepts gerechnet werden.

Ein aufgrund der Raumknappheit ungelöstes Problem stellt die Reservierung ausreichender Hörsaalkapazitäten dar. Dies gilt insbesondere für die Arbeitsgemeinschaften, die im ersten Teil der Grundausbildung geblockt und mit der Vorlesung verzahnt stattfinden sollen, da diese im derzeitigen Lehrveranstaltungskontingent nicht enthalten sind und die Raumreserven bereits erschöpft sind. Falls die erforderliche Erhöhung des Kontingents für die EDV–Grundausbildung oder eine Änderung des Studienplans nicht durchsetzbar sind, so können im ersten Teil der Grundausbildung lediglich die Selbststudienkurse eingesetzt bzw. Exkursionen durchgeführt werden. Zusätzlich sollten zumindest für die interessierten Studierenden einige ergänzende Arbeitsgemeinschaften angeboten werden, in denen der Vorlesungsstoff kommentiert, diskutiert und in Gruppenarbeit praktisch angewendet wird. Die Praktika im Folgesemester könnten dennoch nach dem neuen Plan ablaufen, da dieser keine zusätzlichen räumlichen Ressourcen, sondern lediglich Wahlmöglichkeiten in der zweiten Semesterhälfte vorsieht. Die organisatorische Abwicklung müßte in diesem Fall aber in der heute üblichen Form erfolgen. Die intensive Zusammenarbeit mit einem Lehrveranstaltungsleiter über zwei Semester entfällt dabei jedoch zwangsläufig.

Es ist weiters denkbar, daß das Konzept wohl durchgesetzt, aber aus räumlichen Gründen nicht zur Gänze in der geplanten Form durchgeführt werden kann. Falls die vorgesehenen Veranstaltungsblöcke aufgrund der Raumprobleme nicht wie vorgeschlagen realisierbar sind, müssen die Arbeitsgemeinschaften wöchentlich oder in regelmäßigen, zweiwöchentlichen Abständen stattfinden, damit die freien Kapazitäten für andere Lehrveranstaltungen genutzt werden können. In diesem Fall ergeben sich für den zweiten Ausbildungsteil ebenfalls keine Änderungsnotwendigkeiten. Allerdings sind die Gruppenarbeiten, Präsentationen, Fallbeispiele etc. an den vorgeschriebenen Rhythmus anzupassen und in einigen Fällen daher nicht mehr optimal realisierbar.

Keinen unlösbaren Engpaß stellen die verfügbaren Hard- und Softwareressourcen dar. Die aktuellen Engpässe in den EDV–Proseminaren haben bereits zu einer Erhöhung der Mittel für die Anschaffung von Studentenarbeitsplätzen durch das BMWF geführt. Dadurch werden voraussichtlich bereits ab dem kommenden Wintersemester 1991/92 ein zusätzlicher Rechnerraum oder entsprechende Kapazitäten in mehreren Räumen für die EDV–Proseminare zur Verfügung stehen. Gleichzeitig wurden dem EDV–Zentrum zwei Stellen zur Betreuung der Schulungsräume und Mittel zur Anmietung von Räumlichkeiten zur Verfügung gestellt, wodurch wesentliche Voraussetzungen für die Umstellung der EDV–Grundausbildung bereits erfüllt sind. Auch aufgrund der stagnierenden Neuinskribentenzahlen ist mit einer Entspannung der knappen Ressourcenlage zu rechnen. Auch wenn die Zahl der Rechner, die exklusiv für die EDV–Grundausbildung reserviert sind, nicht mehr wesentlich erhöht werden sollte, können die gesamtuniversitären Studentenarbeitsplätze für Selbststudienzwecke herangezogen werden.

Eines der zentralen Probleme wird sicher die Finanzierung der vorgesehenen Tutoren darstellen. Der Einsatz gut ausgebildeter Tutoren, die zur Intensivierung der Betreuung beitragen, ist eine wesentliche Komponente des vorliegenden Konzepts und muß auf jeden Fall verfolgt werden. Zur finanziellen Problematik kommt die Notwendigkeit, für diese Tutoren Schulungspläne zu erarbeiten, ihren Einsatz zu koordinieren und zu kontrollieren und sie regelmäßig weiterzubilden, wofür ständig zusätzliche Kapazität seitens der Abteilungsmitarbeiter benötigt wird. Ein weiterer Unsicherheitsfaktor liegt in der Finanzierung der zusätzlichen Lehraufträge, die aus dem aktuellen Kontingent für die WU nicht bestritten werden kann. Es wird daher erforderlich sein, diese Finanzierung sicherzustellen, um den Plan vollständig realisieren zu können.

Einen letzten, wesentlichen Erfolgsfaktor stellt auch die einfache organisatorische Abwicklung sowohl für die Studierenden als auch für die betroffenen Mitarbeiter dar. Die derzeit eingesetzten Anmeldeprogramme sind detailliert auf ihre Eignung zu überprüfen und müssen gegebenenfalls zeitgerecht an die organisatorischen Veränderungen angepaßt werden.

Zusammenfassend ist festzustellen, daß die Einführung der EDV–Grundausbildung in der vorgeschlagenen Form sicher in erster Linie mit Finanzierungsproblemen verbunden sein wird. Der zweite große Unsicherheitsfaktor besteht in der notwendigen Änderung des Studienplans, die erfahrungsgemäß mit Diskussionen und daraus resultierenden Verzögerungen verbunden ist. Andererseits stellt die Intensivierung der Lehre in den ersten Semestern aber eine wichtige Chance für die Studierenden dar, der Anonymität des Studienbeginns und dem vielen Studienanfängern drohenden, vorzeitigen Studienabbruch zu entkommen. Das Konzept eröffnet den Studierenden neue Wege des Lernens und der Persönlichkeitsbildung, und es ermöglicht der Wirtschaftsuniversität Wien gleichzeitig wichtige Erfahrungen mit ergänzendem, individuellem Selbststudium sowie mit zukunftsorientierten Lehr- und Lernmethoden. Diese Gründe sollten den Ausschlag geben, die Reform der EDV–Grundausbildung tatsächlich in Angriff zu nehmen.

Ausblick

Der rasante Fortschritt wissenschaftlicher Erkenntnisse und ihre rasche Verbreitung durch elektronische Medien führt zu einer immer schnelleren Umsetzung von Forschungsergebnissen in der Arbeitswelt. Daher muß der einzelne sein Wissen in immer kürzeren Zyklen an geänderte Erkenntnisse anpassen. Untersuchungen zeigen, daß die Hälfte des Schulwissens nach etwa 30 Jahren obsolet ist, bei der Hochschulausbildung tritt dies bereits nach 15 Jahren, bei einer speziellen Berufsausbildung nach etwa fünf Jahren ein.[14] Nach Ansicht von Experten[15] können Studenten heute nicht mehr damit rechnen, einen „geraden" Karrierepfad zu beschreiten. Aufgrund der teilweise radikalen Veränderung von Berufsbildern wird Flexibilität daher in Zukunft eine wesentliche Voraussetzung für den beruflichen Erfolg darstellen. Diese Flexibilität können Studenten aber nicht durch reinen Wissenstransfer erwerben, wie er heute in Ermangelung finanzierbarer Alternativen in der universitären Lehre vielfach üblich ist. Vielmehr muß die Universitätsausbildung die Studenten mit Methoden des aktiven Wissenserwerbs vertraut machen.

Um die Studierenden auf das Berufsleben optimal vorzubereiten, darf sich die Ausbildung aber nicht auf die Vorbereitung in fachlicher Hinsicht beschränken, sondern muß insbesondere die Persönlichkeitsbildung der Studierenden fördern. Studienabgänger sollen in der Lage sein, auch komplexe oder widersprüchliche Situationen richtig zu beurteilen und effektiv zu handeln, Verantwortung zu übernehmen, sich sprachlich und schriftlich klar auszudrücken. Sie müssen weiters eine „wissenschaftliche Grundbildung" (scientific literacy) aufweisen, die Möglichkeiten und Grenzen quantitativer Analyse beurteilen können sowie ethische und moralische Wertvorstellungen der Gesellschaft in ihr Handeln einbeziehen.[16] Um diese Fähigkeiten zu fördern, wird in Analysen der Universitätsausbildung zumeist vorgeschlagen, praktische Arbeit möglichst frühzeitig in das Curriculum einzubinden,

[14] vgl. [Brandt90], S. 162
[15] vgl. dazu [Scull89], S. 1057
[16] vgl. auch [Lynton87] S. 56f

um durch Reflexion und Abstraktion das Theorieverständnis zu fördern.[17]

In einem derartigen Szenario der universitären Ausbildung stellt die gezielte EDV–Unterstützung ein wichtiges Hilfsmittel zur Zielerreichung dar. Information bzw. „Wissen" steht zwar in immer größerem Ausmaß in elektronischer Form, v.a. in Datenbanken, zur Verfügung und ist damit für Interessenten leicht erreichbar, um sie jedoch nutzen zu können, muß der Benutzer die verfügbaren Quellen und die Zugriffsmöglichkeiten kennen. Auch die anschließende EDV–gestützte Auswertung und Interpretation des Materials muß für einen Absolventen eines wirtschaftswissenschaftlichen Studiums eine Selbstverständlichkeit sein.

Mit zunehmendem EDV–Einsatz besteht aber auch die Gefahr, daß die EDV–Unterstützung nicht mehr als Hilfsmittel, sondern als Ziel betrachtet wird: die Leistungsfähigkeit der Rechner und der verfügbaren Software verleitet dazu, mehr Wert auf das Akkumulieren von Daten als auf die sinnvolle Auswahl und Interpretation der Information zu legen. Außerdem birgt die große Menge verfügbarer Information auch die Gefahr, daß zu viel Wert auf quantifizierbare, programmierbare Probleme gelegt wird und qualitative Aufgabenstellungen vernachlässigt werden.[18]

Das im vorigen Kapitel für die EDV–Grundausbildung erarbeitete Curriculum stellt bereits auf die genannten Erwartungen und Probleme ab und versucht, in einem Teilbereich der universitären Lehre zukunftsorientierte Möglichkeiten des Lehrens und Lernens zu realisieren. Die Erfahrungen, die mit diesem Konzept gemacht werden, können daher als Grundlage für eine weitreichende Reform der Grundausbildung im wirtschaftswissenschaftlichen Studium herangezogen werden.

Natürlich stellt der EDV–Einsatz nicht das einzige Werkzeug für qualitative Verbesserungen der Lehre dar; in zahlreichen Projekten, in denen die Auswirkungen des EDV–Einsatzes auf die Lehre untersucht wurden, erwies sich die EDV–Integration aber als Auslöser allgemeiner qualitativer Verbesserungen und als Finanzierungsinstrument für die Erneuerung. Dieses Phänomen beschreibt [EDUCOM88] folgendermaßen: *„The computers were a catalyst: although they enabled the change, and perhaps brought extra visibility and funding to the program, much of the improvement resulted from the development of accompanying, traditional resources. The real innovation was the rethinking of the goals and processes of instruction made practical by*

[17] Die Lehrpläne der Universitäten tendieren heute zumeist in die entgegengesetzte Richtung: zunächst vermitteln Vorlesungen das theoretische Basiswissen und danach werden die Theorien in Übungen oder Praktika auf praktische Beispiele angewendet. Die praktische Erfahrung wird so zur Illustration der gelernten Theorien und bildet nicht den Ausgangspunkt des Lernens.

[18] [Lynton87] S.130 bemerkt dazu: *„. . It reinforces the prevailing trend to confuse data and information with knowledge and understanding instead of ensuring that information literacy rather than computer literacy is the goal."*

the computers."[19]

Am Abschluß meiner Ausführungen sollen daher einige Gedanken zu jenem Bereich stehen, der meines Erachtens im Mittelpunkt der Planung einer umfassenden EDV–Integration in weitere Fachbereiche der Grundausbildung an der WU stehen muß.

Vorschläge zur Förderung von EDV–Projekten für die Grundausbildung

Rechner können nur dann eine wertvolle Ressource für die gesamte Ausbildung darstellen, wenn die Universitätslehrer das Potential neuer Technologien für die Lehre erkennen und nutzen können. Die Entwicklung hochwertiger Lehrsoftware (darunter sollen alle Formen des CUU, wie Simulation, KI–basierte tutorielle Systeme, Hypermediasoftware etc. verstanden werden) benötigt daher eine umfangreiche Zusatzqualifikation EDV–unkundiger Universitätslehrer und bedarf einer ständigen Weiterbildung. Doch selbst bei ausgezeichneter Qualifikation des Entwicklers und beim Einsatz modernster Entwicklungswerkzeuge sind für die Erstellung von Selbststudienunterlagen im Durchschnitt zwischen 100 und 500 Stunden Herstellungszeit pro Stunde Lernzeit aufzuwenden. Eine erfolgreiche EDV–Integration ist also mit äußerst hohen Ausgaben verbunden und sollte in größerem Maß nur dann in Angriff genommen werden, wenn universitätsintern weitgehende Übereinstimmung über die Ziele der EDV–Integration und den Grad der finanziellen Unterstützung besteht.

In einem ersten Schritt müssen daher die universitätsintern akkordierten Ziele der EDV–Integration festgelegt und in einem strategischen Plan festgehalten werden. Die Umsetzung des Plans soll in der Folge durch ein Projektteam erfolgen, das dem obersten Kollegialorgan berichtspflichtig ist. Das Projektteam muß aus Mitarbeitern bestehen, die nur für dieses Projekt zur Verfügung stehen.[20] Ihre Aufgabe ist die Beratung und Unterstützung der Universitätslehrer bei der Planung von Projekten, die Zusammenarbeit bei der Umsetzung von Ideen, die Durchführung von Programmierarbeiten etc. In die Arbeit können auch Studenten im Rahmen von Diplomarbeiten oder als bezahlte Mitarbeiter einbezogen werden.

Die benötigten Förderungsmittel sollen von einer Kommission, die sich aus Universitätslehrern, Studenten und Mitgliedern des Projektteams zusam-

[19] Quelle: [EDUCOM88], S. 27

[20] Dabei kann es sich um dienstzugeteilte Universitätsmitarbeiter oder eigenes Personal handeln. Als Mitarbeiter werden Experten mit unterschiedlicher Qualifikation benötigt: Systemanalytiker, Programmierer, Pädagogen, Grafiker und Fachexperten.

mensetzt und die eingereichten Projekte nach allgemein bekanntgegebenen Richtlinien beurteilt, vergeben werden. Dabei erscheint es mir wesentlich, daß die EDV–Projekte nicht in Konkurrenz zu anderen Projekten von WU–Mitarbeitern stehen, sondern daß universitätsweit ein Schwerpunktprogramm ins Leben gerufen wird, aus dem spezielle Mittelzuweisungen stattfinden. In die Förderung muß in jedem Fall die Bereitstellung geeigneter Hard- und Software einbezogen werden, sofern diese dem Antragsteller nicht bereits zur Verfügung steht. Im Gegenzug zur Finanzierung der Entwicklung aus Förderungsmitteln ist zu erwägen, ob die entwickelten Softwareprodukte nicht in das Eigentum der Universität übergehen und gesamtuniversitär (jedoch mit Beteiligung des Erstellers) vermarktet werden sollen.

Für Universitätslehrer bedeutet das starke Engagement auf einem fachfremden Gebiet häufig eine Belastung, die mit den sonstigen Aufgaben nur schwer in Einklang zu bringen ist und nur geringen Stellenwert bei der Beurteilung der wissenschaftlichen Leistung hat. Daher wird es notwendig sein, Anreize zu schaffen, die es erlauben, für begrenzte Zeit ohne finanzielle Einbußen derartige Projekte durchzuführen. Insbesondere ist hier an die Abgeltung von Lehraufträgen gedacht, die für die Projektdauer zurückgelegt werden, oder an die temporäre Freistellung von anderen Aufgaben. Weiters muß der Stellenwert innovativer Softwareentwicklungsprojekte bei Berufungsverfahren oder Vertragsverlängerungen erhöht werden, der im Gegensatz zu Publikationen in Buchform derzeit ungerechtfertigt niedrig erscheint.

Neben einer genauen Definition der Projektziele und einer Offenlegung der Förderungskriterien bedarf die intensive EDV–Unterstützung der gesamten Grundausbildung natürlich exakter Planungsgrundlagen hinsichtlich des zeitlichen Rahmens des Projekts, der in Zukunft erforderlichen Rechenkapazität für die Studierenden und ihrer Finanzierung, der personellen Ausstattung des EDV–Bereichs bei stark steigender Inanspruchnahme seiner Kapazitäten und vieler anderer Komponenten. Die Erstellung eines akkordierten Plans und die Berücksichtigung der genannten Vorschläge kann zwar für die Qualität der Ergebnisse nicht garantieren, die Realisierungschancen jedoch beträchtlich verbessern und so, gemeinsam mit vielen anderen Maßnahmen dazu beitragen, die WU zur „besten Wirtschaftsuniversität Europas" zu machen.

Literaturverzeichnis

[AdAn90] Aders, A., Ansel, B.: *Hypertext für den Unterricht – eine kritische Standortbestimmung*, in: Hypertext und Hypermedia. Von theoretischen Konzepten zur praktischen Anwendung. Informatik–Fachberichte 249, Springer, Berlin – Heidelberg – New York 1990.

[AmSt85] D'Amato A. G., Stephan, J.: *Introduction to Personal Computing for Managers*, New York 1985.

[BaLePa85] Balkovich, E., Lerman, S., Parmelee, R.: *Computing in Higher Education: The Athena Experience*, in: Computer, IEEE 1985.

[Bloom56] Bloom,B.: *Taxonomy of Educational Objectives: Handbook I: Cognitive Domain*, New York 1956.

[BMUKS88] Bundesministerium für Unterricht, Kunst und Sport (Hrsg.): *EDV/Informatik im österreichischen Bildungswesen*, Wien 1988.

[BMUKS88a] Bundesministerium für Unterricht, Kunst und Sport (Hrsg.): *Informatics/EDP in Austrian Education*, Wien 1988.

[BMWF86] Bundesministerium für Wissenschaft und Forschung (Hrsg.): *Allgemeines Hochschulstudiengesetz (AHStG). Stand 15. Jänner 1986*, Wien 1986.

[BMWF85] Bundesministerium für Wissenschaft und Forschung (Hrsg.): *Universitätsorganisationsgesetz (UOG). Stand 30. September 1984*, Wien 1985.

[BMWF88] Bundesministerium für Wissenschaft und Forschung (Hrsg.): *Ausschreibung für Peripherie und Software des Zentralen Forschungsrechners des EDV–Zentrums der Wirtschaftsuniversität Wien*, Wien 1988.

[Bod90] Bodendorf, F.: *Computer in der fachlichen und universitären Ausbildung*, Oldenbourg, München, Wien 1990.

[Brandt90] Brandt, W.: *Computerunterstütztes Lernen mit dem Lern- und Trainingssystem LTS 90*, unbekannte Quelle, 1990.

[Bush45] Bush, V.: *As We May Think*, in: Atlantic Monthly, no.176, July 1945.

[ChGeRu90] Champine, G.A., Geer, D.E., Ruh, W.N.: *Project Athena as a Distributed Computer System*, in: Computer, IEEE 1990.

[Clancey87] Clancey, W.J.: *Knowledge–Based Tutoring: The Guidon Program*, MIT Press, Cambridge – London 1987.

[CMU86a] Carnegie Mellon University, University Relations (Hrsg.): *Distributed Personal Computing Environment*, Pittsburgh 1986.

[CMU86b] Carnegie Mellon University, University Relations (Hrsg.): *Educational Computing*, Pittsburgh 1986.

[CMU86c] Carnegie Mellon University, University Relations (Hrsg.): *Inter–University Consortium for Educational Computing*, Pittsburgh 1986.

[CMU86d] Carnegie Mellon University, University Relations (Hrsg.): *Educational Software Development*, Pittsburgh 1986.

[Conklin87] Conklin, J.: *A Survey of Hypertext*, MCC Technical Report Number STP–356–86, Rev. 2, Austin 1987.

[CW90] o.V.: *Multimedia–Software für Windows 3.0 angekündigt*, in: Computerwoche 51/52, 21. Dezember 1990.

[Cyra87] Cyranek, G.: *Tutorielle Lehrsysteme und Künstliche Intelligenz*, in: Log In 7 (1987).

[DaMa89] Davenport, G., Mackay, E.: *Virtual Video Editing in Interactive Multimedia Applications*, in: Communications of the ACM, July 1989, Volume 32, Number 7.

[Doerfler89] Dörfler, W.: *Informatik in der Schule als Aufgabenfeld für die Universität*, Vortrag gehalten an der TU Wien am 26.1.1989.

[Duden88] Engesser, H. (Hrsg.): *Duden Informatik. Ein Sachlexikon für Studium und Praxis*, Dudenverlag, Mannheim – Zürich – Wien 1988.

[EDUCOM88] EDUCOM (Hrsg.): *Ivory Towers, Silicon Basements. Lerner–Centered Computing in Postsecondary Education*, Academic Computing Publications, McKinney 1988.

[EMHMSS91] Eschenbach, R., Matis, H., Hansen, H.R., Mazanec, J., Scheuch, F., Schneider, W.: *Konzept des Rektoratskollegiums zur Reform der betriebswirtschaftlichen und handelswissenschaftlichen Studienrichtung*, in: wu–memo 45 vom 24. Jänner 1991.

[Finkel90] Finkelstein, R.: *Multiuser Databases: The SQL*, in: Byte Magazine, May 1990.

[Flatsch90] Flatscher, R.G.: *Entwicklung eines PC–basierten Lehrveranstaltungsinformationssystems für Abteilungen an der Wirtschaftsuniversität Wien*, Service Fachverlag, Wien 1990.

[FoGi89] Ford G., Gibbs N.: *A Master of Software Engineering Curriculum*, in: Computer, IEEE 9/1989.

[Frand88] Frand, J.L., McLean E.R., Britt, J.: *Fourth Annual UCLA Survey of Business School Computer Usage*, in: Communications of the ACM, Vol 31, Number 7, July 1988.

[Frand89] Frand, J.L., Britt, J.: *Fifth Annual UCLA Survey of Business School Computer Usage*, in: Communications of the ACM, Vol 32, Number 1, January 1989.

[Frand89a] Frand, J.L., Britt, J.: *Sixth Annual UCLA Survey of Business School Computer Usage*, John E. Anderson Graduate School of Management at UCLA, September 1989.

[Frank90] Frank, H.: *Die Lehre im Grundstudium – auch eine Herausforderung?*, in: Innovative Anwendungen der Informations- und Kommunikationstechnologien in den 90er Jahren, Oldenbourg, München – Wien 1990.

[Gabele89] Gabele, E.: *Erfahrungen bei Erstellung und Einsatz interaktiver Lernsoftware zur Buchführung*, in: Der Computer als Instrument der Forschung und Lehre in den Sozial- und Wirtschaftswissenschaften, Oldenbourg, Wien – München 1989.

[Goepf89] Göpfrich, H.R.: *Das Ausbildungskonzept Wirtschaftsinformatik an der Wirtschaftsuniversität Wien*, in: Information Management 2/89.

[GrHo87] Grün, O., Hoffmann, W.: *Der Studienverlauf an der Wirtschaftsuniversität Wien – eine Inventur der Miseren und der Optionen*, in: Österreichische Hochschulzeitung, Nr. 10, 1987.

[Gunz87] Gunzenhäuser, R.: *Tübinger Workshop „Intelligente Lernsysteme"*, in: Log In, Heft 4, 7/1987.

[Hansen86] Hansen, H.R.: *Wirtschaftsinformatik I. Einführung in die betriebliche Datenverarbeitung*, 5. Auflage, Gustav Fischer, Stuttgart 1986.

[Hansen87] Hansen, H.R. (Hrsg.): *WU–2000. Entwicklungsplan der Wirtschaftsuniversität Wien 1988–2000*, Wien 1988.

[Hansen89] Hansen, H.R. (Hrsg.): *Kenndaten der Wirtschaftsuniversität Wien*, 30. Juni 1989.

[Hansen90] Hansen, H.R. (Hrsg.): *Entwicklung der Hörer/innenzahlen und der Ressourcen an der Wirtschaftsuniversität Wien (WU), Kenndaten*, wu–memo Nr. 36 vom 4. April 1990.

[Hart89] Hartman, A.: *Interactive Multimedia: New Tools for Learning*, in: Tulane Computing Newsletter, Volume 4, Number 2, November 1989.

[Heer88] Heermann, B.: *Teaching and Learning with Computers*, Jossey–Bass, San Francisco 1988.

[IBM86] IBM Deutschland GmbH (Hrsg.): *HECTOR: A High Speed Heterogeneous University Network. Personal Computer in University Teaching and Training. Application Projects*, Application Brief, IBM Form D 12-0201, July 1986.

[IBM87] IBM Deutschland GmbH (Hrsg.): *DAC: Distributed Academic Computing. A HECTOR Research Project*, Application Brief 5, IBM Form D 12-0205, March 1987.

[IBM88] IBM Deutschland GmbH (Hrsg.): *User Guidance System. A Research Project of HECTOR*, Application Brief 25, IBM Form D 12-0225, February 1988.

[Janko89] Janko, W.H. (Hrsg.): *Neues aus der WU–Informationsverarbeitung, 7/89*, interne Mitteilungen der WU, Juli 1989.

[Janko90] Janko, W.H.: *Besondere Betriebswirtschaftslehre Informationswirtschaft*, Eigenverlag, Wien 1990.

[JLNOS88] Jakob, O, Lanker, E., Nastansky, L., Österle, H., Schmid, B.: *Wirtschaftsinformatik für alle Studierenden an der Hochschule St. Gallen*, Arbeitsbericht 38 des Instituts für Wirtschaftsinformatik, St. Gallen 1988.

[Johnson89] Johnson, R.: *Pretty, but dumb?*, in: PC Magazine, Volume 8, Number 17, October 1989.

[Krueger87] Krüger, G.: *Die Herausforderung der verteilten Datenverarbeitung für die Hochschulen am Beispiel der Universität Karlsruhe*, in: HECTOR – Verteilte Datenverarbeitung in Lehre und Forschung. Wissenschaftliches Symposium Bad Neuenahr, Juni 1986.

[Lynton87] Lynton, E.A., Elman, S.E.: *New Priorities for the University. Meeting Society's Needs for Applied Knowledge and Competent Individuals*, Jossey–Bass, San Francisco – London 1987.

[Lusti87] Lusti, M.: *Methoden wissensbasierter Systeme bei der Entwicklung von Lernprogrammen – Ein Beispiel aus dem betrieblichen Rechnungswesen*, in: Angewandte Informatik, 1, 29 (1987).

[Mackay86] Mackay, W.E.: *Interactive Videodiscs: Database Driven Courseware*, in: Computer Based Education in Banking and Finance, North Holland, Amsterdam 1986.

[Mackay88] Mackay, W.E.: *More than just a Communication System: Diversity in the Use of Electronic Mail.* Working Paper 90s:88-061 „Management in the 1990s", Massachusetts Institute of Technology, Sloan School of Management, October 1988.

[Miksch89] Miksch, G.: *4–Jahreskonzept zur Abdeckung des Bedarfs an Computerleistung an der Wirtschaftsuniversität Wien*, wu–memo Nr. 21 vom 6.6.1989.

[MIT85] Project Athena (Hrsg.): *Faculty/Students Projects*, Cambridge 1985.

[MIT87] MIT Sloan School of Management (Hrsg.): *The 1987 Sloan Master's Program*, Cambridge 1987.

[MMO88] Makedon, F., Maurer, H., Ottmann, Th.: *Computer Learning: A Step Beyond the Book*, in: Hector Volume I: New Ways in Education and Research, Springer, Berlin – Heidelberg – New York 1988.

[Moessen90] Mössenböck, H.: *Ein Programmeditor mit Hypertext–Fähigkeiten*, in: Hypertext und Hypermedia. Von theoretischen Konzepten zur praktischen Anwendung. Informatik–Fachberichte 249, Springer, Berlin – Heidelberg – New York 1990.

[MuLaEl88] Murman, E.M., LaVin, A.R., Ellis, S.C.: *Enhancing Fluid Mechanics Education with Workstation Based Software*, in: Proceedings des AIAA 26th Aerospace Sciences Meeting, Reno/Nevada 1988.

[MSCHRS86] Morris, J.H., Satyanarayanan, M., Conner, M.H., Howard, J.H., Rosenthal D.S.H., Smith, F.D.: *Andrew: A Distributed Personal Computing Environment*, in: Communications of the ACM, Volume 29, Number 3, March 1986.

[NaSe89] Nastansky, L., Seidensticker, F.–J.: *Der PC zu Hause im wirtschaftswissenschaftlichen Studium – Konzeptionen und Erfahrungen des HSG PC–Packages*, in: Der Computer als Instrument der Forschung und Lehre in den Sozial- und Wirtschaftswissenschaften, Oldenbourg, Wien – München 1989.

[NNOS91] Nastansky, L., Nievergelt, E., Österle, H., Schmid, B.: *Informationsmanagement an der Hochschule St. Gallen*, in: Information Management 1/91.

[Nord86] Nordberg, S.C.: *A Perspective on the Future of Computer Based Education Author Systems*, in: Computer Based Education in Banking and Finance, North Holland, Amsterdam 1986.

[OEHWU91] Österreichische Hochschülerschaft an der WU: *Für ein neues Wirtschaftsstudium – Konzept zur Studienreform der ÖH–WU*, in: wu–memo 45 vom 24. Jänner 1991.

[Oliva88] Oliva, M.: *Project Athena*, unveröffentlichter Bericht des Außeninstituts der Technischen Universität Wien an das Bundesministerium für Wissenschaft und Forschung, Wien 1988.

[OShea86] O'Shea, T.: *Why Artificial Intelligence?*, in: Computer Based Education in Banking and Finance, North Holland, Amsterdam 1986.

[Otruba89] Otruba, H., Pelizon,P.: *Prognose der Hörerzahlentwicklung an der Wirtschaftsuniversität Wien bis zum Jahr 2000*, wu–memo Nr. 19, 25. April 1989.

[Papa85] Papayanoupoulos, L.: *CCS Columbia Courseware Series Abstracts*, Columbia University, New York 1985.

[Reed89] Reed, D.P.: *Beyond „What–if?"*, in: Byte Magazine, Dec. 1989.

[RoSp] Rosenkranz, F., Spörri, G.: *Konzepte technisch fortgeschrittener computerunterstützter Instruktion*, Arbeitsbericht des Betriebswirtschaftlichen Instituts der Universität Basel, ohne Jahresangabe.

[Scheer90] Scheer, A.-W.: *EDV–orientierte Betriebswirtschaftslehre. Grundlagen für ein effizientes Informationsmanagement*, Springer, Berlin – Heidelberg – New York 1990.

[Schneid87] Schneider, W., Grohmann, Ch. (Hrsg.): *„Betriebswirtschaft" im Kombinationsstudium (Curriculumentwurf)*, unveröffentlichte Studie der Wirtschaftsuniversität Wien 1987.

[Schneid83] Schneider, W., Fortmüller, R.: *Zur inhaltlichen Gliederung und zur Organisation der Allgemeinen Betriebswirtschaftslehre im Rahmen der Studienreform*, Projektbericht Wirtschaftsuniversität Wien, Wien 1983.

[Scull89] Sculley, J.: *The Relationship between Business and Higher Education: a Perspective on the 21st Century*, in: Communications of the ACM, Volume 32, Number 9, September 1989.

[Sher85] Sherwood, B.A.: *An Integrated Authoring Environment*, unveröffentlichter Bericht der Carnegie Mellon University, Pittsburgh 1985.

[Skin54] Skinner, B.F.: *Science of Learning and the Art of Teaching*, Harvard Educational Review 2, 24, 1954.

[Stormer87] Stormer, W.: *Arbeitspapier zur Tagung der Arbeitsgemeinschaft Informatik*, Wien 11/1987.

[SU86a] Stanford University (Hrsg.): *Stanford University Bulletin, Information 1986*, Stanford 1986.

[SU86b] Stanford University Graduate School of Business (Hrsg.): *The MBA Program for Autumn 1987*, Stanford 1986.

[SU85a] Stanford University, Instruction and Research Information Systems (Hrsg.): *About Computing at Stanford. A Guide for Faculty and Students*, Stanford 1985.

[SU85b] Stanford University Instruction and Research Information Systems (Hrsg.): *Faculty Author Development Program*, Stanford 1985.

[Tholl88] Tholler, K.: *Ist die Studienreform der Sozial- und Wirtschaftswissenschaften praxisgerecht? Eine empirische Studie*, Dissertation an der Wirtschaftsuniversität Wien, Wien 1988.

[Thome87] Thome,R.: *Informationsverarbeitung ermöglicht Praxisorientierung im BWL–Studium*, in: Angewandte Informatik 10/87.

[Trow85a] Trowbridge, D.: *Using Andrew for Development of Educational Applications*, unveröffentlichter Bericht der Carnegie-Mellon University, Pittsburgh 1985.

[Trow85b] Trowbridge, D.: *A Sampler of Educational Software at CMU*, unveröffentlichter Bericht der Carnegie-Mellon University, Pittsburgh 1985.

[UmAr91] Umhauer, G., Arndt, C.: *PC–Vision der 90–er Jahre*, in: Personal Computer, 2/91.

[WaJaFo86] Walonick B., Jacques S., Ford K.: *Consulting Services Graduate School of Business Computing Facility*, Stanford University 1986.

[Wenger87] Wenger, E.: *Artificial Intelligence and Tutoring Systems. Computational and Cognitive Approaches to the Communication of Knowledge*, Morgan Kaufmann, Los Altos 1987.

[WoDo86] Woodhouse, D., McDougall, A.: *Computers: Promise and Challenge in Education*, Blackwell Scientific Publications, Melbourne, Oxford, London, Edinburgh, Boston, Palo Alto 1986.

[WUW86] Wirtschaftsuniversität Wien (Hrsg.): *Studienplan für den Studienzweig Betriebswirtschaft der Studienrichtung Betriebswirtschaft*, Wien 1986.

[WUW89] Universitätsdirektion der Wirtschaftsuniversität Wien (Hrsg.): *Mitteilungsblatt der Wirtschaftsuniversität Wien*, Studienjahr 1988/89, 29. Stück vom 30.6.1989.

[WUW89a] Hansen, H.R. (Hrsg.): *wu–memo. Mitteilungen aus dem Rektoratskollegium, Aktuelles aus Instituten, sonstigen Universitätseinrichtungen und dem BMWF, Berichte aus Kommissionen*, Ausgabe 25, Wien 9/89.

[WUW89b] Hansen, H.R. (Hrsg.): *wu–memo. Mitteilungen aus dem Rektoratskollegium, Aktuelles aus Instituten, sonstigen Universitätseinrichtungen und dem BMWF, Berichte aus Kommissionen*, Ausgabe 23, Wien 6/89.

[Zas85] Zasloff, T.C.: *Educational Computing Projects, Carnegie Mellon University*, Pittsburgh 1985.

Abbildungsverzeichnis

Verzeichnis der Tabellen

GPSR Compliance

The European Union's (EU) General Product Safety Regulation (GPSR) is a set of rules that requires consumer products to be safe and our obligations to ensure this.

If you have any concerns about our products, you can contact us on ProductSafety@springernature.com

In case Publisher is established outside the EU, the EU authorized representative is:

Springer Nature Customer Service Center GmbH
Europaplatz 3
69115 Heidelberg, Germany

Batch number: 10815974

Printed by Printforce, the Netherlands